悅讀中國

風光湖北

李開壽、唐昌華　主編

NGCHU
FENG

《荊楚風・湖北旅遊叢書》
● 編委會

序

　　花了一個星期的時間，讀完這套《荊楚風・湖北旅遊叢書》，全書共有《風光湖北》《風雲湖北》《風味湖北》《風尚湖北》四冊。

　　讀完四冊，第一個感慨是編撰者下了大功夫、苦功夫。循常例，比類分的編撰是比較容易完成的。只要藉助一些工具書，從網上下載一些資料，稍加整理即可成冊。但是，這套書的寫作者卻是不肯當「文抄公」，而是認真研究古籍，整理掌故，踏勘山水，比較名勝。力爭做到心中有像，呈現雲霧之錦；筆下生花，不留遺珠之憾。我想，編撰者的初衷，是想寫一套介紹湖北旅遊資源的工具書。但是，在討論體例、寫作規模的時候，一次一次地昇華自己的想法，提高編撰的標準，最終形成了現在這套書高雅的品位和質量。

　　用風光、風雲、風味、風尚四個大家耳熟能詳的詞彙，來描繪湖北的山川地貌、人文歷史、風土人情、現代時尚，也體現了編撰者的匠心。作為地地道道的湖北人，書中所介紹的名勝古蹟，我大都探訪過；所描摹的歷史人物，我也景仰心儀；至於江湖城郭、樓台寺觀，甚至草木花卉、歲時風土，我也生活其中，大都熟悉。細細讀來，感到編撰者的彩筆融進了真摯的愛、濃郁的情；飽含了對家鄉的熱愛、對荊山楚水江漢大地的深情。這套書不僅對旅遊者有著強大的吸引力，亦可作為鄉

土教材，喚起遊子們的鄉愁，加深他們對家鄉的印象。

　　感謝省旅遊委完成了這套書的編撰及出版，作為湖北的一項文化惠民工程，功莫大焉！相信這套叢書問世之後，一定會得到旅遊者、讀者的喜愛，也一定會得到多方面人士的評價及檢驗。集思廣益，集腋成裘，我相信這套書還會不斷昇華提高，推出修訂版、升級版。

　　是為序。

熊召政

2018 年 3 月 26 日於龍潭書院

目錄

02章　山光

03 章 花海

風光湖北 賦

　　杜甫有詩：楚地闊無邊，蒼茫萬頃連。信然！其蒼茫者，曰江，曰山，曰湖泊，曰平原，曰鱗潛深浦，曰花擁煙村。孔子有言：仁者樂山，智者樂水。據此以觀湖北，足可稱仁智之鄉。

　　楚山之雄者：東之大別，西之武陵，南之幕阜，北之武當，更兼中之大洪，氣懾荊襄。鄂水之勝者：北來漢水，東去長江，出秦嶺之丹水，穿巴國之清江。江與山連，江山信美；江與湖連，江湖闊大。踞坐山巔，看晴空一鶴排雲上；橫楫舟中，對春來江水綠如藍；行吟澤畔，賞香稻啄餘鸚鵡粒；買醉花塢，望綠陽春水草含煙。

　　事有異同，如山也；情有逆順，若水也。陂池園囿，台榭樓亭，代有傾圮，唯有青山不老；絲綸玉管，羽扇歌筵，時常更替，唯碧水長留。江湖乃吾桑梓，江山乃吾家園。美哉荊楚，養我浩然之氣；風光湖北，涵潤俎豆風流。一山一壇城，一湖一天地；一花一世界，一江一蒼龍。舉杯邀月，同謳盛世；筆浸煙霞，讚我家鄉！

二〇一八年二月九日於閒廬

水

01 ^章

色

水是湖北重要的地理元素，也是湖北旅遊的基本特色。因為水，湖北多了靈秀與嫵
媚，有了神韻與氣度。

湖北境內三江匯聚，長江是中國的第一大河流，漢江是長江的第一大支流，清江是全
部流經湖北境內的第一大河流。它們如動脈般流經荊楚大地，磨煉、雕琢著這一方的
人民大眾。

湖北境內河流縱橫，分屬不同水系，或穿行於山陵，或流淌於平原，像毛細血管一樣
延伸到荊楚大地的每一個角落，養育、滋潤著這一方的父老鄉親。

湖北境內湖泊競秀，是全國唯一的「千湖之省」，更有多個「百湖之市」。這些湖泊
或如原野繁星，裝點荊楚亮晶晶；或如城市之眼，扮靚都市水靈靈。

湖北境內水庫棋布，以特有的存在改變了孕育它們的河流風貌，自身與河流交相輝
映，同時，把它們由河段變成水庫的那一道道大壩也成了水庫景觀的一部分。

還有那一座座潭、一道道瀑、一眼眼泉、一口口塘、一條條渠……都讓荊楚大地有了
另一番水鄉神韻。

第一節・長江奔騰

長江是中國和亞洲第一大河流、世界第三大河流，也是世界上流經一國境內的最長的河流。長江發源於青海省唐古拉山各拉丹冬雪峰，全長六三〇〇公里，湖北宜昌以上為上游，從宜昌到江西湖口為中游，湖口以下為下游，流域面積一八〇萬平方公里，占中國陸地面積的百分之十八點八。長江在華夏文明的形成和發展過程中占有重要地位，和黃河一起被稱為中國的「母親河」。

萬里長江水，來從楚地流

湖北的長江西起巴東縣鯿魚溪，東至黃梅縣小池口，流經恩施、宜昌、荊州、武漢、黃岡、鄂州、黃石七個市州，全長一千多公里。湖北的長江有統一的大名「長江」，但部分江段還有自己的小名：宜昌以西叫作「川江」，也往往喚作「峽江」；宜都向東至湖南岳陽的城陵磯叫作「荊江」，因為流經荊州大地；在武漢，長江被稱為「大江」，這是相對於漢江這條「小河」而言的。

湖北的長江，好長。它全長一〇六二公里，占全部長江幹流總長的六分之一以上，占通稱「長江」（四川宜賓岷江口至上海長江入海口 2800 餘公里江段）幹流總長的三分之一以上，比湖北以下湖南、江西、安徽、江蘇、上海五個省分的江段加起來還要長。

湖北的長江，居中。她一邊扯著上游，一邊拉著下游。湖北宜昌以上，長江在群山中穿行，自然就該稱作「上游」了。出了湖北黃梅進入

江西，長江一下變得寬闊，便是長江的下游了。長江流經十一個省分，湖北往上走有五個，往下走也是五個，真可謂不偏不倚，中庸有道啊！

湖北的長江，特美。她既有上游「萬山磅礴水決漭」的豪邁與雄壯，又有中游「江入大荒流」的平淡與寧靜，既有大江奔騰的孤兀與蒼勁，又有百川歸江的合流與愜意，呈現出與眾不同的華貴氣質。「曾經滄海難為水，除卻巫山不是雲」──石壁西江的美可是千年也未必能等上一回！「月下飛天鏡，雲生結海樓」──平原江漢的美似夢似幻，有如仙境！「孤帆遠影碧空盡，唯見長江天際流」──武漢大江的美就在於水天一色，橫無際涯！

「三峽天下壯，請君乘船游」

長江三峽是湖北段長江、也是整個長江最為濃墨重彩的一筆，大自然將萬千風情賦予了這段高山峽谷，文人騷客們也用最瑰麗的華章謳歌著這段山水畫廊。長江三峽起點南津關崖壁上的「三峽天下壯，請君乘船游」十個大字，就是人們對三峽情感的真實寫照。

概說長江三峽

長江三峽是長江在進入江漢平原前的一段高山峽谷，西起重慶市奉節縣的白帝城，東迄湖北省宜昌市的南津關，跨奉節、巫山、巴東、秭歸、夷陵五縣市，全長一九二公里。它由瞿塘峽、巫峽、西陵峽三段峽谷和介於其間的寬谷組成。北魏酈道元《水經注·江水》中曾這樣寫道，「自三峽七百里中，兩岸連山，略無闕處。重岩疊嶂，隱天蔽日。自非亭午夜分，不見曦月」，描寫了一個與眾不同的地理存在。

峽口春色｜胡汴城攝

　　瞿塘峽從奉節縣白帝城到巫山縣大溪鎮，全長八公里，是三峽中最短
但又最壯觀的一個峽。西入口有斷崖壁立，寬不及百米，形同門戶，稱
為「夔門」（奉節古稱「夔州」），所以又叫「夔峽」。其以雄偉壯麗而著
稱。

　　巫峽西起巫山縣大寧河口，東到巴東縣官渡口，全長四十五公里，它
是三峽中最長的一個峽，所以又叫「大峽」。「放舟下巫山，心在十二
峰」，巫峽的美總是在心間縈繞，其以幽深秀麗而見長。

　　西陵峽從香溪河起，到南津關止，全長六十六公里。從全程來看，西
陵峽比巫峽長，但它並不是一個首尾貫通的長峽，而是被中間一段長三
十一公里的寬谷分為東西兩段，西段有兵書寶劍峽、牛肝馬肺峽和崆嶺
峽；東段有燈影峽和黃貓峽。西陵峽過去以灘多水急聞名，如今則是一
派高峽平湖風光。

湖北的巫峽

巫峽蜿蜒在重慶、湖北之間，其中湖北段起於「楚蜀鴻溝」鯿魚溪，止於官渡口，全長二十四公里，又稱「巴峽」。整個峽區柔水蜿蜒，奇峰連綿，雲遮霧繞，如夢似幻，好一幅秀美山水圖。

巫峽從鯿魚溪進入湖北後，第一個峽段為「鐵棺峽」，因有懸棺顏色如鐵而得名。鐵棺峽全長二點七公里，也由三個峽谷構成，上稱「布條峽」，中為「鐵棺峽」，下有「石棺峽」。江面迂迴曲折，山岩高差三百至五百米之間，三峽大壩蓄水前最窄處不足七十米，南宋詩人范成大有「束江岩欲合，中間一罅天」之句。

繼續前行可見門扇峽，位於楠木園至巫峽口之間，全長二點五公里。此處有大面山、尖子山南北對峙，像兩扇大門扼住東逝的江水，門扇峽因此而得名。峽內絕壁對峙，有板壁岩、鏈子溪古棧道之險，有蠻洞橋小石干壘古工藝之奇；江右岸褐紅色的岩石在陽光照射下，似火焰伸向

巫峽風光｜譚德魁攝

巫峽紅葉 | 吳名洲攝

江心，故名「火焰石」。兩岸岩壁上原有「我示行周」等石刻，是珍貴的三峽水文紀實資料，現已淹沒於水中。

　　巫峽口地處巴東縣官渡口鎮，是長江大拐彎之一，素有「畫廊」之稱，第四套人民幣五元上的風景圖案就取自於這裡。每逢秋季，巫峽兩岸的紅葉紅了，天空變藍，煙雲氤氳繚繞，常常吸引中外遊客和攝影師駐足。人們從巫峽東入口進入峽中，賞紅葉、觀晨曦、看夕陽、追雲朵、乘帆船、拍巫峽，感悟巫峽的山山水水。

西陵峽

　　西陵峽因位於「楚之西塞」和夷陵（宜昌古稱）的西邊而得名。西陵峽曾以「險」出名，以「奇」著稱，「奇」「險」造就了西陵峽的壯美。

說其奇，乃因西陵峽大峽套小峽，峽中還有峽，如兵書寶劍峽、牛肝馬肺峽、燈影峽、黃牛峽等。說其險，則因西陵峽灘多而水急，大灘含小灘，往往洶湧激盪，驚險萬狀，尤以青灘、洩灘、崆嶺灘為最。不過，這些都已成為過眼往事。葛洲壩建成蓄水後，西陵峽便在壯美中增添了幾分清秀和嫵媚。三峽大壩建成蓄水後，西陵峽被分為壩上的兵書寶劍峽、牛肝馬肺峽和壩下的燈影峽、黃牛峽等峽段，前者多嫵媚，後者多壯美。遊覽三峽大壩下游的西陵峽，仍可感受到當年三峽黃金旅遊線的流風餘韻；遊覽三峽大壩上游的西陵峽，則要從眼前的高峽平湖穿越歷史歲月和水下空間，努力去懷想原版三峽的驚世模樣。

兵書寶劍峽位於新灘和香溪之間。在峽谷左岸陡崖石縫中，有看上去好像書卷的東西，被稱為「兵書石」；兵書石的下面突起一根上粗下尖、指向江中的石柱，被稱為「寶劍石」。「兵書寶劍峽」也因此而得名。相

西陵峽｜李軍攝

傳這是當年諸葛亮入川時，為後來出入峽江的蜀軍留下的克敵兵書和鎮江寶劍。其實，「兵書石」並非石頭，而是重疊著的兩口懸棺。隨著三峽工程蓄水，峽谷雖存，「兵書石」和「寶劍石」卻永沒江水之中了。

牛肝馬肺峽位於香溪入江口下游十五公里處，因江左岸絕壁上有兩塊垂下江面的黃褐色鐘乳石形若牛肝和馬肺而得名。「馬肺石」在清光緒年間被入侵的英國砲艦打掉，一百多噸的「牛肝石」在三峽工程蓄水後被切割至秭歸縣鳳凰山上復原。牛肝馬肺峽右岸有仙女峰倚天獨秀，峭立雲間，恰似傳說中的白雲仙子。峰下有一條清澄的小溪──九畹溪，因傳說中屈原曾在溪畔種過九畹芝蘭而得名。

燈影峽又稱「明月峽」，位於南津關上游約十公里的地方。這段峽谷狹窄而直通，構成岸壁陡峭、山頂突起的奇景。船行峽內，宛若身處一幅幅白色紗簾掩映的畫卷之中，令人心曠神怡。每逢月懸西山之上，月光映照下的山光水色似幻似夢，妙不可言，明月峽因此得名。峽右岸的馬牙山上有四塊奇石，酷似《西遊記》中唐僧師徒四人從西天取經歸來時的場景：有手搭涼棚、前行探路的孫悟空，有捧著肚皮、一步三晃的豬八戒，有肩挑重擔、快步相隨的沙和尚，還有安然坐騎、合掌緩行的唐僧，其形象逼真、惟妙惟肖。落霞晚照之時，從峽中遠望，唐僧師徒四人與燈影戲（即「皮影戲」）中的人物十分相似，故名「燈影峽」。

過燈影峽後不久，便可望見一排陡峭的石壁。它高聳於鬱鬱蔥蔥的群峰之上，俯瞰著東逝的滔滔江水。絕壁下九條蜿蜒下垂的山脊，似九龍入水，氣勢雄渾。這石壁便是黃牛岩，形似神人牽牛，人呈黃色，牛身赭黃，岩下峽谷便是「黃牛峽」。與燈影峽相比，黃牛峽兩岸山勢高聳，岩崖粗獷多變。這裡保存具有代表性的震旦紀地質斷層，至今仍可找到

魚類化石、三葉蟲化石及其他海洋生物化石，它記錄了三峽數億年來的滄海桑田。以前，黃牛峽水急灘多，逆水行舟非常困難，往往舟行數日還可望見黃牛岩，《黃牛謠》曾云：「朝發黃牛，暮宿黃牛。三朝三暮，黃牛如故。」李白過此，也曾大發感嘆：「三朝上黃牛，三暮行太遲。三朝復三暮，不覺鬢成絲。」

三游洞是西陵峽左岸峭壁上的岩溶洞穴，位於宜昌市西北七公里處。它背靠西陵峽口，面臨下牢溪，歷來是遊覽勝地。從唐代起，許多騷人墨客相繼來此，並賦詩題字刻於洞壁之上，最著名的有白居易、元稹、白行簡「前三游」和蘇洵、蘇軾、蘇轍「後三游」。洞內外現存詩文摩崖數以百計，名家書法楷、隸、篆、行、草各體皆備。景區內除三游洞外，還有至喜亭、楚塞樓、古軍壘遺址、張飛擂鼓台、陸游泉等景點。

三峽大壩

三峽工程壩址位於宜昌市三斗坪中堡島，距下游葛洲壩水利樞紐工程三十八公里，是當今世界上最大的水利樞紐工程。長江三峽工程是具有防洪、發電、航運、養殖、旅遊、灌溉等巨大綜合效益的水利樞紐工程，總工期十七年，二〇〇九年全部完工。

長江三峽水利樞紐工程主要建築物由大壩、水電站、通航建築物三大部分組成。洩洪壩段位於河床中部，即原主河槽部位。兩側為電站壩段及非溢流壩段。電站廠房位於兩側電站壩段後，另在右岸留有後期擴建的地下廠房。永久通航建築物均位於左岸。攔河大壩，為混凝土重力壩，壩頂全長二三三五米，壩頂高程一八五米，蓄水高程一七五米，水庫長六百餘公里。左、右岸廠房共安裝三十二台水能發電機組，機組單

三峽大壩｜黃正平攝

機容量均為七十萬千瓦，總裝機容量二二五○萬千瓦（含三峽電站自身的兩台 5 萬千瓦電源電站），年發電量約一千億度。

　　永久船閘為雙線五級連續梯級船閘，單線全長一六○七米，由低到高依次為一至五號閘室，每個閘室長二八○米，寬三十四米，可通過萬噸級船隊，船隻通過永久船閘需二點五至三小時。升船機為單線一級垂直提升機，採用全平面鋼絲繩的結構形式；承船廂長一二○米，寬十八米，一次可通過一艘三千噸級客貨輪，卷揚機最大提升高度一一三米，最大提升重量為一一八○○噸，年單向通過能力三四○萬噸，每次過壩僅需四十分鐘。如果將船隻通過永久船閘比作爬樓梯的話，那麼通過升船機則是坐電梯了。

　　三峽大壩旅遊區是首批國家 5A 級旅遊景區。壇子嶺是三峽工程的制高點，海拔二六二點四八米。登上壇子嶺，可將一五點二八平方公里的三峽壩區全貌一覽無餘。除壇子嶺外，西陵長江大橋、三峽工程截流

園、三峽大壩模型室等也是三峽壩區重要的遊覽景點。

葛洲壩

葛洲壩水利樞紐工程是長江上第一座水利樞紐工程，位於長江三峽出口處，距西陵峽口南津關二點三公里，距上游的三峽大壩三十八公里。長江出南津關後，江面豁然開朗，由三百米驟然展寬至二二〇〇多米。到葛洲壩，江水被江中的葛洲壩和西壩兩個小島分為三股，從右到左分別稱為大江、二江和三江。葛洲壩水利樞紐工程就建在這裡。

葛洲壩水利樞紐工程自一九七〇年十二月三十日動工興建，一九八一年七月三十日首台十七萬千瓦機組投入運行，一九八八年十二月工程全部完工。工程具有發電、航運、防洪、灌溉等綜合功能，總庫容量十五點八億立方米。工程主要由攔水壩、三座船閘、兩座水力發電廠房、一座洩水閘、兩座沖沙閘及擋水牆組成。大壩北抵江左鎮鏡山，南接江右獅子包，橫臥長江，全長二五六一米，壩頂高七十米，寬三十米。壩內

葛洲壩景區船閘（宜昌市旅遊委供圖）

裝有二十七孔洩洪閘，每秒可排泄十一萬立方米特大洪水。葛洲壩總裝機容量二七一點五萬千瓦，年發電量一五七億度。

遊葛洲壩，除登壩遊覽外，最吸引人的還是乘船過閘。葛洲壩有三座單級船閘，大江一號、二江二號單級船閘長二八〇米，淨寬三十四米，可通過大型客貨輪、一點二萬至一點六萬噸級船隊，每次過閘時間五十多分鐘；三江三號單級船閘長一二〇米，淨寬十八米，主要通過三千噸以下客貨輪、地方小型船隊，每次過閘時間約四十分鐘。船閘上游與下游的水位落差二十多米，乘船上溯進閘後，則下閘門關閉，閘室注水，水漲船高。當閘室水位漲至與上游壩上水位齊平時，上閘門打開，船出閘駛入寬闊的「江上平湖」。下水船過閘時的情景與感覺則正好相反。

「萬里長江，險在荊江」

長江出三峽後便進入中游，江面忽然間變得開闊起來，呈現出蘇軾所說「遊人出三峽，楚地盡平川」的景象。由於長江進入平原後流經古荊州地區，這一江段通稱「荊江」。荊江起於湖北省宜都市，止於湖南省岳陽市城陵磯，全長三六〇公里，以公安縣藕池口為界分為上荊江和下荊江。下荊江河道蜿蜒曲折，藕池口至城陵磯間只有八十公里的直線距離，卻在河道中七彎八拐，變成了二百多公里，因而被人們以「九曲迴腸」稱之。荊江北岸是江漢平原，南岸是洞庭湖平原，地勢低窪，由於荊江河道彎曲，洪水宣洩不暢，極易潰堤成災，故有「萬里長江，險在荊江」之說。從旅遊觀光著眼，長江之荊江段有荊江大堤、荊江分洪區、長江故道三大看點。

荆江大堤

荆江大堤坐落在長江中游北岸,從江陵縣棗林崗起,至監利城南止,全長一八二公里,護衛著富饒的江漢平原,歷來是長江堤防中最險要的堤段。這裡築堤防水的歷史始於東晉時期,至明代時已基本形成北岸荆江大堤。由於泥沙不斷沉積,河床逐漸高出兩岸平原,大堤也隨之越來越高,長江變成了「懸河」。荆江大堤從明弘治十年(1497年)至清道光二十九年(1849年)的三五二年裡,共潰口二十四次,平均十五年一次。而每一次洪災後,三年都難以恢復。當地民謠云:「不懼荆州干戈起,只怕荆堤一夢終。」中華人民共和國成立後,荆江堤防建設不斷加強,經受住了一九九八年百年不遇特大洪水的考驗。如今,堤面形成了寬闊的堤頂公路,堤內堤外,楊樹、柳樹、松樹、杉樹綠蔭覆蓋,景色秀麗宜人。一些堤段內外還建起了公園,江堤上自駕、江岸邊觀光、公

荆江大堤｜朱本立攝

園內休閒已成為新的旅遊時尚。江陵縣郝穴鎮鎮安寺鐵牛所在地就是一個深受當地群眾和廣大旅遊者喜愛的濱江公園。

荊江分洪區

荊江分洪區位於公安縣境內，北面、東面濱荊江，西臨虎渡河，南抵黃山頭，東西寬十三點五五公里，南北長六十八公里，面積九二一點三四平方公里，地面高程三十二點八至四十一點五米，蓄洪水位四十二米時，蓄洪能力五十四億立方米。工程建於一九五二年，是中華人民共和國成立後興建的第一個大型水利工程。主體工程包括進洪閘（北閘）、節制閘（南閘）和二〇八點三八公里圍堤。工程的主要作用是緩解長江上游洪水來量與荊江河槽安全洩量不相適應的矛盾，確保荊江大堤穩固，保證江漢平原和武漢市的安全。荊江分洪工程曾於一九五四年首次運用，先後三次開閘分洪，對確保江漢平原和武漢市的安全發揮了重要作用。

北閘位於公安縣埠河鎮虎渡河進口太平口處的左側，是鋼筋砼底板，空心垛牆，廂式岸墩輕型開敞式結構，長一〇五四米，共五十四孔，安裝有五十四塊鋼質弧形閘門。北閘閘前水位四十五點一三米，分洪量為七七〇〇至八千立方米／秒。為防止閘前泥沙淤積影響進流，於一九六一年建有攔淤堤，長三四〇〇米。北閘於二〇〇六年被批准為國家級文物保護單位，近年來已建成以水利工程為主題的旅遊區。

北閘旅遊區對外開發的主要景點有北閘主體建築、布可夫槽、北閘啟動絞車房、北閘開啟演示現場、攔淤堤、「九八」抗洪預埋炸藥分洪現場，同時建有荊江分洪紀念碑、荊江分洪工程紀念園、荊江水文化游步

道長廊、拓展訓練基地、水上休閒區、農家樂休閒體驗區。現為國家 3A
級旅遊景區。

長江故道

　　長江故道即長江已經改道後留下的舊河道，主要集中在荊江段，尤以
石首境內最多。長江衝出三峽後，在一望無際的兩湖平原上恣意擺動，
水深流急、崩岸頻繁的長江石首河段，更是荊江河曲最多且地勢最險要
之地。自古以來，荊江流域就流傳著「長江萬里長，險段在荊江」「荊江
之險，險在石首」「石首河灣，曲冠荊江」「三十年河東，四十年河西」
等民諺。

　　因為荊江河曲的移動和變形，從古至今在石首境內進行了多次裁彎取
直行動。長江裁直後留下的老河道因為泥沙大量堆積，逐漸與長江分
離。一旦老河道被淤塞而完全斷流後，就逐漸改變原來「江河」的身分
而成為「湖泊」。由於形似牛軛，地理學上稱它們為「牛軛湖」。這種牛
軛湖就是我們在地圖上所見到的「長江故道」或「老江河」。流經石首全
境的長江幹流在一九四九年前長達一六〇公里，經過五十餘年來碾子
灣、中洲子、沙灘子、向家洲等幾次大的裁彎取直行動後，現已縮短流
程六十九點七公里。

　　長江故道是大自然餽贈給人類的寶貴財富。一般說來，長江故道江寬
水深，資源充足，水產十分豐富。在北碾子灣故道，開發有較大面積的
漁場；在天鵝洲故道，建立了國家級白鱀豚（江豚）自然保護區，附近
還有國家級麋鹿自然保護區；在鴨子湖、月亮湖等地，則是蓮荷飄香，
群鳥翔集，漁歌互答，一派迷人風光。特別是長江故道周邊有良好的濕

地環境，已成為眾多野生動植物棲息、繁衍、生長的樂園。

天鵝洲長江故道亦名「沙灘子故道」「六合垸故道」，一九七二年七月因六合垸江段裁彎取直而形成。天鵝洲故道目前已被廣泛認可為河成湖，並被命名為「天鵝湖」，是我省最年輕的湖泊之一，也是最美的湖泊之一。故道長二十公里，寬一點二公里，水域面積為十四點八平方公里。這裡是長江故道群濕地中保存最好的一處，現建有國家級麋鹿自然保護區和白鰭豚（江豚）自然保護區。水面和陸地組合在一起的天鵝洲長江故道濕地總面積為七十平方公里，水域遼闊，洲灘縱橫，生態環境原始，地形地貌獨特，擁有野生植物二三八種、野鳥五十六種，除麋鹿、江豚外，還有天鵝、白鷺、猴面鷹、中華鱘、娃娃魚等多種珍稀保護動物，被譽為「綠色寶庫」「天然動物園」「自然博物館」，具有重要的科研、文化、生態及旅遊價值。

天鵝洲長江故道目前已成為我省重要的濕地生態旅遊區，主要旅遊點有原野麋鹿、觀鹿塔、麋鹿科教中心、珍奇豚類觀賞、江豚養殖池、水上原始森林人行棧道、珍稀鳥類觀光、蘆葦叢中漂流、柳蔭垂釣、荷園

石首天鵝洲麋鹿｜陳建平攝

採蓮、高新農業觀光、岸灘體育休閒等。麋鹿俗稱「四不像」，它角似鹿、面似馬、蹄似牛、尾似驢。天鵝洲麋鹿種群數量從當初引進時的六十四頭，已發展到現在的六百多頭，成為世界上最大的野生麋鹿種群。白鰭豚有「水中熊貓」「長江女神」「東方美人魚」之稱，為中國獨有的珍稀水生哺乳動物，有二千多萬年進化史。但天鵝洲水域乃至整個長江水域已長期不見白鰭豚的蹤影，人們只能通過欣賞其標本而展開遐想，或者借江豚抒懷。

「一橋飛架南北」

長江上的橋梁是長江氣魄和魅力的重要體現，也是長江景觀的一大特色。二十世紀五〇年代之前，長江是一道橫亙在華夏大地上的天塹，「大江南北」一詞從某種程度上說就含有「大江阻隔」之意。武漢長江大橋「一橋飛架南北」後，長江「天塹變通途」，長江交通進入一個新時代。

截至目前，湖北境內已建成二十四座長江大橋，自西向東分別為巴東長江公路大橋、西陵長江公路大橋、葛洲壩三江公路大橋、夷陵長江公路大橋、宜昌長江鐵路大橋、宜昌長江公路大橋、枝城長江大橋（公鐵兩用）、荊州長江公路大橋、荊岳長江公路大橋、武漢軍山長江公路大橋、武漢沌口長江公路大橋、武漢白沙洲長江公路大橋、武漢鸚鵡洲長江公路大橋、武漢長江大橋（公鐵兩用）、武漢長江二橋（公路橋）、武漢二七長江公路大橋、武漢天興洲長江大橋（公鐵兩用）、武漢陽邏長江公路大橋、黃岡長江大橋（公鐵兩用）、鄂黃長江公路大橋、黃石長江公路大橋、鄂東長江公路大橋（黃石長江二橋）、九江長江公路大橋、九江長江大橋（公鐵兩用）。另外，再建十一座，包括秭歸香溪長江大橋、宜

昌伍家崗長江大橋、宜昌白洋長江大橋、公安長江大橋（公鐵兩用）、石首長江大橋、赤壁長江大橋、嘉魚長江大橋、武漢楊泗港長江大橋、武漢青山長江大橋、棋盤洲長江大橋、武穴長江大橋。

武漢長江大橋（公鐵兩用）

武漢長江大橋為公路鐵路兩用橋，位於武漢市武昌蛇山和漢陽龜山之間，是有史以來在長江上修建的第一座大橋，被稱為「萬里長江第一橋」。一九五五年九月動工，一九五七年十月十五日通車。全長一六七〇多米，上層為公路橋，下層為雙線鐵路橋，橋身共有八墩九孔，每孔跨度為一二八米，橋下可通萬噸巨輪。八個橋墩中，有七個採用我國首創的「大型管柱鑽孔法」。武漢長江大橋的修建具有劃時代的意義，一九五六年六月毛澤東主席為此豪邁賦詩，一九六二年四月發行的第三套人民幣將大橋作為貳角人民幣的正面圖案，二〇一三年五月國家將大橋列入

武漢長江大橋｜陳卓攝

全國重點文物保護單位。武漢長江大橋建築質量過硬，多次遭受撞擊而無損，建成六十年來僅橋面進行過一次大修。武漢長江大橋是武漢市的標誌性建築，大橋、紀念碑和觀景平台都是重要的旅遊景觀，大橋的建築外觀和裝飾圖案大氣古拙，凝固了一個時代的記憶；紀念碑高六米，重二十餘噸，鐫刻有毛澤東主席「一橋飛架南北，天塹變通途」的詩句；觀景平台分設南北兩端，是遊客欣賞長江氣象、三鎮風采、大橋雄姿的好地方。

武漢鸚鵡洲長江公路大橋

武漢鸚鵡洲長江公路大橋位於武漢長江大橋上游二點三公里處，距楊泗港長江大橋三點二公里，北接漢陽鸚鵡大道，南連武昌復興路，是武漢市長江上興建的第八座長江大橋。大橋全長九點一八公里，其中正橋全長三點四二公里，橋面寬三十八米，設置雙向八車道，設計行車速度為六十公里／小時。該橋為世界上首座主纜連續的三塔四跨懸索橋，也是世界同類橋梁中跨度最大的三塔四跨懸索橋。二〇一〇年八月開工建設，二〇一四年十二月二十八日正式建成通車。

夷陵長江公路大橋

夷陵長江公路大橋是連接宜昌市區長江兩岸的城市橋梁，北為濱江公園，南靠磨基山。一九九八年十一月動工興建，二〇〇一年十二月竣工通車。大橋全長三二四六米，主橋長九三六米，橋面寬二十三米，設四條機動車道，車道外側各設二米寬人行道。該橋是長江上唯一的三塔倒「Y」形單索面混凝土加勁梁斜拉橋，其跨度為世界同類橋梁之最，在建設中先後運用了二十項新技術、新材料、新工藝。二〇〇二年獲得「魯

四橋疊印｜朱力軍攝

班獎」，二〇〇四年獲得「詹天祐獎」。

鄂黃長江公路大橋

鄂黃長江公路大橋是連接鄂州、黃岡兩市城區的大橋，全長三二四五米，其中主橋長一二九〇米，橋面寬二十四點五米，為五跨連續雙塔雙索面預應力混凝土斜拉橋，主塔高一七二點三米，設置雙向四車道和兩邊人行道。該橋是湖北省首座將景觀設計融入全橋總體設計的大橋，結構新穎，造型美觀，梁體線形流暢，主塔、墩身、梁體外表自然光潔。橋端建有橋梁展示館，內設世界名橋、湖北橋梁、黃岡橋梁、鄂黃大橋四個展示廳，豐富了該橋的文化內涵。

黃岡長江大橋（公鐵兩用）

黃岡長江大橋（公鐵兩用）位於黃岡市黃州區唐家渡上游，上距陽邏

長江大橋約三十七公里，下距鄂黃長江大橋約十七公里，為武漢至黃岡城際鐵路及黃岡至鄂州高速公路的關鍵性控制工程。全長約四○○八米，設計為雙層橋面，下層為雙線高速鐵路，上層為四車道高速公路，主橋為雙塔雙索面鋼桁梁斜拉橋，主跨五六七米，為世界公鐵兩用橋最大主跨度。該橋有四個「世界之最」：大橋主跨五六七米，居世界同類橋梁之首；上層公路橋面寬於下層鐵路橋面，採用上寬下窄的倒梯形主梁結構形式，主桁傾斜角度達二十度以上，居世界同類橋梁之最；大橋斜拉索為空間雙索面，採用的平行鋼絲斜拉索為世界上最大規格型號；大橋採用的 HGQZ-50000/10000 型拉壓鋼支座，最大抗拉噸位達一萬千牛頓，為世界之最。

第二節·漢江臨泛

> 漢江也稱「漢水」，地位齊與長江、黃河、淮河。漢江大部分河段流經湖北，且風光隨段變化，為湖北旅遊增添了新的生機與活力。

「天外漢江來」

漢江發源於陝西寧強縣秦嶺南麓，往東南流經陝西省南部，過白河縣後，從鄖西縣進入湖北。丹江口以下，幹流折向東南，沿途經襄陽、宜城、鍾祥、天門、潛江、仙桃、漢川等縣市，最後由武漢市漢口龍王廟匯入長江。漢江為長江第一大支流，全長一五七七公里，在陝西境內長六五七公里，在湖北境內長九二〇公里。在發源地名「漾水」，流經沔縣（現勉縣）稱「沔水」，東流至漢中始稱「漢水」，自安康至丹江口段古稱「滄浪水」，襄陽江段別名「襄江」「襄水」。

漢江源頭至湖北省丹江口為上游，全長九五六公里，河道呈東西走向，穿行於秦嶺、大巴山之間，沿途峽谷盆地交替，河床多為卵石、礫石與基岩。幹流自鄖西進入湖北省後，北為秦嶺餘脈，南為武當山脈，屬山地蜿蜒型河道，水流湍急，水力資源豐富，是開發漢江水力資源的重要河段。在湖北境內，漢江上游段先後有金錢河、天河、堵河、泗河、官山河、浪河、丹江等河流匯入。

漢江自丹江口至鍾祥市碾盤山為中游，全長二二三公里，河道呈南北走向，流經丘陵地區和河谷盆地，河床寬而淺，水流較散亂，屬遊蕩型

河道。漢江接納南河和唐白河後，水量、沙量大增，河床時沖時淤，並受制於兩岸地形，或寬或窄，低水位時河槽寬約三百至四百米，洪水期則達二至三公里，最寬時可達五至六公里。本江段襄陽以上河床質為大石，粗、細沙等，襄陽以下為沙質河床。

漢江自鍾祥市碾盤山至武漢市入長江口為下游，全長三九八公里，河道呈南北轉東西走向，流經江漢平原，水流變緩，屬平原蜿蜒型河道，兩岸築有漢江大堤。本段沿江兩岸海拔三十五米以下為平原與湖泊，三十五至五十米為河階地、崗地與丘陵。漢江、東荊河、長江等大河之間地勢較低，易形成窪地湖泊帶，如漢江與東荊河之間有通順河排湖窪地帶，東荊河與長江之間有內荊河洪湖窪地帶。在平原與階地相連的地方地勢也較低，易形成崗地邊窪地湖泊帶，如鍾祥笪家湖、天門白湖、孝感野豬湖等。本江段，漢江在潛江市澤口龍頭拐接納東荊河，在武漢市東西湖區新溝接納漢北河。

漢江流經湖北西北部的廣大區域，穿山地峽谷，流丘陵崗地，經濕地平原，呈現出多樣自然景觀；過繁華都市，越廣袤鄉村，具有不同文化氣息。按照規劃，湖北將把漢江作為重要的旅遊廊道來建設，著力打造漢江旅遊新品牌。

漢江裡的水

受季節影響，漢江水有豐盈和旱枯之別。豐水季節，漢江浩浩蕩蕩，很有幾分豪邁的氣勢。枯水季節，中游江段常有成片成片的沙洲露出水面，漢江便顯得有些蕭瑟。但不管怎樣，湖北的漢江從沒有乾枯到赤裸著河床——即便是涓涓細流，也要一路向東匯入長江。因為漢江畢竟是

一條南方的河流，只不過具有一些北方河流的特徵罷了。

漢江一直保持著一江清水，不僅僅是為了南水北調送往北方，更是為了體現自身的氣質與品格。在江漢與長江交會之處，最能體現長江的渾厚和漢江的清秀了。在武漢的龍王廟，往漢江這頭看，水清岸近，一副小家碧玉模樣；往長江那邊看，水濁江闊，儼然滄桑漢子一般。世人皆知涇渭分明，卻不知江濁漢清也！

郎陽湖

郎陽湖位於十堰市郎陽城區南面漢江上，原為一灣漢江淺水，丹江口大壩興建特別是丹江口大壩加高工程完工後，這裡便蓄水成湖了。這裡是南水北調中線水源地，水質清澈，晶瑩剔透。為確保藍天白雲與一湖清水永相映，同時把郎陽湖及其環線打造成生態旅遊休閒地，當地按照「突出特色，提升品位，建成精品」的要求，編制了《環郎陽湖景觀建設和生態綠化規劃》及其行動方案，還專門聘請知名專業公司對重要景觀節點進行規劃設計。二〇一五年以來，郎陽區開展了環郎陽湖景觀建設行動，在消落地造林、發展坪地苗圃、園區景觀建設、荒山造林等方面取得了明顯成效，給了郎陽湖水一個充滿綠色生機和草木柔情的環抱。

郎陽湖周邊濕地資源豐富，神定河與漢江交會處以西的沿漢江區域正在積極創建國家濕地公園。濕地公園內灘塗發育，以天然的河流濕地為主。當地結合濕地資源分布、動植物資源、土地利用、景觀格局等狀況，將濕地公園分為生態保育區、恢復重建區、宣教展示區、合理利用區、管理服務區五大功能區，將在此基礎上著力打造濕地生態旅遊區。

丹江口水庫

丹江口水庫由一九五八年修建的丹江口水利樞紐工程和二〇〇五年十月開工的丹江口大壩主體加高工程完工後蓄水而成，淹漫於漢江及其支流丹江之上，跨鄂豫兩省，面積一〇二二點七五平方公里，庫容三三九點一億立方米，正常蓄水位一七〇米。丹江口水庫是以供水、防洪、發電為主，兼具灌溉等功能的大型人工水庫，水庫水質連續穩定在國家二類以上標準，是南水北調中線工程的水源地。二〇一四年十二月，中線工程正式通水，一庫清水源源不斷地流向河南、河北、北京、天津四省市沿線地區的二十多座城市。

說到丹江口水庫，就得提及一下孕育它的丹江。丹江古稱丹水、淅水、粉青江、黑江，發源於秦嶺，先流經陝西，於商南縣荊紫關附近出陝西境，進入河南省淅川縣，再向南在湖北省丹江口市匯入漢江，全長三八四公里。丹江全部為山區河道，是漢江的主要分支，是中國古代長

丹江口水庫（十堰旅遊委供圖）

江地帶通往西安的一條重要水路交通線。

近年來，丹江口水庫旅遊價值凸顯，煙波浩渺的湖水、曲折有致的岸線成為生態旅遊的重要憑藉。當地引資在丹江口市郊興建的丹江口庫區旅遊中心港服務設施齊備，且依山傍水，風景綺麗，加之港灣、遊艇和岸上的風情街各具特色，不僅成為丹江口水庫旅遊的重要集散地，本身也成為富有特色的休閒度假旅遊區。

梨花湖風景區

梨花湖位於老河口市境內，面積為四十二平方公里，是在漢江幹流上興建王甫洲水利樞紐工程而形成。王甫洲水利樞紐位於丹江口水利樞紐下游、老河口市近郊，是繼上游石泉、安康、丹江口後，在漢江幹流上興建的第四座水利樞紐工程，建有當時亞洲最大的低水頭發電站。一九九五年初動工興建，二〇〇〇年五月竣工。

梨花湖本無名稱，江面蓄水成湖後，老河口市面向社會公開徵集其名。最終因這一平湖周圍環繞著大片大片的梨園，並盛產優質砂梨，而將其命名為「梨花湖」。這裡水面寬闊，植被豐厚，鄉村旅遊資源和濕地資源豐富，具有較高的旅遊景觀價值。老河口市已決定將梨花湖打造為集觀光、度假、療養、鄉村休閒於一體的生態旅遊區，景區觀光主幹道、漢江水果帶觀光道路、濕地公園、梨花島休閒度假區等項目正在加緊建設之中。

漢江上的島

漢江上的島主要分為兩大類，風情別樣。一類是泥沙淤積而形成的洲，土質較疏鬆，臨水多有沙灘，適宜鄉村休閒和沙灘運動。漢江中游共有這樣的沙洲一四〇多個、沙灘三十八處，平均不到兩公里就有一處沙洲或沙灘，而且現在還有新沙洲出現。一類是攔河成庫而未完全淹沒的山頭，因為質地較堅硬，可在保護生態的基礎上適當建設旅遊設施，開展生態文化旅遊。

鄖陽島

鄖陽島位於十堰市鄖陽區柳陂鎮東北部、漢江東南岸，原稱「和平島」，也叫「光石山」，總面積為二點五平方公里，與青龍山國家地質公園相連。丹江口大壩加高工程完工後，鄖陽島原來的圍堤被淹沒，南湖與北湖連成一片水域，同時又在江中形成多個島嶼。鄖陽島旅遊區總面積為十二平方公里，島東側通過漢江大橋與鄖陽城區相通。

當地正引資大力開發鄖陽島，將通過各具特色又相互依存的旅遊功能區建設，形成集生態觀光、運動休閒、地方文化展示、會議中心、水上娛樂、居住生活等於一體的綜合性旅遊區。水上觀光旅遊目前已開展起來，新建的鄖陽島旅遊服務基地由遊客接待中心、生態停車場、旅遊專用碼頭等設施組成，可同時停靠十六艘一百客位的旅遊船。二〇一五年三月，鄖陽島旅遊碼頭正式接待遊客，並推出了漢江水上觀光游。

魚梁洲

魚梁洲位於襄陽城區附近的漢江上，南北長十點六五公里，東西寬五

點三公里，在漢江六十一點五米水位時洲體面積為二十六點五平方公里。魚梁洲素有「漢江明珠」的美稱。

漢代以前，襄陽城東門外之地統稱為「魚梁洲」，是一個三面環水、一面靠山的半島。唐朝時期，現魚梁洲之地在漢江枯水期仍與今天的魚梁坪相連。一九五八年修建漢丹鐵路時，在魚梁坪與魚梁洲間低窪區域大批量挖採卵石，形成低槽，後漢江沿槽過水，使魚梁洲與魚梁坪分離，形成了漢江中最大的島嶼。

唐朝時期，漫遊風盛。魚梁洲以其臨城臨江、視野開闊、景色多姿之特色，而成為當時重要的登臨勝地。唐代山水田園詩派的開創者孟浩然不但在魚梁洲上「踏雪尋梅樂逍遙」，還在其詩《夜歸鹿門山歌》中，描述了「魚梁渡頭爭渡喧」的熱鬧景象。在《與諸子登峴山》中，孟浩然描寫了枯水季節的魚梁洲，「水落魚梁淺，天寒夢澤深」；在《登江中孤嶼贈白雲先生王迴》中，他通過讚美漢江和魚梁洲的神奇美麗，表達了對友人的深情厚誼。皇甫冉在《雜言月洲歌送趙冽還襄陽》中，亦讚歎魚梁洲「漢之廣矣中有洲，洲如月兮水環流」的特殊景象。李白、陸龜蒙等詩人也曾描寫過魚梁洲的景色，張九齡、王維、王昌齡、皮日休等詩人亦曾登臨魚梁洲，並歌詠其美景。

魚梁洲是襄陽漢江國家濕地公園的重要組成部分，將在保護的基礎上積極開發旅遊業。襄陽在打造漢江風光帶過程中，將魚梁洲定位為「生態之洲、文化之洲、運動之洲、休閒之洲、浪漫之洲」，致力於將其打造成生態良好、洲水和諧、天人合一、享譽世界的高品質旅遊島。

桃花島

　　桃花島又名「老龍洲」，古名「解佩渚」，位於襄陽市城區西面的漢江中，東西走向，面積為十平方公里。這裡過去曾大面積種植桃樹，花開十里，姹紫嫣紅，因而得名「桃花島」。現在沙洲上仍然林木蔥蘢，莽莽蒼蒼，並保持著醇厚的野趣和鄉土味。

　　桃花島之古名解佩渚與一個優美動人的愛情故事聯繫在一起。相傳漢代時有一書生名叫鄭交甫，一日遊歷沙洲，偶遇下凡的仙女，彼此一見鍾情。仙女解下身上玉珮相送，以示對鄭生的愛慕之情。「解佩渚」因此而得名。為紀念這一美麗的愛情傳說，在每年的農曆正月二十一，襄陽的姑娘們都會結伴出行，在洲上尋覓帶孔奇石，並用彩絲穿起，掛在脖頸寄情。

桃花島

桃花島與襄陽市區只有一水之隔，交通便利，現已成為城市遊客開展鄉村旅遊的好去處。這裡建起了旅遊型農莊，鄉村旅遊逐步興旺。觀光農業示範基地為遊客提供了農事體驗的機會，原生態的養雞場、養牛場、養豬場讓遊客感受到鄉村生活的一個側面，環島的水面是遊客理想的垂釣之地，以「野、土、鮮」為特色的農家菜能讓遊客品嚐到別樣風味。除鄉村旅遊外，島上還興建了以科學養生為主題的產業園。產業園內興建了民俗文化長廊、書畫攝影長廊、老人樂園和兒童樂園，開發了打靶、射箭、彈弓等一批傳統遊戲項目。

沿漢江濕地

漢江濕地資源豐富，上游鄖陽湖、丹江口水庫的岸邊、周邊都有特色鮮明的濕地景觀。漢江中游濕地資源更為集中，知名度也更高，目前，谷城漢江濕地公園、長壽島濕地公園、襄陽漢江濕地公園和宜城萬洋洲濕地公園先後獲批為國家級濕地公園。

長壽島國家濕地公園

長壽島國家濕地公園位於襄陽市樊城區牛首鎮，是以漢江江心洲長壽島為主體的濕地公園，屬典型的自然河流濕地，面積為三○七七公頃。島上分布有多種國家一、二級野生保護動物，均為鳥類，是湖北省普通燕鷗的主要棲息地和繁殖地，還有全省極為少見的鳥類——藍喉蜂虎。長壽島濕地四面環水，濕地生態系統完整，生態環境保護良好，長壽文化特色鮮明，具有很高的濕地生態保護價值和生態旅遊開發價值。

襄陽漢江國家濕地公園

襄陽漢江國家濕地公園位於東起崔家營水庫壩址，西至襄陽漢江四橋的漢江及其岸邊，濕地面積三一七九公頃。濕地公園形成了以永久性河流濕地為主，以洪泛濕地、草本沼澤濕地、少量人工濕地和山地森林為補充的複合生態系統，分布有維管束植物七十二科一八二屬二四一種，包括厚朴、鵝掌楸、刺楸、杜仲、野大豆五種國家重點保護植物；有脊椎動物二十七目六十三科一三五屬一八三種，包括國家一級保護動物二種、二級保護動物十三種。該濕地公園位於我國候鳥遷徙的中線，因而水禽種類眾多，共有七目十二科三十屬四十六種。開闢有濕地鳥類觀光、濕地植物展示園遊覽、濕地遊憩體驗等項目，設計了科普宣教游線和濕地體驗游線。

谷城漢江國家濕地公園

谷城漢江國家濕地公園地處谷城縣南、北二河與漢江交會區域，三面環水，西靠縣城，屬典型的自然河流濕地，面積為二一八八公頃。濕地內水系發達，植被茂盛，水草豐美，鳥類資源豐富，生態系統完整，具有較高的生態保護價值和旅遊開發價值。現已規劃濕地管理服務區、科普宣教區、生態保育區、漢江文化展示區、濕地生態環境遊賞區、神農農耕體驗區六大功能區，正在開發神農五穀、後湖夜月、曲水荷香、粉水澄清、仙人古渡、青洲放歌、土木造化、水石前盟八大景觀。

萬洋洲國家濕地公園

萬洋洲國家濕地公園以宜城境內西北—東南向的漢江為主體，為永久性自然河流濕地以及洪泛平原濕地，總面積二四六六公頃，濕地率為 百

分之六十九點五三。濕地公園內分布有維管束植物七十四科一八五屬二二九種，脊椎動物二十七目五十二科一一九種。萬洋洲自然景觀優美，生物種類多樣，建設成國家濕地公園後，為保護漢江濕地資源和生態環境、發展生態旅遊業創造了良好條件。

漢江孕育武漢

武漢市位於長江與漢江交會處、江漢平原東部邊緣。由隔江鼎立的武昌、漢口、漢陽三鎮組成，面積八四九四平方公里，人口超過一千萬，為我國中部地區最大的城市和正在建設中的國家中心城市。漢江孕育武漢，至少有三個方面值得一提。

第一，武漢三鎮中有兩鎮與漢江密切相關。漢陽原在漢江之北、龜山之南，因「山南水北謂之陽」而得名。明代成化十年（1474 年）漢江改道於龜山北面注入長江，漢陽雖變為「水之南」，但名卻堅持下來了。漢口之地原與漢陽相連，為漢陽的一部分；漢江改道後，漢口開始獨立發展。漢口曾叫「江夏」「夏口」，這裡逐漸興盛後，來此經商的人絡繹不絕，外省客商中尤以陝西為多。由於漢江發源於陝西，而江夏又是漢江入長江之口，陝西客商便稱之為「漢口」，久而久之，就約定俗成了。

第二，武漢簡稱「漢」，與漢文化的「漢」一脈相承。目前專家們已趨於形成共識：劉邦建立的朝代稱為「漢朝」，中華民族大家庭中人口最多的民族稱為「漢族」，中國人使用的文字稱為「漢字」，中國人所說的話稱為「漢語」，以及中國的主體文化稱為「漢文化」，都與漢江密不可分。武漢沒有簡稱為「武」，而是基於瀕臨漢江而簡稱為「漢」，正好與

漢文化的「漢」一脈相承。

　　第三，漢江進一步造就了武漢的繁榮與興盛。漢江是武漢人眼中的「小河」，但它與「大江」長江一樣，也深深地融入了這個城市的發展史。古代漢陽的發展離不開漢江，唐朝時所築漢陽城的八個城門中有三個以「漢」命名（另有沙洲門與長江有關）。明清時期漢口成為全國「四大名鎮」中的「商業名鎮」，一個重要方面就是得益於漢江之功。當時有歌謠云：「要做生意你莫愁，拿好本錢備小舟，順著漢水往下走，生意興隆算漢口。」古代的武昌城之西北門稱為「漢陽門」，其作為地名一直沿用至今，也說明了漢江的地位和影響。

第三節・清江畫廊

> 清江是全程流經湖北的最長的一條河流。這條交織山水風光與民俗風情的景觀型河流，是展示湖北旅遊魅力的又一點睛之筆。

「八百里清江美如畫」

清江，古稱「夷水」，《水經注》說：「夷水，即佷山清江也。水色清照十丈，分沙石。蜀人見其澄清，因名清江也。」清江為長江的一級支流，發源於利川市的齊岳山，流經利川、恩施、宣恩、建始、巴東、長陽、宜都七個縣市，在宜都陸城匯入長江。清江全長四二三公里，號稱「八百里清江」。

清江從河源至恩施城區為上游，長約一五三公里，屬高山河型。清江自河源起陸續接納觀音河、九渡河等河流，南過利川市區又納忠孝水，折流向東北六點八公里至騰龍洞水洞處潛入地下，形成「臥龍吞江」之奇觀。自騰龍洞水洞進入伏流後，清江時隱時現，經鱷魚洞、響水洞、觀彩峽至黑洞復出，稱為「雪照河」。出黑洞至車壩，清江兩岸均為高山，江面猶如小溪。從車壩起清江先後接納甘名溪、龍橋河、渾水河，水勢漸大，水面較為開闊。

清江從恩施城至長陽縣資丘鎮為中游，長約一六○公里，屬山地河型。清江出恩施市區往南約五公里後開始變窄，多險灘。伏三跳至眠澤口長約五十八公里，江段蜿蜒曲折，山高水急，曾為清江最險段之一。

這一江段先後有天橋河、中間河、南里渡河等河流匯入。清江進入建始縣後稱為「景陽河」，兩岸山崖聳峙，河道水深且有險灘。建始縣境內，有伍家河、清龍河、野三河匯入。野三河為建始與巴東兩縣的界河，清江進入巴東縣二十六公里後至水布埡，這一江段除南潭河附近三公里山坡較平緩外，其餘均為高山峽谷。水布埡附近建有清江上最大的水電工程，壩型為混凝土面板堆石壩，為目前世界上最高的混凝土面板堆石壩。過水布埡後，清江進入長陽縣，仍穿行於峽谷中，其中招徠河以西長約五公里的一段峽谷為伴峽，是「清江三峽」之一。

清江從資丘鎮至宜都市入長江口為下游，長約一一〇公里，屬半山地河型。清江在資丘鎮以下仍穿行於峽谷中，資丘下馬巷至巴山長五公里的一段峽谷稱為巴山峽，為「清江三峽」之一。進入平洛後，上起膀子石、下至沿市口有平洛峽，亦為「清江三峽」之一。出峽後不遠處有隔河岩水電大壩。隔河岩壩址下游有丹水自左岸匯入，丹水漂流為長陽較早開發的旅遊景區。隔河岩以下兩岸逐漸開闊，流經鄔家沱附近進入丘

長陽清江畫廊

陵區，直至宜都市城區匯入長江。其間，有漁洋河自右岸匯入。在距河口約十二公里處為高壩洲水利樞紐工程壩址，大壩為混凝土重力壩，最大壩高五十七米。

清江是一條具有自然特色的河流。自西向東切割雲貴高原東部邊緣的鄂西群山，大部分河段形成高山深谷，一派山清水秀風光，有「山水畫廊」的美譽。清江也是一條充滿文化魅力的河流。「向王天子一支角，吹出清江一條河。」這裡是土家族發祥地，傳說土家族祖先巴人在首領廩君的率領下，曾沿清江向外開疆拓土。

清江上游：溶洞與絕壁

清江上游河道明流和伏流兼備，明流深切峽谷，氣勢雄偉，攝人心魄；伏流奔騰於地下又突然流出，十分壯觀，令人震撼。

騰龍洞

騰龍洞位於利川市區東北六點八公里處，由水洞、旱洞組成。以騰龍洞之水洞、旱洞為主體，包括附近鯰魚洞、涼風洞、獨家寨、龍門、化仙坑等景區在內的騰龍洞旅遊區面積為六十九平方公里，是集山、水、洞、林、石、峽於一體的生態旅遊區，目前為 4A 級旅遊景區。二〇一六年十月通過國家 5A 級旅遊景區景觀質量評審，進入 5A 創建行列。

騰龍洞水洞為清江幹流的一部分，潛入地下變為伏流，全長十六點八公里。水洞入口處高六十米，寬四十米，洞口半高處及洞壁分別建有石橋和棧道。站在其上，往清江上遊方向看，只見清江水流突然氣勢磅礴

地奔瀉而至，一下子變成二十三米高的飛瀑，勢不可擋地跌落水洞之中；往洞口看，可目視幾十米深，而入口恰似一條臥龍張開巨嘴，吞吸清江水；低頭往下，江水在腳下翻滾，激盪澎湃，聲如雷鳴，攝人心魄。面對這獨一無二的景象，人們為其取了一個非常形象生動的名字——「臥龍吞江」。也許在人們看來，只有這四個字才配得上清江的氣勢與風度。

騰龍洞旱洞已探明長度為五十二點八公里，面積超過兩平方公里，洞口高七十四米，寬六十四米，為中國乃至亞洲最大的岩溶洞穴，也是世界特級岩溶洞穴之一。整個洞穴群共有上下五層，其中大小支洞三百餘個，洞中有山，山中有洞，洞中有水，洞水相連，構成一處龐大而奇特的洞穴景觀。洞穴最高處二三七米，最寬處一七四米，洞內最高山高達一二五米。洞中共有一五〇餘個洞廳，象形石一四〇餘種。洞內寬闊，步道平坦，空氣流暢，環境良好，終年恆溫 14℃～18℃，是生態旅遊的

別有洞天｜彭一新攝

好去處。

騰龍洞所在區域是土家族聚居地，為展現獨特濃郁的土家文化，旅遊區推出了大型旅遊演藝節目《夷水麗川》，同時配套推出了高科技激光秀，常年在洞內大廳進行表演。

雪照河

雪照河位於利川市團堡鎮梨樹村境內，為清江上游的一段。清江在騰龍洞水洞伏流十多公里後，於黑洞流出地面，並一路奔流向前，再無伏流。由於剛從地下湧出的水流十分湍急，翻滾的浪花猶如千堆雪，映照在清江之上，故而有「雪照河」之名。

清江雪照河段是一條既險峻幽深又神祕奇特的大峽谷。峽谷深且狹窄，兩岸山崖連天，又有奇峰峭立，山石象形，綠樹環合，銀練飛瀉，風景獨到。這裡不僅遠離城市的喧囂，也沒有鄉村的裊裊炊煙，似與世隔絕之境。雪照河段有支流匯入，支流險遠之處極富生態特色和荒野之趣。

雪照河附近有岩溶洞穴玉龍洞，因洞內有奇石如龍、潔白如玉而得名。洞在半山腰上，有一個主洞和三個支洞，全長一六三〇米，洞口高五點七米，寬十二米。洞中景點眾多，且隨物賦形，美輪美奐，有如仙山瓊閣。

恩施大峽谷

恩施大峽谷位於恩施市屯堡鄉和板橋鎮境內，是清江大峽谷中的一

段。峽谷全長一〇八公里，總面積為三百多平方公里。景區主要由大河碥風光、前山絕壁、大中小龍門峰林、板橋洞群、龍橋暗河、雲龍河地縫、後山獨峰、雨龍山絕壁、朝東岩絕壁、銅盆水森林公園、屯堡清江河畫廊等部分組成。二〇一五年被評定為國家 5A 級旅遊景區。

　　恩施大峽谷地貌形態豐富。在恩施大峽谷，幾乎能找到喀斯特地貌的所有形態，包括絕壁、峰柱、天坑、地縫、溶洞、天生橋、暗河、豎井、石林、峰叢、懸谷等。這種集大成的立體性熔岩地貌極其罕見，稱得上是「中國中部地球表層喀斯特地貌演變遺跡的自然博物館」。

　　恩施大峽谷地質景觀奇絕。首先，「有絕壁者無峰叢，有峰叢者無絕壁」的喀斯特地貌特徵在恩施大峽谷被改寫，這裡絕壁與峰叢並存，形成「絕壁環峰叢」的奇觀，特別是「既有四面絕壁凹陷於叢峰之中，也有四面絕壁凌駕於叢峰之上」，為世界上首次發現。其次，這裡的「地

恩施大峽谷｜曾輝攝

縫─天坑─岩柱群」複合型喀斯特地貌為世界唯一，雲龍地縫、雲龍天坑與周邊的岩柱群共同構成這一奇觀。再次，不同於下窄上寬或上窄下寬的地縫類型，恩施大峽谷景區內的雲龍河地縫上下基本同寬，斷面垂直於天地，形成正「U」字形的地縫類型，國內外罕見。另外，地縫接飛瀑（雲龍河地縫內，飛瀑懸掛，鳴珠濺玉）、清江升白雲（從清江上升起的雲海像一條騰飛的巨龍，形態豐潤，蜿蜒百里）、天橋連洞群（大峽谷沿線有大小洞穴 200 餘個，更有天橋匹配，水天相諧，猶如仙境）等眾多奇觀也獨一無二。

恩施大峽谷民族風情濃郁。這裡是土家族、苗族等民族的聚居地，民族村寨、民族建築點綴於自然風景之中，歌舞、民俗、節慶等飽含濃郁的民族風情，賦予整個恩施大峽谷旅遊區以民族個性。每年舉辦的土家情人節「女兒會」是恩施民族文化的象徵和令人心動目眩的藝術奇葩；土家民歌比賽等展現了恩施大峽谷獨特的人與自然和諧之美；大型山水實景演出《新龍船調》集規模性、藝術性、民族性、地域性於一體，是一場令人驚豔的藝術盛宴。

恩施大峽谷生態環境良好。恩施大峽谷處於北緯三十度附近的亞熱帶季風性落葉與闊葉混交林地帶，很好地保持了這一地帶的生態景觀與生物多樣性，群落完整，林木蒼翠，空氣清新，氣候宜人。同時，恩施大峽谷一帶還有「華中藥庫」「世界硒都」之稱，特別是有機硒符合國際營養學標準，對發展健康旅遊意義重大，為打造國內一流健康旅遊基地創造了良好條件。

清江中游：峽谷與水庫

清江中游河道絕大部分流經深山地區，形成奇美的高山峽谷風光。隨著攔江大壩的修建，水庫中的清江又多了幾分清秀與嫵媚。

清江漂流

清江中游有目前清江唯一可以漂流的河段，曾經的名稱叫作「清江闖灘」。當時可以漂流的河段起於恩施市城區，止於渾水河大橋，全長三十八點五公里，最窄處十五米，最寬處二百多米。這段清江有五個峽谷、四十八道落差二至四米的險灘，這一道道險灘又由一灣灣波瀾不興的靜水區串聯起來，一靜一動，珠聯璧合。不過，在水布埡水利樞紐工程興建後，由於回水淹沒至清江闖灘所在的江段，目前能漂流的河段已經很短了，在原先的驚險中平添了幾分平和與愜意。

今日的清江漂流融有驚無險的峽谷泛舟、如夢如幻的清江畫廊、獨特濃郁的土家民俗、充滿野趣的生態環境於一體，能給人以多樣化的旅遊體驗。特別是這一江段處於野外，幽深靜謐，頗有「蟬噪林逾靜，鳥鳴山更幽」的意境。且沿江兩岸，山崖高聳，奇石遍布，茂林修篁，山花吐香，雄奇中透出清麗。間或一瞥，土家人種田放牧的生活場景、村姑洗衣浣紗的曼妙詩韻、船工高亢激越的清江號子，都和諧地融入這峽谷的野趣中了。

景陽河

景陽河是清江在建始的名稱，位於建始縣南部，介於清江支流巴溪河、伍家河與野三河、清龍河之間，全長二十三公里，寬約百米。景陽

景陽河畫廊

河屬山地峽谷，是恩施清江畫廊的濃墨重彩之筆，為國家 4A 級旅遊景區野三河的重要組成部分。

　　景陽河建有旅遊碼頭，開闢有乘船游清江項目。船行江中，已沒有水布埡水庫蓄水前那種崖高壁峭、撼人心魄的景象了，但見江水清清，山頭峭立，間或絕壁斷崖垂江、泉瀑噴湧飛瀉，如在畫中行。河兩岸多奇景，最絕美的當屬蝴蝶飛瀑了。兩塊絕壁直懸江面，恰似蝴蝶兩翼撲騰一般。石壁顏色為鐵青與灰白相間，並有橙、黃點綴其間，還有草木奉獻一片黛綠，藍天白雲之下，煞是好看。兩翼之間有洞，一股清泉從中噴湧而出，飛掛崖前十多米，在空中飛舞一陣後散落江中。

水布埡水庫

水布埡水庫位於巴東縣水布埡鎮，是修建水電大壩後蓄清江水而成，

秀美水布埡｜唐傳義攝

是清江梯級開發的龍頭水利樞紐，以發電、防洪、航運為主，兼顧旅遊等其他功能。主體建築物有混凝土面板堆石壩、河岸式溢洪道、右岸地下式電站廠房等，其中面板堆石高壩為世界第一。水庫正常蓄水位四百米，相應庫容四十三點一二億立方米，裝機容量一八四萬千瓦。

　　水布埡水庫雖然是蓄水成湖，但仍然是一派峽谷風光，只不過少了些絕壁斷崖而已，青山綠水成為主色調。船游水庫之上，可欣賞官帽峰、白水溪、犀牛嶺、五兄弟奇峰、童子禮佛、神女石、巴王峽、雷公岩等美景。水庫左岸還有三里古城，建於武落鍾離山之上，一說為土家族的發祥地。

伴峽

伴峽地處長陽漁峽口鎮西部，東起招徠河口，西止龍池，全長五公

里。它是清江三峽（平洛峽、巴山峽、伴峽）中最上游的一個峽，也是清江三峽中最有峽谷風采的一個峽。兩岸青峰夾峙，一江碧水長流，風景奇美，有睡美人、薄刀嶺、白虎鎮江、雄獅屙尿等造型奇特的岩石，有海螺洞、和尚洞、榨洞、迷水洞等各自成趣的溶洞。

「伴峽三望」歷來為人稱頌。一望獅子洞。洞中有鐘乳石形如雄獅，一暗河從雄獅胯下飛瀉而出，其名曰「獅子屙尿」。二望薄刀嶺。一巨大如屏山峰猶如一把薄刀，突兀於群峰之上，直插雲天。三望鹽池溫泉。《水經注》曾這樣描寫：「大溪南北夾岸，有溫泉對注，夏暖冬熱，上常有霧氣，瘍痍百病，浴者多愈。父老傳此泉先出鹽，於今水有鹽氣。」浴此溫泉，心曠神怡。

清江下游：山地與坪壩

清江下游河道被大壩分割成一段一段的水庫，形成柔美的湖島風光。一些河段由於青山夾峙，呈現出一派青山綠水的峽谷風光。

隔河岩水庫（長陽清江畫廊）

隔河岩水庫因隔河岩大壩蓄水而成。大壩位於長陽土家族自治縣縣城附近，正常蓄水位二百米，相應庫容三十四億立方米。隔河岩水電工程由河床混凝土重力拱壩、洩水建築物、右岸岸邊式廠房、左岸垂直升船機組成。水電站於一九九四年建成，裝有四台單機容量三十萬千瓦的水輪發電機組，年發電量三十點四億度。

隔河岩水庫起於長陽境內的隔河岩大壩，沿清江往上直抵巴東縣境，

這一段清江風光絕美，被稱為「長陽清江畫廊」。它是集山水、生態、文化、風情於一體的綜合性旅遊景區，原生態的自然山水和原生態的民俗風情在此完美結合，二〇一二年十二月被評定為國家 5A 級旅遊景區。其特色之一是山水畫廊。清江蜿蜒於保持自然原貌的群山之間，形成亦峽亦湖的特殊景觀。兩岸發育獨特的喀斯特地貌，山形奇特，植被完好，江水時而因兩山夾峙而成峽，時而因雲開天闊而成湖，並有數百島嶼如翡翠般星羅棋布於其上。這裡還是珍稀植物儲藏的寶庫、野生動物棲息的天堂，有國家重點保護野生植物二十八種、動物十八種。其特色之二是民族搖籃。長陽清江武落鍾離山作為土家族的發祥地，是土家族之根。這裡不僅流傳著「向王天子一支角，吹出清江一條河」的美麗傳說，而且至今仍然保存著土家族完整的物質文化和非物質文化，特別是「以哭泣慶賀婚嫁、以歌舞祭祀亡靈」的民俗和「能說話就會唱歌、能走路

長陽清江

就會跳舞」的民風，創造了五項國家非物質文化遺產，南曲、巴山舞更是獨樹一幟，成為少數民族藝術的奇葩。

清江畫廊旅遊區在旅遊開發建設上，始終堅持「統一規劃、突出特色、差異定位、打造精品」的原則，打造了武落鍾離山、倒影峽、仙人寨、天柱山、九灣大峽谷、伴峽、香爐石、巴王洞、蘭草谷、愚人島、北緯三十度島、鹽池溫泉十二個震撼性景點，培育出了原生態旅遊品質，形成了觀光覽勝、度假商務、科研科考、健身旅行、休閒養生、尋根祭祖、戶外體驗、拓展運動等完備的旅遊產品體系，並已產生廣泛的品牌效應，在市場上的吸引力持續增強。

高壩洲水庫

高壩洲水庫是修建水電大壩後蓄清江水而成，處於宜都市和長陽縣交界處。高壩洲水利樞紐位於宜都市境內，上距隔河岩水利樞紐五十公里，下距清江入長江口十二公里，是隔河岩的反調節電站，是清江幹流最下游的一個梯級水利樞紐。高壩洲水庫正常蓄水位八十米，相應庫容四點三億立方米，壩區回水長五十公里，與隔河岩電站尾水相接。

高壩洲水利樞紐自左至右有左岸非溢流壩、河床式電站廠房、深孔洩洪壩段、表孔溢流壩段、升船機壩段及右岸非溢流壩段。壩頂長四一九點五米，最大壩高五十七米。電站廠房安裝三台九萬千瓦發電機組，總裝機二十七萬千瓦，年發電量八點九八億度。

天龍灣旅遊度假區

天龍灣是清江下游一段弧形的江岸，位於宜都市高壩洲鎮和紅花套鎮

天龍灣旅遊度假區

境內，下游至宜都城區約十五公里，上游至長陽縣城約二十公里。以弧形江岸為基礎的天龍灣旅遊度假區面積一百平方公里，其中水面面積為三十多平方公里。這裡湖面寬闊悠遠，水質清澈純淨，岸邊植被蔥蘢，生態環境良好。附近還有中國謎語第一村青林寺和宋山省級森林公園。

　　天龍灣旅遊度假區規劃建設天龍灣歡樂水世界、楊守敬文化村、高爾夫球場、國際會議中心、度假村、植物園、青少年素質教育基地等項目。目前已建成景區服務接待中心和水上休閒中心，開闢有多個觀光類和參與體驗類項目，並提供食宿等旅遊服務。

第四節・河庫競秀

　　在湖北省境內，長度五公里以上的河流有四千多條，另有小河流一一〇〇多條，河流總長五點九萬多公里，其中長度在一百公里以上的河流四十一條。這些河流或穿行山間，或流經平原，或連接山區與平原，氣象萬千。一些河流還串聯起一座、兩座甚至幾座水庫，使河流呈現出新的模樣。湖北現有大小水庫五八〇〇多座，其中大型水庫五十九座，數量居全國第一。這些充滿魅力的水庫和氣象萬千的河流同源同流，相伴相隨，故本節將它們融為一體，但以水庫為主來展開。

十大景觀型水庫

　　河流孕育水庫，最著名的當屬長江上的高峽平湖、漢江上的丹江口水庫、清江上的隔河岩水庫。除這三大水庫外，再介紹一下十座比較重要的景觀性水庫。

漳河水庫

　　沮漳河是長江中游左岸的重要支流之一，上游為山區，下游為平原，以沮河為源全長三四四公里。沮漳河上游分東西兩支，西為沮河，東為漳河，各自流經保康、南漳、遠安，在當陽市河溶鎮兩河口合流，再經枝江，於荊州市荊州區注入長江。

　　漳河水庫是在漳河上建壩而成的水庫群，通過三段明槽串聯成整體，面積為一〇四平方公里。水庫樞紐工程在鄂西北山區與江漢平原交會地

漳河風光｜袁昌新攝

帶的荊門市漳河鎮，一九五八年開工，一九六六年竣工。漳河水庫工程建築物包括觀音寺、雞公尖、林家港、王家灣四座攔河大壩及副壩，清靜庵、黃家塝、姚家衝 3 條輸水明槽，陳家沖、馬頭砦溢洪道，崔家溝非常溢洪道，煙墩渠首閘，徐家西灣閘，西干閘，周河閘和水電站等。

漳河水庫青山環繞，山俊水柔，相映成趣。庫中有一三○多個島嶼、半島，情趣各具，風格迥異，是我省重要的生態旅遊區。漳河景區自然景觀、人文景觀與建築工程相映生輝，分為七大片區，有水利工程、遊樂園、洪山古寺、觀音島、陡石崖、伍峰寨、季家溝、樂天處、青蛙石、老龍洞等數十個旅遊景點。

陸水水庫（陸水湖）

陸水發源於幕阜山北麓的通城縣馬港鎮高峰村境內，因三國東吳名將陸遜駐軍屯田於此而得名。由南向北縱貫通城、崇陽、赤壁，在嘉魚縣

陸溪鎮注入長江，全長一八七公里。陸水上游稱「雋水」，因水質清亮、甘甜而得名，通城、崇陽的河段分別稱為「上雋」和「下雋」。上游為花崗岩山地峽谷區，青山秀水，飛瀑流泉，茂林修竹，頗具生態之美。崇陽洪下壺頭峽以下稱「陸水」，流經紅砂岩寬谷和平原地帶，一派鄉村風光。

陸水水庫因在陸水上建壩而成，位於赤壁市郊，水域面積為五十七平方公里。景區名稱為「陸水湖」，總面積一一八平方公里，以山幽、林綠、水清、島秀而聞名，是避暑消閒、度假療養和水上運動的理想之地。湖中八百多個島嶼星羅棋布，最大的島有一平方多公里，最小的如一葉扁舟漂浮於水上，鳥島、麋鹿島、好運島、金魚島等多個島嶼已進行旅遊開發。湖之南的雪峰山林豐竹茂，百鳥和鳴，還有擎天石柱、玄素溶洞等奇景和葛仙祠、雪峰寺等宗教勝蹟。

陸水湖

這裡有中央電視台電視連續劇《水滸傳》的外景拍攝基地之一「中華水滸城」，由聚義廳、梁山後寨、郊野一條街三大景區組成。「聚義廳」是梁山好漢操練、點將、聚會之地，廳堂內設有梁山首領塑像，正廳內兩側是梁山好漢依次排座的牌位。「郊野一條街」由大小不同、造型別緻的二十五間房屋組成，以有限的空間濃縮和再現了北宋時期的街巷店鋪風貌，「王婆茶館」「獅子樓」「潘金蓮宅」「武大郎炊餅店」「西門慶生藥鋪」「鎮關西肉鋪」等景觀演繹著一個個膾炙人口的水滸故事。「梁山後寨」是眾頭領及家眷居住之地，中央電視台《水滸傳》劇組曾在此實地拍攝了梁山好漢打下祝家莊以後舉行慶功晚宴，王英與扈三娘武打，矮腳虎王英招親，晁蓋、宋江、吳用商量攻打曾頭市等幾場重頭戲。

王英水庫（仙島湖）

一些河流出身「卑微」，卻因為形成於其上的水庫具有旅遊魅力而「母以子貴」，王英河就是這樣一條河流。王英水庫是攔截長江右岸一級支流富水的支流三溪河上游的王英河而成，並與攔截三溪河支流蔡賢河而成的蔡賢水庫相連，統稱為「王英水庫」。

王英水庫位於陽新縣王英鎮，幕阜山北麓，因湖畔山崖上懸有一塊「靈通仙島」的石碑，而取名「仙島湖」。水庫工程於一九七〇年動工，一九七七年建成。仙島湖呈「工」字形，由南北兩座水庫構成，水域面積為三十二平方公里，是一座集防洪、灌溉、發電、供水於一體的水利樞紐工程，有兩座主壩、五座副壩。

仙島湖旅遊區面積一百多平方公里，包括水面和環湖群山。湖岸青山連綿，植被茂盛，溶洞幽深，氣候清新。湖上碧波萬頃，水質澄淨，一

最美仙島湖｜江英攝

千多個仙島似大珠小珠散落玉盤之上，爭奇競秀。仙島湖還具有濃厚的
人文氣息，唐代駱賓王歸隱墓園勝蹟尚存，明代嘉靖年間鑄造的飛來鐘
保存完好，「靈通仙島」石碑字跡分明。

浮橋河水庫

　　浮橋河是舉水的一級支流，位於麻城市西部中館驛鎮。舉水是長江中
游左岸的一條重要支流，流經麻城市、新洲區、團風縣等，有「鄂東第
一河」之稱。舉水流域兼有山區、丘陵、平原等多種自然地貌，兩岸有
各具特色的鄉村風光。舉水在武漢市新洲區有一處延綿數里的沙洲叫「宋
渡島」，洲灘上白色細沙顆粒純淨，是日光浴和沙灘浴的好去處。

　　浮橋河水庫是攔截舉水支流浮橋河而形成，水域面積為三十多平方公
里。工程以防洪、灌溉為主，兼顧供水、發電、養殖、航運及旅遊等功

麻城浮橋河水庫景區

能。水庫工程於一九五九年十二月動工，一九六○年七月建成，大壩高
二十九點七米，壩頂長二六○米。

　　浮橋河水庫風景區面積一○四平方公里，除三十多平方公里水面外，
森林覆蓋率達百分之九十五，庫區岸線曲折連綿，山環水抱，庫中島嶼
眾多，各具特色。最大的長山島面積為一千多畝，分布有野生植物和珍
禽異獸，日月島、雙虎島、鯉魚島、潛山島等生態環境優越，各有千
秋。目前景區除開發水上和島上觀光外，還放養了鱖、鯿、鱘等多種名
優魚類，形成了觀賞魚基地。浮橋河水庫濕地生態系統良好，為國家濕
地公園。

涴水水庫（涴水湖）

涴水是松滋河的支流，經松滋河匯入洞庭湖。涴水水庫因攔截涴水而

成，位於松滋市西南部的洈水鎮，東西長十四點五公里，南北寬六公里，水域面積三十七平方公里。水庫工程於一九五八年九月動工，一九七〇年建成。大壩全長一六四〇米，頂寬九米，壩高四十二點七米，為亞洲第一人工土壩。大壩呈「S」形，被譽為最美大壩。

洈水水庫開發為景區後，稱為「洈水湖」。該湖水域廣闊，岸線曲折，五十八處港汊蜿蜒伸展，四五〇多個島嶼星羅棋布，形成了水道交錯的「水上迷宮」。庫區林木茂盛，生態環境良好，氣候冬暖夏涼，適宜休閒和度假。水庫北側的寒武系地層中，發育有大量岩溶洞穴，具有旅遊、科考和探險等綜合價值，新神洞、古神洞、薛家洞、響水洞、仙女洞、顏將軍洞等形態各異，景象萬千，集峻、怪、雄、奇、幽、曠於一體。

該景區先後開發了新神洞、桃花島、顏將軍洞地下湖、濱湖公園等十多個景點，推出了湖泊觀光、溶洞探險、溫泉療養、洈河漂流、水上娛

洈水風光｜權柳沁攝

樂、垂釣、狩獵、森林「氧吧」等旅遊項目。這裡經常舉辦桃花節、垂釣、狩獵大賽、民間傳統燈會等活動，吸引了大量遊客。

徐家河水庫

徐家河是長江支流府河的第一大支流，位於廣水市長嶺鎮。一九五八年九月攔截徐家河興建水庫，一九六四年八月完工。水庫面積五十七點六平方公里，集防洪、灌溉、養殖、發電、旅遊等多功能為一體。

徐家河水庫植被豐富，水域遼闊，島嶼眾多，生態環境良好，特別是一○八個島嶼像顆顆珍珠一樣鑲嵌在楓葉形的庫面上，是生態旅遊的好去處。近年來，徐家河庫區加強旅遊資源綜合利用，在庫岸上興建了亭台樓榭，在水庫中開發了系列旅遊島，初步建成了生態型旅遊景區。桃花島度假村面積為三十多畝，每當春暖花開時，桃紅滿枝，清香撲鼻。鱷魚島養殖有五百多條非洲尼羅鱷，還有中國揚子鱷、泰國灣鱷、美洲短尾鱷等。鳥島位於湖心，植被繁茂，空氣清新，環境幽靜，食物豐富，每年有數以萬計的白鶴在此棲息。

富水水庫

富水是長江中下游右岸的較大支流，源自通山縣南部的幕阜山北麓，東北流至陽新縣富池口入長江，全長一九六公里。富水水庫是攔截富水上中游河水而形成，淹漫於通山縣和陽新縣之間四十多公里的河段上，水庫邊緣距通山縣城十多公里。它是一座具有蓄洪、發電、灌溉、養殖、航運、旅遊等多種功能的大型水庫，水域面積八十平方公里。水庫工程建於陽新縣富水鎮，一九五八年動工，一九六四年建成，大壩高四十五米，壩頂長九四一米。

因庫水淹漫，本以悠長峽谷見長的富水上中游顯得更加多姿多彩，形成了一條風光優美的水上旅遊線。兩岸群峰秀麗，形態優美，河中有島，島上和兩岸綠橘映碧水，使富水獲得了「鄂南小灘江」的美稱。通山縣燕廈鎮的「牛鼻孔」河段崖壁如削，其中一道高三百多米的崖壁上，滿布各種如人似物的奇妙圖案，宛如一幅巨大的天然壁畫，倒映在晶瑩如鏡的湖面。富水不僅山水風光迷人，還是湖北著名的橘鄉，富水河兩岸是連綿不斷的綠色橘帶，慈口鄉還興建了一個獨具特色的漁橘風景區。

　　富水水庫周邊還有隱水洞地質公園、富水樂園等重要旅遊景區。國家4A級旅遊景區隱水洞因洞中隱藏著兩條河流而得名，兼具現代地下河與古河道景觀。隱水洞鐘乳石質地純淨，「鯉魚躍龍門」「天降神靴」「玉兔觀桃」「寒山寺古鐘」「水生石蓮」「天鵝之吻」「金銀瀑布」「仙人田」「馬良神筆」「雪山飛狐」「電閃雷鳴」「八仙送客」等主要景觀隨物賦形，

隱水洞｜雪雁鳴攝

令人遐想。隱水洞遊覽方式多種多樣，既可泛舟地下河，又可乘坐軌道車體驗洞中步移景換，還可以採用步行方式零距離觸摸大自然。

三湖連江水庫

三湖連江水庫位於嘉魚縣城附近，建於一九五九年，是通過人工將原來的白湖、梅懈湖、小湖打通，並由馬鞍山進洪閘在長江汛期引江水蓄洪。其為平原型水庫，具有通江、近城兩大特點，築有主壩和庫中牛頭山長三百米的白湖大堤，堤中段建有白湖大橋，並修築了牛頭山公路，形成從縣城西正街、魚岳路、水庫主壩、白湖橋、牛頭山、五里牌、茶庵嶺進沙陽大道共十公里的環庫公路。

三湖連江水庫山環水繞，風光秀麗，除三湖清水、牛頭山森林公園、白雲山、花草樹木等自然山水外，還建成了一點二萬平方米的金粉式沙灘浴場和一點八萬平方米的岸上休閒景區，為市民和旅遊者提供了一個湖濱休閒勝地。同時，環湖的亭台樓閣、白玉欄杆、白湖大橋、湖心娛樂島等，又構成一道道亮麗的文化旅遊風景線。

三湖連江景區積澱了豐富的歷史文化意蘊。相傳三國時東吳的大小二喬就出生在這裡，景區內建有二喬公園，塑有二喬雕像。這裡還是南宋岳飛築城駐兵之地，景區建有岳公亭。觀音閣、地藏殿、南如寺等又為景區增添了濃厚的宗教文化氣息。

黃龍灘水庫

黃龍灘水庫因攔截堵河而形成。堵河為漢江最大支流，全長約三三〇公里，西源匯灣河為正源，發源於川陝交界的大巴山區，南源官渡河發

源於神農架大九湖，於竹山縣兩河口處匯合。堵河是一條景觀型河流，南源在神農架大九湖湧噴而出後，在崇山峻嶺的原始森林中奔騰而下，形成長達四公里、共一〇八道瀑布的瀑布群，氣勢雄偉，令人歎為觀止。竹山縣洪坪段水流清澈蜿蜒，兩岸多奇峰，更有溶洞遍布。竹山驢頭峽是堵河風景的點睛之筆。

黃龍灘水庫位於十堰市張灣區黃龍鎮，距十堰市中心三十二公里，水域面積為三十二平方公里。工程於一九六九年動工，一九七三年十一月建成，壩型為混凝土重力壩，全長三七一米，高一〇七米。黃龍灘水庫水質潔淨，屬天然優質飲用水，是十堰市城市居民的飲用水源。

黃龍灘水庫港灣交錯、溝岔縱橫，山光水色，景色迷人，是一處以水力發電廠為依託，以湖面旅遊為主體，集觀光、休閒、科普於一體的旅遊景區。景區包括水上樂園、園林園藝區和工業生產區。水上樂園以水域風光為主，可湖上盪舟，也可濱水休閒。園林園藝區裡大面積種植紅楓樹，並穿插櫻花、楊梅、女貞、桂花、茶花、含笑、紫薇等觀賞樹種，形成了多樹種、多植物、多色彩、多層次的園林綠化體系。

觀音岩水庫（觀音湖）

觀音岩水庫位於孝昌縣小悟鄉，因攔截長江支流府河水系之澴河支流晏家河而成，為河道型水庫，水域面積五點七一平方公里，回水長度九點七公里，平均水面寬六百米。水庫樞紐工程包括大壩、溢洪道、輸水管。正常溢洪道為開敞式寬頂堰，非正常溢洪道為自潰壩。

觀音岩水庫開發為景區後，稱「觀音湖」，為國家 4A 級旅遊景區。

湖與大悟山、小悟山、四方山相依，峰奇林秀，水光瀲灩。主景區有日潭石景、月潭泳場、蓬萊三島、仙人洞府、觀音普度、金龜探海、犀牛玩月、仙人擺渡、魚躍深淵等二十餘處景點。坐船徜徉湖中，可欣賞兩岸奇峰峭壁、怪石嶙峋、林木蔥蘢的美景，又可感受山環水繞、船到盡頭、豁然開朗、別有洞天的樂趣。

觀音湖迎賓大門至觀音湖主景區為全長九公里的農家樂旅遊帶。這裡的農家休閒庭園集菜園、果園、花卉盆景園、養殖園於一體，兼具吃、住、遊、樂等功能，可讓遊客體驗到「吃農家飯、住農家屋、幹農家活、賞農家景、融農家情」的鄉村風味。觀音湖周邊還有金盆水庫、觀山禪寺等自然人文景觀。

其他景觀型水庫

水庫作為水利旅遊資源，正得到越來越多的保護性開發和利用，成為人們生態觀光、水體休閒、涉水娛樂的旅遊景區。

夏家寺水庫

景區名稱為「木蘭湖」，位於武漢市黃陂區木蘭鄉境內，攔截灄水支流夏家寺河而成，一九五九年十一月開工，一九六五年十一月竣工。總面積為四十平方公里，其中水面面積為二十平方公里，湖岸線長五十七公里，有一三二個湖汊、二十三個島嶼、十三個泉眼，其中鳥島長年棲息著各種鳥類十餘萬隻，很多為國家保護動物。木蘭湖邊有木蘭將軍廟、木蘭墓，以及明代藩王博物館和湖北明清古民居建築博物館。

道觀河風光｜肖勁松攝

道觀河水庫

　　道觀河發源於團風縣大崎山西南，原名「倒灌河」，後來由於當地道觀較多而易名。道觀河水庫位於武漢市新洲區東北部，一九六五年動工，一九六六年建成。景區名稱為「道觀河旅遊區」，包括道觀河水庫和沿岸七十二座山峰，山環水繞，風景迷人。另建有報恩禪寺、寶玉石博物館、道觀山莊、九天園等景點。

熊河水庫

　　位於棗陽市熊集鎮南三公里處，是攔截漢江支流唐白河的支流滾河的支流熊河而成。一九五三年冬動工，一九五五年春完工。壩型為均質土壩，主壩長一三七三米，兩副壩共長三二五米。當地利用熊河水庫丘陵

和湖泊景觀，並結合周邊山岳溪谷森林景觀，建成了熊河風景區，規劃面積為六八點四二平方公里，有遊客服務區和多個遊覽片區、度假村、生態農業莊園，目前為國家 3A 級旅遊景區。

惠亭水庫

景區名稱為惠亭湖，位於京山縣城西二公里處的惠亭山下，因攔截漢北河支流而成。漢北河發源於京山縣山區，流經鍾祥、天門、漢川、應城、雲夢等縣市，在武漢市東西湖區新溝鎮注入漢江，全長二四二公里。惠亭水庫一九五九年始建，一九六六年建成，壩頂長八六〇米。相傳北宋時期王安石曾謫為京山縣丞，「有惠政，土人思之，建亭於山」，惠亭山因此而得名。水利工程與水庫風光相輝映，山光水色融為一體，碧水與沙灘、島嶼相依，為水利風景旅遊的勝地。

封江水庫

位於隨州市曾都區封江鄉境內，建於一九六〇年，因攔截府河而成。府河亦稱「溳水」，流經隨州市曾都、廣水、安陸、雲夢、孝感市孝南、武漢市東西湖、黃陂等縣市區，在漢口諶家磯注入長江，全長三八五公里。封江水庫區域長達二十七公里，兩岸山巒連綿起伏，庫汊半島相依，猶如一幅山水畫廊。庫區上游的獅子口怪石林立，奇峰聳天，野趣盎然。這裡冬暖夏涼，氣候宜人，是觀光、休閒的好地方。

白蓮河水庫

位於羅田、英山、浠水三縣交界處的浠水中游。浠水是長江左岸的一條較大支流，有東西兩源，分別發源於安徽省岳西縣的黃梅尖和湖北省

英山縣的雲峰頂，在英山境內分別稱為「東河」「西河」，兩源在英山縣兩河口匯合後稱「浠水」，在浠水縣蘭溪鎮境內注入長江，全長約一五○公里。水庫一九五八年秋動工興建，一九六○年十月主壩攔洪蓄水，是一個兼有防洪、灌溉、發電、航運、水產養殖功能的大型水利樞紐工程。水庫周邊群山連綿，樹繁竹茂，庫區內島嶼遍布，雲水相接，為重要的山水勝景。

南川水庫

景區名稱為「金桂湖」，位於咸寧市咸安區南部，因攔截淦河而成。淦河發源於大幕山南麓，河上橋梁眾多，且多古橋，是咸寧城區的重要河流，注入斧頭湖。水庫於一九六六年始建，一九七七年竣工，大壩長三六○米，寬八米。金桂湖湖水清澈，四周青山綠樹環繞，是發展生態旅遊的好地方。

第五節・峽谷傳奇

湖北是一個多山、多水的省分，更是一個富產峽谷的省分。長江奔騰於「略無闕處」的「兩岸連山」中，形成了雄偉壯觀的長江三峽，清江穿行在連綿群山之間，形成了恩施大峽谷、清江三峽等壯美峽谷。還有更多的小河小溪蜿蜒山岳間，又蹦跳出一些奇特的峽谷甚至濃縮版三峽來，或可峽上漂流泛舟，或只谷邊徒步賞景，或能谷底徜徉寄情，成為湖北旅遊的一大特色。

十大景觀峽谷

神農溪

神農溪是長江左岸的一條常流性溪流，發源於神農架南坡，由南向北穿行於深山峽谷中，於巫峽口東二公里處匯入長江，全長六十公里，由龍昌峽、鸚鵡峽、綿竹峽三個各具特色的自然峽段組成。溪流兩岸群山連綿，山峰聳峙，林木蔥蘢，洞瀑遍布，極具生態旅遊價值。同時，古老的「豌豆角」小扁舟、神祕的懸棺棧道、迴蕩的縴夫號子、濃郁的土家風情又讓這條峽谷呈現出難得的人文之美。神農溪縴夫文化旅遊區是國家 5A 級旅遊景區。

神農溪上游為綿竹峽，因峽兩岸多綿竹而得名，河床窄而落差大，以險見長，也是神農溪僅有的可以漂流的河段。神農溪在三峽大壩蓄水前可全段漂流，目前僅剩的綿竹峽漂流彌足珍貴。長四公里峽谷上有大小

險灘三十多處，乘「豌豆角」扁舟漂流，驚險刺激。鸚鵡峽是三個峽中景色最秀麗的一個，兩岸四季常青，泉湧瀑飛。有段峽谷四季都可看到盛開的鮮花，故名「年花灘」；有處地方泉眼湧出清、濁、混三色泉水，因名「三色泉」。神農溪最後一個峽谷是龍昌峽，兩岸壁立連綿，曲折迂迴長達五公里多，可比長江三峽夔門之雄，沿途還可見岩棺群和古棧道。

神農溪完好地保存著峽江地區千百年以來形成的縴夫文化。皮膚黝黑的縴夫、負重前行的身影、粗長厚實的纖繩、原始粗獷的峽江號子、搏擊風浪的小舟，加上絕壁上的狹窄棧道，共同組成一幅峽江地區獨有的縴夫文化風景——準確來說，這不能稱之為「風景」，因為縴夫們用生命與自然搏鬥的壯舉，只能欽佩而不能欣賞。隨著交通條件的改善，峽江

神農溪縴夫｜吳以紅攝

的縴夫不復存在，縴夫文化也逐漸沉澱在歷史的記憶中。神農溪因為發展旅遊業，有意無意間保存並傳播了這種峽江縴夫文化，把人帶回了曾經的那段滄桑歲月。

龍進溪（三峽人家）

龍進溪是長江右岸三峽大壩與葛洲壩之間的一條山間小溪，因長江左岸山崖上有一條帶狀石嶺正對此溪，彷彿巨龍要扎進溪裡一樣而得名。龍進溪與周邊景區共同組成了「三峽人家」這一國家 5A 級旅遊景區。

龍進溪與長江的交會處，數葉古帆船迎風而立，喚起人們美麗而滄桑的記憶。沿溪上行，一道小水壩似堵非堵地截住了清幽的龍進溪水；溪

秀美的龍進溪

水抬高處，斑駁滄桑的龍溪橋橫跨其上，幾隻小漁船靜靜地泊在橋前，幾張扳罾撒放於溪上。這些漁船和扳罾是峽江人民獨特生產生活方式的縮影：許多三峽人祖祖輩輩生活在船上，常年以打魚為生，在水上流動，和風浪搏擊，與漁船為伴，形成了「水上人家」。在竹林掩映之中，一排吊腳樓沿溪而建，這就是「溪邊人家」了。它們依山傍水，一半著陸，一半入水，在群山的環繞下，在斜陽草樹和霧靄煙雨中凝固成一首詩、一幅畫。吊腳樓前的大石頭上，幾位土家妹子用棒槌捶洗著衣服，似在演奏一曲深情的戀歌。沿著小路向溪谷深處前進，可感受「鳥鳴山更幽」的清靜和閒適，彷彿來到了桃源仙境一般。有一段溪谷中，兩塊巨石橫臥溪水中，一左一右，形成一道龍門，而龍門之前的一塊岩石上恰好有形似鯉魚的造型，就構成「鯉魚跳龍門」的景觀。再往前，溪流從整塊岩石形成的河床上流過，天長日久，沖刷成了七個小水槽，被稱作「七疊泉」。再往深處，青山綠水、田園阡陌、斜陽小橋、霧靄煙雨共同交織出一幅恬淡清美的鄉野圖。

龍進溪與三峽大壩和葛洲壩之間的西陵峽，以及周邊的燈影洞、抗戰紀念館、石牌古鎮、楊家溪軍事漂流共同構成三峽人家風景區。這裡的西陵峽段保持著原始三峽風貌，並有「三峽第一灣」明月灣、「萬里長江第一石」燈影石等絕美景觀。楊家溪因宋朝楊家將的後裔曾移居於此而得名，現開闢有以軍事為主題的漂流項目，遊人可坐軍車，穿軍服，唱軍歌，划皮艇，彷彿水上軍訓。石牌抗戰紀念館是三峽地區第一個綜合性抗戰紀念館，修建在當年抗戰的軍事遺址之上，紀念一九四三年五月十五萬中國軍隊圍繞石牌與十萬日軍展開殊死拚殺、取得被有些學者譽為「中國的斯大林格勒保衛戰」的輝煌勝利的那場戰爭。

九畹溪

九畹溪位於長江右岸，秭歸縣城以西，發源於雲台荒南麓，在三峽大壩上游二十公里處注入長江。全長四十六公里，開發為旅遊景區的河段有十多公里。九畹溪以峽谷風光、喀斯特地貌為主，兩岸風景秀麗，生態環境良好，為國家4A級旅遊景區。

九畹溪景區陸路旅遊線路起於下游九畹溪大橋，止於九畹溪起漂點，沿途有仙女山、情侶峰、神牛泉、將軍岩、美女曬羞、剪刀崖、和尚岩等十多處自然景觀，還有處於原始

九畹溪

狀態的幹溪溝和鬼斧神工的問天地縫；有問天簡、壇包、神鬼石、巨魚坊、求字碑、硯窩台、筆峰石、靈芝岩等近二十處與屈原文化密切相關的景觀，還有極具科學研究與探秘價值的古岩棺群。九畹溪是偉大愛國詩人屈原早年開壇講學之處，《離騷》云：「余既滋蘭之九畹兮，又樹蕙之百畝。」現九畹溪入江口的巨魚坊，是傳說中屈原魂歸故里的所在地。

九畹溪景區水路旅遊線全長十三點二公里，在三峽大壩蓄水前，以有驚無險的漂流而著稱，觀光休閒不為人關注。三峽大壩蓄水後，九畹溪

水上旅遊分成了兩段。上段六點八公里的河段水流落差大，有三十二道急流險灘浪花飛濺，二十八個水潭深不可測，開闢有驚險刺激的衝浪探險漂流項目。下段六點四公里的河段靜水流深，適宜開展平穩舒緩的觀光休閒，沿途可觀賞筆峰石、望夫石、猴王寨、百宵圖、仙女沐浴等美景。

柴埠溪

柴埠溪位於五峰土家族自治縣境內，素有「幽峽百里、奇峰三千」之稱。柴埠溪是一條山澗溪流，很早以前，峽谷兩邊的人們把砍下的木柴紮成排，並集中於一埠頭，再順著溪水一直流放到漁洋關集鎮去賣，於是便有了「柴埠溪」之名。現為國家 4A 級旅遊景區。

柴埠溪大峽谷景區總面積約七十平方公里，由貫穿於整個峽谷的溪流及兩岸的峰林組成。溪流全長近三十公里，有可漂流的河段和可岸邊徒步的河段。漂流河段以洞河電站為起點，以芭蕉溪為終點，依山傍路，全長九公里，漂完全程約需四個小時。漂流河段上共有八十八道彎、九十九個灘，其中比較驚險的水灘有二十二處。溪流水質清澈，兩岸

柴埠溪戲水｜盧進攝

景色優美，時而田邊，時而林中，時而亂石穿空，時而水霧繚繞，特別是在漂流中段的小壺口，有一百多米水道穿行於怪石之中，別是一番風景。徒步河段如玉帶纏繞在奇峰山崖間，給人以清麗脫俗之感。

柴埠溪大峽谷分為壇子口、大灣口、蛟口、內口、斷山口五大景區，上、中、下三條旅遊線路。除溪流外，還有茂林、異石、奇峰、險崖、溶洞和雲海等多種景觀類型，兼具奇、險、秀、幽、野之特色。奇在山形，千姿百態的石柱奇峰拔起於莽莽叢林中，遍布在連綿的柴埠溪峽谷兩岸。險在絕壁，傲然挺立的石峰以峭拔雄渾的氣勢撲面而來，俯視谷底，清溪如玉帶，吊腳樓似蜂房。秀在雲霧，她從谷底冉冉升起，在奇峰絕壁上輕罩一層朦朧神祕的面紗，幻化出一幅幅蓬萊仙境。幽在山腳，但見綠枝垂溪，蟬鳴鳥唱，小橋流水，青煙幾縷。野在密林，這裡保存了原始神祕的自然生態，人跡罕至處正是植物的王國和動物的樂園。

唐崖河

唐崖河發源於利川市毛壩鄉，流經咸豐縣，在重慶市龔灘古鎮匯入烏江。唐崖河是一條傳奇的河流，因為唐崖河乃倒流之河，為古冰川故道，曾有「岸轉涪江，倒流三千八百里」之說。唐崖河咸豐段五十餘公里，九曲迴腸，穿黃金洞，過斷明峽，經清坪龍潭司，繞唐崖土司城，風光旖旎，繪就了百里畫廊。上游峽谷兩岸群峰聳峙，山崖壁立，飛瀑高懸，山泉噴湧，峽谷中水流湍急，怪石嶙峋。下游為高峽平湖，水面寬闊，澄澈如鏡，綠樹翠竹掩映中的民族村莊和土家吊腳樓為唐崖河平添許多人文情懷。

黃金洞洞峽景觀是唐崖河百里畫廊的自然精華之所在。該洞是一個匯

山、水、洞、峽於一體的天然溶洞，分為七層洞景和洞中峽谷兩部分。唐崖河從底層穿過，形成一五○○米地下伏流和長一千多米、均寬八十米、高一百多米的洞中峽谷。兩岸谷壁陡峭雄偉，河中碧潭連珠，游魚戲水。人遊谷中，靜賞深潭高峽，有遺世獨立之感。黃金洞景區為國家4A級旅遊景區。

　　麻柳溪鄉村風光是唐崖河百里畫廊的民俗經典之所在。這裡過去是金峒土司的山寨，現在叫「麻柳溪村」，是一個多民族聚居的村寨，共有三六五戶人家、一二○○多人，以羌族、土家族、苗族最具代表性。麻柳溪村是我國羌族自治區域以外的唯一羌族部落，「依山居之、壘石為室」和「立木為架、編竹為牆」的羌式木屋，遍布山坡的茶園，以及澄碧的

唐崖河——黃金洞

唐崖河水共同組成一幅獨特的民俗畫卷，讓人耳目一新。

唐崖河土司城遺址是唐崖河百里畫廊的文化精髓之所在。土司城始建於元至正六年（1346 年），明天啟元年（1621 年）進行擴建，辟三街十巷三十六院，內有帥府、官言堂、書院、存錢庫、左右營房、跑馬場、花園和萬獸園等，城內外還修建有桓侯廟、玄武廟等寺院。至今牆垣街道清晰可辨，並保存有石牌坊、衙院建築柱礎、石人石馬、土司墓葬群等遺跡，已被列入世界文化遺產名錄。

酉水三峽

酉水發源於宣恩縣境內椿木營的火燒堡，於來鳳縣百福寺鎮流入重慶酉陽，再於湖南沅陵注入沅水，最後流入洞庭湖。全長四百多公里，湖北段一八〇多公里，大部分河段流經來鳳縣，沿途經過仙佛寺（佛潭）、陸坎寺、龍嘴、魚塘、漫水、卯洞、百福司、雞籠灘等地，其中佛潭至龍嘴段為山間丘陵盆地，龍嘴至魚塘段為山丘台地，魚塘以下至雞籠灘為峽谷。

峽谷由龍嘴峽、阿塔峽、卯洞峽構成。龍嘴峽位於綠水鄉，長約五公里，山清水秀林深，峽谷溶洞遍布，主要景點有相思島、窄口子、仙女洞，可開發酉水漂流、森林旅遊、森林攀岩等體驗項目。阿塔峽位於漫水鄉，全長十公里，峽谷景觀鬼斧神工，峽上的棉鞋島生態環境良好，是休閒度假的樂園。卯洞峽位於百福司鎮，長約四公里，包括卯洞在內的十八個溶洞或岸邊，或山巔，或山腰，形狀各異，奇特壯觀，岸邊絕壁高達三百多米，寬二百多米，風景奇異；同時酉水從洞中穿過，形成好似臥龍吞江的奇觀。

酉水兩岸還有仙佛寺、比茲卡社巴寨、舍米湖擺手堂、百福司古鎮等土家文化旅遊景點。仙佛寺位於來鳳縣城東七公里的酉水河邊佛潭岩上，是我國開鑿年代較久遠的石窟寺之一，河窟相得益彰，為國家 4A 級旅遊景區。

野三河

野三河為清江支流，蜿蜒在群山間，是建始與巴東的界河，全長二十八公里。建始縣以野三河為基礎，集成景陽河（清江之一段）、黃鶴橋峰林、建始直立人遺址等周邊資源，建成了將野山、野水、彩峽、奇峰、流泉、飛瀑等自然景觀、優良的生態環境和古人類遺址融合在一起的國家 4A 級旅遊景區。

野三河由野人峽、野水峽、野山峽三段峽谷構成，因而也被稱為「野三峽」。野人峽是人類始祖「野人」出沒之地，其上游十二公里處有著名的「建始直立人」遺址。野水峽除了本身一河碧水穿流於曠野之外，兩岸眾多的飛瀑也呈現出一片野趣。野山峽以兩岸奇峰怪石見長，這些奇峰怪石人跡罕至。野三河原生態風貌保存完好，峽谷內的琴絃瀑布、睡美人山、獼猴保護區等美景不惹塵埃，超凡脫俗。

鏈子溪

鏈子溪發源於建始縣龍坪，由南向北，在巴東縣注入長江巫峽之中。入峽口一帶地形險惡，曾是歷史上十萬米縴夫棧道的重要關隘。古人在這裡的棧道上置有一橫一豎兩根鐵鏈，便於來往行人攀岩通行，鏈子溪因此得名。鏈子溪以乘古帆木船、遊自然風光、觀地質奇景、看地方戲

劇、學船工號子、唱土家山歌為特色，是長江三峽旅遊線上獨具特色的原生態旅遊景區。現為國家 4A 級旅遊景區。

在鏈子溪入口處，矗立著一座高約二十米、四米粗的巨型縴夫石，這是後人為了紀念峽江縴夫而立的。這裡還有一棟被稱為「神女信號台」的歐式建築。房子不大，只有三層高，占地三四百平方米。院子裡依舊懸掛著紅綠兩種巨幅信號牌，只不過隨著時間的流逝，有些斑駁寂寥而已。進入峽中，只看見帆木船在青山綠水間穿行，只聽見搖櫓聲、號子聲在逼仄的峽谷間迴蕩，分明已遠離城市的喧囂，溪兩岸甚至沒有村舍人煙，真是「別有天地非人間」。一路上主要景點有火焰石、送子岩、鏈子崖、魚目洞、龍聚會、仙人寨、鐵觀鞋、神水泉、大溶洞等。

五龍河

五龍河為漢江支流，發源於秦嶺南麓鄂陝交界的天池嶺，因孕育道教傳說中「五龍捧聖」之五龍而得名。河流全長五十八公里，絕大部分流經鄖西縣東北部，水流湍急，水質清澈，水量穩定。目前已建成為國家 4A 級旅遊景區的五龍河旅遊區是五龍河的精華，全長十公里，自下游進入，由天樂谷、飛龍谷、織女谷、封神谷、忘憂谷五大峽谷組成，有「神奇峽谷」「天然氧吧」的美稱。

天樂谷起於天機門，止於天地玄黃石，全長三公里，有天書峽、梅隅、天然浴池、九天飛瀑、金龜探月、天夢湖、水雲間、火棘園、三友泉等景點。飛龍谷起於天地玄黃石，止於三清潭，全長一點五公里，有天地玄黃石、伏牛石、金蟾戲水、水秀蓮花等景點。織女谷自三清潭至聚仙閣，全長二公里，有織女浴池、神牛臥灘、鵲橋、蘆花蕩（牛郎牧

秋韻五龍河｜黃江平攝

場）、龍蝦戲水、金蛙坐禪、聚仙橋、經文石、聚仙閣等景點。封神谷自
聚仙閣至兩河口，全長一公里，有石破天驚、麒麟崖、將軍嶺、將軍石
等景點。忘憂谷介於兩河口與仙人橋之間，全長二點五公里，有忘憂
橋、老君洞、三疊瀑、蘑菇石、長生橋、龍鬚瀑、圓夢湖、仙人橋等景
觀。

五道峽

五道峽位於保康縣北部，全長七點五公里，景區總面積八十八平方公
里，因有問玉峽、悟玉峽、鎖玉峽、望玉峽、得玉峽五道峽谷而得名。
峽谷中有以仙人洞為代表的溶洞群八個，以龍宮殿為代表的山寨群六
個，以神女瀑為代表的瀑布群八個，以及近十萬畝高山森林、草場、草
甸、箭竹等。著名景點有抱玉岩、得玉洞、卞和寄宿洞、龍王寨、臥龍

洞、神女瀑、龍宮寶殿、仙女浴溫泉、紅巾軍墳、仙人岩、響水瀑等一百餘處。現為國家 4A 級旅遊景區。

五道峽不僅自然景觀獨樹一幟，而且具有深厚的楚文化底蘊，甚至有「楚源地」之稱。這裡是早期楚文化的孕育和傳承之所，楚先王熊繹首封於此，篳路藍縷，披荊斬棘，始有後來強盛的楚國。楚人卞和曾在此探玉、尋玉、得玉，並最終上演了三獻寶玉「和氏璧」的故事。後人為紀念卞和，把他拾玉的地方叫「得玉處」，把他抱璞而哭的地方叫「抱玉岩」。

其他山溪峽谷

長期以來，湖北各地注重開發山溪峽谷，建成了系列特色景區。關於漂流性峽谷，在《風尚湖北》一書中專門作了介紹，這裡再介紹一些非漂流性的山溪峽谷。

鯿魚溪

鯿魚溪為鄂渝交接處的一條小溪溝，素有「楚蜀鴻溝」之稱。巫峽以鯿魚溪為界，西邊屬重慶，東邊屬湖北。鯿魚溪在三峽大壩建設前窄而淺，冬天枯水時人都可以跨過。三峽大壩蓄水後，鯿魚溪變成了一條常年性河流。溯游而上，兩岸崖壁峭立，山腰草茂樹密，山頂煙雨朦朧，其間飛瀑如練，讓人彷彿置身人間仙境。

香溪

香溪又名「昭君溪」，發源於湖北省神農架騾馬店，流經興山、秭歸

兩縣，是長江三峽西陵峽段左岸入江的最大支流，全長九十多公里。香溪上游寶坪村乃漢代王昭君出生地。傳說有一天，昭君在溪口邊洗臉，無意中把頸上項鏈的珍珠散落溪中，從此溪水清澈，水中含有香氣，故名「香溪」。每逢桃花爭豔時，香溪河中可以看到一種形似桃花、分身四瓣、晶瑩透明的魚，這就是香溪河特有的稀有魚類──桃花魚（桃花水母）。它與桃花一起出現，也同桃花一起消逝。桃花魚的傳說與昭君有關。傳說昭君出塞前，從京都返鄉探親，泣別鄉親之時，正值桃花盛開之際，一路彈著琵琶，念及從此永別故土，不覺淚如雨下，那淚珠與水中的桃花匯聚在一起，化成了美麗的桃花魚。香溪是連接神農架和長江三峽的重要通道，目前推出了「船進神農架」旅遊線。

下牢溪

下牢溪發源於宜昌市夷陵區的牛坪埡，自北向南，在南津關注入長

下牢溪風景

江，全長二十六點七公里。下牢溪蜿蜒於層巒疊嶂之中，兩岸奇峰競秀，溪水清澈見底，一步一景，清幽秀美。兩岸重山中，石門、石鼓、老虎嶺、羊圈洞等鬼斧神工之景，引人入勝；深居峽谷之中有下牢溪天然浴場，可容千人同時使用，浴場旁有依山而建的楚家山寨、仿巴楚古式風雨橋。不遠處的獅子堖森林浴場四周有各種珍貴樹種和奇花異草，遊人可在此享受四季美景變幻的森林浴。

南河小三峽

南河南源為神農架陽日灣的粉清河，北源為武當山的馬攔河，兩河合流於保康縣珠藏洞，在谷城縣境，注入漢水。一九八〇年在距谷城縣城二十三公里處的胡家渡建起了水電大壩，將河谷改變成平湖，並形成三個自然峽段，人稱「南河小三峽」。小三峽峰迴路轉，綿延十五公里。有八仙洞、黃龍洞、青龍洞、蓮花洞、黑龍洞等三十多個溶洞，以及香爐石、青龍盤樹、月亮灣溫泉、農家博物館等景點。

太極峽

太極峽位於丹江口市石鼓鎮，南水北調中線源頭丹江口水庫之畔，原名「雙龍峽」，是一條在造山運動中形成的裂谷地縫，全長十餘公里。裂谷深切而狹窄，谷深一二〇多米，寬的地方一五〇多米，最窄的地方僅一米左右。在地質作用下，太極峽孕育出多姿多彩的奇觀，最神奇之處在於：俯瞰青龍山、黃龍山「兩龍之首」相互纏繞依偎的景象，儼然一幅天然的「太極圖」置於萬山群峰之中，讓人不禁感嘆造化之神奇。以峽谷為核心，整合兩岸山林溶洞，面積達三十八平方公里的大景區目前已建成，並於二〇一〇年十一月被評為國家 4A 級旅遊景區。

太極峽風光│胡文波攝

驢頭峽

驢頭峽為堵河風景最美的一段，位於竹山縣城南七十公里處。驢頭峽口有驢頭山和松樹嶺兩山對峙，驢頭山海拔一四七〇米，松樹嶺海拔一二五〇米，峽也因此而得名。峽谷全長五公里餘，平均寬度不到五十米，有驢頭山、雙魚洞、猴跳峽、一線天、天狗望月、蒼龍嶺、太極圖像等景點。以驢頭峽風光為主體，當地開闢了堵河漂流項目，全程二十多公里，遊客可乘皮艇、木船觀賞自然山水風光，感受有驚無險的漂流樂趣。

石門河

石門河為清江的支流，位於建始縣高坪鎮，是一段狹窄幽深的深山峽谷，為國家 4A 級旅遊景區。景區具有典型的峽谷風光和喀斯特地貌特

徵，面積約一八〇平方公里。石門河兩岸絕壁聳峙、險峻奇特，支流擦耳河逼仄蜿蜒，一線接天；二百多個景點以秀美見長，又各具特色。河谷內外有古人類遺址、歷史久遠的「巴鹽古道」和「施南第一佳要」石門關、孤峰獨立的石柱觀、民國老街石堰子、名人故居涼水埠等。

山間飛瀑

湖北山水相連，不僅僅表現為山環水繞，也表現為山水相接。山間飛瀑就是連接山崖和河谷的天生虹橋。

三峽大瀑布

三峽大瀑布位於宜昌市夷陵區黃花鄉境內，以瀑布為主要特色，集峽谷、溶洞、化石為一體，為國家 4A 級旅遊景區，二〇一七年二月通過國家 5A 級旅遊景區景觀質量評審，進入 5A 創建行列。在長約五公里的峽

三峽大瀑布｜烏繼軍攝

谷中，大瀑布高一〇二米，比黃果樹大瀑布還高近三十米，是我國中部地區唯一的百米高瀑，大氣壯觀，歎為觀止。既可遠觀近賞，又能穿越其間，獲得動魄驚心的體驗。瀑布沿絕壁而下，恰巧在落地處，峭壁讓出可容一人的狹窄空間，八十米寬的瀑布內側形成了一條驚險刺激的廊道。裹好雨衣，躡足其間，飛流直下，轟然有聲，水花四濺，霧氣瀰漫，只聞驚叫，不見人影，心怦怦然，及至出口，豁然開朗，回首仰望，開懷大笑。這種人水相融的體驗令人終生難忘。除主瀑外，虎口瀑、一線瀑、珍珠瀑、丫瀑、連環瀑、五扇瀑等瀑布也是形態各異，氣象不同，或寬大舒緩，驟然跌落，或狹窄湍急，傾瀉而下。三峽大瀑布景區還是國家地質公園，為展示震旦紀、奧陶紀、寒武紀等多個地質年代的天然地質博物館。景區目前開發有神女觀瀑、水簾洞、長橋超渡、佛楠葉、白果樹主瀑、珍珠瀑、仙女瀑、古龍潭、仙女潭、千年魚化石等二十多個自然景觀和竹筏漂流等項目。

九龍瀑

九龍瀑位於十堰市鄖陽區大柳鄉境內的群山之中，為國家 4A 級旅遊景區。景區主體景觀是由蟠龍瀑、蛟龍瀑、螭龍瀑、虯龍瀑、應龍瀑、蜃龍瀑、夔龍瀑、罷龍瀑、敖龍瀑九條瀑布構成的瀑布群，全長六百米，落差三百米。這九個瀑布是一個整體，為一瀑九折，依次奔瀉，且每一疊瀑布都連著一個碧潭，看上去彷彿九條飛龍排著隊，一條挨一條地從天而降，咆哮於山崖河谷之間，氣勢雄偉，景色壯美。九瀑奔瀉奇觀只是該景區「三奇」之一。第二奇是地質結構特異，冰川遺跡神祕。九龍瀑是「U」形谷，瀑邊潭中有眾多大小冰臼，組成冰臼群奇觀。第三奇是濃縮黃山勝景，而且自成一體。站在瀑邊，可賞天都、香爐、羅漢

九龍瀑景區美景

諸峰環列於天際，可嘆奇松怪石雲海齊陳於眼底。這裡還有黃山勝境坊、乾隆御道、梅林書屋等人文景觀。

香水河瀑布群

香水河位於南漳縣薛坪鎮，為蠻河上游三條支流之一，是以瀑布為主體，兼有絕壁奇峰、象形山石、岩溶洞穴等自然美景和山寨寺廟遺址的旅遊景區。七彩瀑、飛鷹瀑、三疊瀑、鳳尾瀑、峽口瀑等數十個瀑布分布在不足三公里的地段上，爭奇鬥美，惹人注目。七彩瀑落差百餘米，由五股清泉彙集而成，在晴日上午，太陽光從林間射下，瀑布上呈現赤、橙、黃、綠、青、藍、紫七色，恰如美麗彩虹當空飛舞。該景區岩溶洞穴也是重要看點，香水洞、羅漢洞、金牛洞、獅子洞、回箭洞、楚樂洞等各具特色，且洞穴中還有喀斯特漏斗和天井等奇觀。

第六節‧千湖神韻

　　湖北素有「千湖之省」的美譽，湖泊眾多既是湖北的地理特點，也是湖北的旅遊優勢。大大小小的湖泊星羅棋布，像無數顆散落的珍珠裝扮了荊楚大地，也使湖北充滿了萬千風情。

湖北湖泊簡介

　　湖北的湖泊集中分布於長江與漢江之間，因此人們稱之為「江漢湖群」。湖北曾是水域遼闊的古雲夢澤的一部分，後來由於長江及其主要支流漢江所挾帶的泥沙在此不斷淤積，使得陸地擴大，水域縮小並被分割，最終形成數以千計的湖泊。其次，因河流擺動、沖積、淹漫、改道等長期自然作用，又形成了為數不少的湖泊。再次，人類改造自然的活動也催生了一些新的湖泊，如在對迂迴的長江進行裁彎取直後，就形成了眾多河道形的湖泊；還有許多垸內湖也是人類經濟活動的產物。

　　江漢湖群分布在湖北省三十五個縣市約四萬平方公里的範圍內，主要為河跡窪地湖，呈淺碟形；其次是崗邊湖，呈鍋底形。它們的共同特點是淺而平，很容易被圍墾。江漢湖群的圍墾始於晉朝，後隨著經濟發展與人口增加，圍湖墾殖的速度不斷加快，範圍不斷擴大。過度的圍湖墾殖，不僅多次釀成嚴重水患，也導致了水域面積的大幅縮減。二〇一一年全國水利普查資料顯示，湖北省五千畝以上湖泊僅剩下一一〇個，面積大於〇點一平方公里的湖泊也只有九五八個，比二十世紀五〇年代的

一一〇六個有所減少，湖泊總面積也只有二四三八點六平方公里，相當於二十世紀五〇年代的百分之三十四。

二〇一二年十月一日《湖北省湖泊保護條例》正式實施，同年十二月湖北省人民政府公布了全省第一批湖泊保護名錄，包括水域面積一平方公里以上湖泊和一平方公里以下城中湖泊共三〇八個，其中一平方公里以上湖泊二三一個，一平方公里以下城中湖泊七十七個。二〇一三年九月，湖北省政府公布了全省第二批湖泊保護名錄，包括四四七個湖泊，其中面積〇點〇六七至一平方公里以上非城中湖泊四四六個，城中湖泊一個。

十大景觀型湖泊

湖北省多數湖泊景觀獨特，具有較好的旅遊開發價值。在加強保護的前提下，湖北省加強對湖泊旅遊資源的開發利用，建成了一大批湖泊型旅遊景區。結合湖泊型景區的景觀價值和市場反響，重點介紹以下十大景觀湖泊。

東湖

武漢東湖生態旅遊風景區位於武漢市武昌區東部，在武漢市的二環線與三環線之間，景區面積為七十三平方公里，其中湖面面積為三十三點九平方公里。東湖湖岸曲折，港汊交錯，素有「九十九灣」之說，同時，環湖三十四座山峰綿延起伏，一萬餘畝山林林木蔥鬱。東湖分為聽濤區、磨山區、珞洪區、落雁區、吹笛區、白馬區六大片區，有景觀景點一百多處。現為國家 5A 級旅遊景區。

武漢東湖具有浩瀚、深邃、自然、親和的獨特魅力，以含蓄而不張揚的大美氣質令人神往。一代偉人毛澤東在中華人民共和國成立後先後四十四次下榻東湖，長達四百多天，他對東湖至深的情懷，足以說明東湖所具有的獨特神韻！的確，東湖在很多方面具有獨占性。

第一，東湖是全國獨特的城市生態型旅遊景區。東湖以城中湖為基礎，構成了獨具特色的山水結合型旅遊區，而且湖泊森林濕地與都市風光相映成趣，自然融入城市，城市親近自然，構成了一篇和諧的樂章。

第二，東湖集湖泊、森林、濕地生態系統於一體。東湖擁有浩渺的湖面、綿延的湖岸線、星羅棋布的島渚、三十多座山峰、十九平方公里森林綠地和十平方公里國家濕地公園，有各類樹木三九六種，珍稀鳥類二百多種。全國還少有在一個區域內具有多種生態系統的旅遊景區。

東湖風景圖（由中國圖庫提供）

第三，東湖花卉文化在全國獨樹一幟。東湖是「花的海洋」，十多種花卉已成規模，在全國具有較大影響。東湖梅園為江南四大梅園之首，是中國梅花研究中心所在地；東湖櫻花在全國首屈一指，為世界三大賞櫻勝地之一；東湖荷園是中國荷花研究中心所在地，現有荷花品種資源七百種。依託各種花卉，東湖已形成特色花卉旅遊節慶系列活動，影響廣泛。

第四，東湖是全國最大的楚文化遊覽中心。浪漫飄逸的南方楚文化是中國傳統文化的精髓之一，武漢東湖建有楚城、楚市、屈原紀念館等系列楚文化景點，並常年表演楚國編鐘樂舞，完整展示了博大精深的楚文化。湖畔的湖北省博物館中展出有包括曾侯乙編鐘在內的大量楚地出土文物，與楚文化旅遊景點相映生輝。

第五，東湖具有多樣化的旅遊產品形態。東湖遵循「大氣在湖、秀氣在岸、文氣在物」的理念，以文化、湖水、島嶼、山地、森林五大資源為支撐，以楚文化和濱水休閒為特色，不斷推進旅遊產品升級、服務升級、產業升級，形成了觀光覽勝、度假商務、科研科考、科普教育、健身休閒、國際賽事等高品質、震撼性的生態文化旅遊產品體系，能讓旅遊者充分體驗「楚韻山水、大美東湖」的無窮魅力。

第六，東湖建有全國知名的市區內 5A 級景區綠道。東湖綠道連接磨山、聽濤、落雁、漁光、喻家湖五大景區，最終形成全長一百多公里，由四條主幹線、九條次幹線和若干條支線組成的大東湖區域綠道體系。一期工程已建成湖中道、湖山道、磨山道、郊野道四條主題綠道，全長二十八點七公里，寬六米，辟有四處門戶景觀、八大景觀節點。二期工

程打造湖城道、湖澤道、湖林道、湖町道、森林道五條主題綠道，全長七十三公里。東湖綠道在規劃開發上，充分考慮了人與自然和諧相處，不僅注重了綠道的景觀化，讓市民輕鬆體驗城市慢生活，也同時設計了十三條生物通道，以保護上百種野生動物。三期工程重點對一、二期進行文化、環境、配套、運營等方面的綜合提升，其中十三公里精品示範線路按最高標準率先實施建設。

洪湖

洪湖是湖北省最大的淡水湖，也是全國第七大淡水湖，靜臥於風景優美的江漢平原，主要在洪湖市境內。洪湖東西長二十三點四公里，南北寬二十點八公里，面積為三〇八平方公里，東西兩側與長江相通。二〇〇八年被列入「國際重要濕地」，也是國家級自然保護區。全湖呈多邊幾何形，湖岸平直，湖底平坦。地勢自西北向東南呈緩傾斜，形成南北高、中間低、廣闊而平坦的地貌，海拔大多在二十三至二十八米之間。

洪湖是湖北「魚米之鄉」的典型代表之一。洪湖周邊是江漢平原的重要組成部分，大面積種植水稻，是重要的商品糧生產基地。洪湖是中國淡水魚類的重要產地，魚類品種多樣，共有八十四種，湖周圍漁場、養殖場密布。湖中還有水生植物九十二種，其中蓮子每年出口都在二十萬千克以上。洪湖水面遼闊，水草茂盛，魚蝦豐富，是野鴨飛雁等候鳥棲息覓食過冬的理想場所，越冬水禽共有三十九種，野鴨共有十八種之多。

洪湖自然景觀優美，四季各有特色，漁家風情別緻，是湖北著名的水上旅遊區。洪湖市依託煙波浩渺的百里洪湖，建成了洪湖藍田生態旅遊區，有景點十多處。觀荷長廊結合洪湖水鄉特點建造，每隔三米的廊區

洪湖生態旅遊風景區——雨中賞荷｜洪惠芳攝

上都繪有《洪湖赤衛隊》的故事圖。釣魚島上種植了各種花草樹木，建有粉牆黛瓦的明清仿古風格建築，開闢有垂釣旅遊項目。蓮花源是一個自然小島，每年夏季，這裡的荷花最先開放，格外清香。生態園以垂釣、賞荷採蓮、划船捕魚、漁家樂等水上特色旅遊項目為主打。九曲觀荷採蓮廊全長八千米，漫步其上，有與荷花共舞之感。

洪湖具有光榮的革命傳統，洪湖赤衛隊的故事家喻戶曉，一曲《洪湖水浪打浪》唱遍了全中國。洪湖岸邊的瞿家灣曾是湘鄂西革命根據地的中心區域，賀龍等老一輩無產階級革命家曾在這裡創建了洪湖革命根據地。這裡至今仍完好保留有三十九處革命舊址遺跡，是我國重要的紅色旅遊經典景區。

梁子湖

梁子湖位於武漢市江夏區和鄂州市境內，是馳名中外的武昌魚的母親湖和梁子湖大閘蟹的盛產地。梁子湖東西長八十二公里，南北長二十二公里，由三一六個湖汊組成，湖面面積為二七一平方公里，流域面積為三二六〇平方公里，常年平均水深三米。北有四十五公里長港與長江相通。湖區氣候宜人，水體清澈，水質純淨，濕地生態良好，動植物資源豐富，是我省重要的濕地自然保護區。

位於湖心的梁子島乃梁子湖的一顆明珠，狀如菱角，面積二平方公里，島中有奇湖，湖心又有島。島上氣候溫和，林木蔥鬱，無空氣、水質、噪聲污染，被譽為「長壽島」，是遊客休閒、避暑、觀光的好去處。島上有建制鎮梁子鎮，為首批湖北旅遊名鎮，能為遊客提供綜合旅遊服務。

梁子湖不僅山水秀麗，還具有深厚的人文底蘊。梁子湖的原名「娘子湖」就來自於一個優美動人的傳說故事。一千多年前，這裡原為高唐

梁子湖｜王性放攝

縣，縣衙前有一對大石獅。有一道士對這裡的一對母子說：如果石獅嘴裡流出血來，就是天崩地陷的預兆，你們要趕快逃離這裡。天下本無事，歹人偏為之。一個不懷好心的屠夫知道道士說的話後，故意在石獅的舌頭上塗滿了血，想嚇唬一下這對母子。母子倆見石獅舌頭流血後，急忙分頭通知鄉親們趕快離開這裡。人們剛跑到山上，只見天昏地暗，飛沙走石，大雨滂沱，山崩地陷，瞬間高唐縣城沉沒了，變成了一個大湖。人們感這位母親之恩，便將湖命名為「娘子湖」。梁子島還建有紀念這對母子的雕像。

大九湖

大九湖位於神農架林區西北部大九湖鎮，海拔一七三〇多米，是湖北省唯一的亞高山湖泊群，也是湖北省首個國家級濕地公園，九個湖泊水域面積共計一點一五平方公里，濕地保護面積為五十點八三平方公里。

大九湖四周高山環繞，形成一道天然屏障。東西有九個大山梁，酷似九條蒼龍在爭飲甘醇，活靈活現。民間傳說那是倒拖在湖中的九條牛尾，山頭則恰似牛腿、牛屁股，當地一直流傳著「四川過來九條牛，走到九湖未回頭，何時識得其中味，不出天子出諸侯」的歌謠。山梁上森林密布，氣勢雄偉，梁間九條小溪猶如九條玉帶從雲霧中飄舞下來，與山間平原上的九個湖泊相映成趣。

大九湖國家濕地公園的濕地生態系統主要包括亞高山草甸、泥炭蘚沼澤、睡菜沼澤、苔草沼澤、香蒲沼澤、紫茅沼澤以及河塘水渠等濕地類型，在中國濕地中具有典型性、代表性、稀有性和特殊性。濕地公園共分布有高等植物一四一科三六六屬九六四種（含變種及栽培種），苔蘚植

大九湖｜朱洪攝

物十三科十八種，其中國家重點保護植物五種，國家珍貴樹種三種。

　　大九湖具有深厚的歷史人文氣息，流傳著「薛剛反唐」的故事。唐中宗李顯被母后武則天貶為房州盧陵王，但他一直想著重登帝位。一日，他在夢中得神農老祖點化，特命薛剛為帥，在大九湖屯兵、練兵，希望推翻武周王朝，恢復唐王朝。大九湖因之承襲下來一至九個字號及帥字號、卸甲套、馬鞍山、黑水河、九燈河、碉堡坪等十幾個村落，至今還保留著娘娘墳、點將台、小營盤、擂鼓台、鸞英寨、八王寨、古鹽道等歷史遺跡。

遺愛湖

　　遺愛湖位於黃岡市新港大道以西、赤壁大道以南、黃州大道和東坡大道以東，由東湖、西湖、菱角湖組成，包括水面及岸邊陸地在內的遺愛

湖風景區面積為六點五平方公里，其中湖域面積三點一六平方公里，是一個集生態保護、休閒娛樂、文化傳承於一體的蘇東坡文化主題公園。現為國家 4A 級旅遊景區。

　　遺愛湖由遺愛清風、臨皋春曉、東坡問稼、一蓑煙雨、琴島望月、紅梅傲雪、幽蘭芳徑、江柳搖村、大洲竹影、水韻荷香、霜葉松風、平湖歸雁十二個景區組成。遺愛清風是遺愛湖公園的主景區，遺愛亭建於此，是公園的最高點。登高遠望感覺微風拂面，心曠神怡。著名景點有音樂噴泉、浮雕、水幕電影、遺愛亭、蘇東坡紀念館、蘇東坡像、人造沙灘、親水平台等。臨皋春曉是湖邊的一處高地，現建成市民文化廣場，這裡三面環水，亭台樓榭，樹影婆娑。東坡問稼是湖邊坡地，區內建有茶園、海棠園、百草園、五穀園、果蔬園等多種植物園，再現當年蘇東坡躬耕東坡、以苦為樂的情景以及《東坡八首》的意境。其他各個景點也都有深厚的東坡文化意蘊和深邃的自然山水意境。

遺愛湖｜周振祥攝

北宋元豐三年（1080 年）二月，蘇軾因「烏台詩案」貶謫黃州團練副使。時任黃州太守徐君猷一向仰慕蘇軾才華，對蘇軾極為敬重。閒暇之時，二人經常相約於安國寺，漫步於三湖之間，雅興一來，就在竹間亭裡飲酒賦詩，說古論今。三年後，徐君猷將調往他地任職，安國寺和尚懷念太守，請求蘇東坡為他們經常聚坐的小亭取個名字，並題額留念。東坡覺得太守為官清廉，有益鄉土，人去而澤存，便給亭取名「遺愛」，並作《遺愛亭記》。如今遺愛湖已成為紀念蘇東坡的重要場所，遺愛清風景區內的蘇東坡紀念館於二〇一〇年十月二十六日開館，分序廳、跌宕生涯、黃州歲月、鳳儀百代四部分。主體建築四六八平方米，其中展出面積為六八五平方米。

天鵝湖

天鵝湖是我省最年輕的湖泊之一，自一九七二年七月從長江河道變身湖泊以來，不過四十五年。湖還是保持河流的形狀，長二十公里，寬一二〇〇米，水面面積為十四點八平方公里。雖是湖北湖泊大家庭中的新來者（其舊名「長江天鵝洲故道」仍然經常使用），天鵝湖身價卻不菲，以兩大國家級自然保護區而著稱，有「麋鹿」和「白鱀豚／江豚」兩張金字名片。前面在述及長江時，已專門寫到了天鵝洲故道，這裡就不贅述了。

月湖

月湖位於武漢市漢陽區，北枕漢江，南臨琴台路，東起鸚鵡大道，西至梅子山，水面面積〇點七一平方公里。以湖面為依託，這裡建起了面積為二平方多公里的月湖主題公園。公園由五個不同品位、不同功能的

片區組成，北岸為文化藝術中心區，南岸有露天舞台廣場和以編鐘等古樂器為主題的音樂森林區，東側為反映知音文化的小月湖半島，西南邊梅子山下為蓮花濕地區。

月湖公園是獨具知音文化內涵的旅遊區。在改造過程中，充分體現了對知音文化的挖掘和展示。在內部景物、綠化、建築布局上，盡量壓縮、減少建設物，騰出了空間。石壁、流水與廊橋完美組合的園林布局再現了高山流水情景，知音壁記錄著親情、友情和愛情，新知音橋成為人們牽手留影的場所，知音碑林和琴台之聲主題廣場突出了「高山流水」的韻律，極富音樂美和流動感。

月湖南岸有中國著名的音樂文化古蹟古琴台。相傳春秋時期楚國琴師俞伯牙在此鼓琴抒懷，山上樵夫鍾子期識其音律，知其志在高山流水，伯牙便視子期為知己。後伯牙再次路過此地時，得知子期病故，悲痛之

月湖雪景

下，他破琴絕弦，終身不復鼓琴。後人感其情誼深厚，在此築台以紀念。古琴台建築群占地約一萬平方米，除殿堂主建築外，還有庭院、林園、花壇、茶室等。殿堂前有琴台，為漢白玉築成的方形石台，相傳為伯牙撫琴之處。

赤龍湖

赤龍湖原名「赤東湖」，位於蘄春縣蘄州鎮、赤東鎮、八里湖辦事處境內，面積三十九平方公里，湖岸曲折，有二八八個半島，南部有水道與長江相通。赤龍湖及其周邊的地貌類型屬長江沖積平原湖灘地貌，集丘陵、湖泊、濕地等自然景觀於一體，擁有豐富的野生動植物資源、湖泊資源和濕地資源，具有很高的生態旅遊開發價值。

在開發湖泊型生態旅遊景區的同時，蘄春縣正引資建設集健康養生、休閒度假、運動療養、影視文化、健康論壇於一體的赤龍湖國際健康旅遊度假區，包括華中影視基地、野戰影視城、拓展基地、水上運動中心、垂釣中心等。華中影視基地占地一六五〇畝，現已建成荊王府、蘄州李府、北京李府、蘄州城門、蘄州碼頭、李氏醫館、明代戲園、明代客棧、湖邊寒舍、明代集市、商鋪、觀音小廟、蒙古包、明代府衙、陽明書院等建築，已有《大明醫聖李時珍》《洪湖赤衛隊》《黃梅戲宗師傳奇》《大漢口》等電視連續劇和電影在此拍攝。

赤龍湖具有深厚的歷史人文底蘊。明正統十年（1445 年），明英宗將赤龍湖賜予荊王府，時稱「朱家湖」，後來逐漸有了「王府家湖」的美譽。一代醫聖李時珍從小在赤東湖畔生活、成長，並在此著述中國古代藥學百科全書《本草綱目》。

莫愁湖

莫愁湖位於鍾祥市郊，面積二點○二平方公里。這裡生態環境優美，湖中水質清澈，兩側青山倒映，湖岸林木茂盛，其間農舍掩映，是鄉村旅遊、生態旅遊的好去處。湖岸邊種植桃樹，桃花盛開時節，更加引人入勝；湖中有鴛鴦、白鷺、野鴨、鸕鷀等數十種水鳥，人與自然和諧共生。

莫愁湖之名與莫愁女聯繫在一起。「石城湖上美人居，桃花片片湧莫愁。」鍾祥又名「石城」，是楚國歌舞藝術家莫愁女的故鄉。莫愁女姓盧，名莫愁，貌若芙蓉，身如柳枝，唱起歌來如行雲流水，跳起舞來如嫦娥奔月。在屈原、宋玉的指導下，她完成了高雅名曲《陽春》《白雪》的入歌傳唱。娉娉裊裊的莫愁美女穿越歷史的天空，依然倒映在如今的這汪湖水之中。

莫愁湖中有陽春白雪島、下里巴人島、野戰島。陽春白雪島上依戰國

莫愁湖

時楚宮建築情形，開發了陽春台、陽春亭、白雪樓、蘭台宮、萬花陣等景點，「陽春台」相傳為莫愁女習舞之所，與「白雪樓」並稱為「郢中雙璧」。蘭台宮是楚王遊園避暑之地，萬花陣是楚王與嬪妃們遊戲的場所。下里巴人島集中展現了戰國時期楚國勞動人民的生活方式，是當時社會風貌的一個縮影。野戰島根據島嶼的地形地貌，設有巷戰區、攻堅戰區和叢林戰區三個不同場景，為遊客開展體驗旅遊提供了便利。

龍感湖

龍感湖位於我省黃梅縣與安徽省宿松縣交界處，水域面積為六十點九平方公里。龍感湖以多樣的濕地類型、獨特的氣候特徵和優良的水環境見長，有水生維管束植物和濕生植物一一八種，分別形成挺水植物帶、浮水植物帶、浮葉植物帶和沉水植物帶。不同水生植物共生，形成了不同的群叢，主要有蕨群叢、菰群叢、蓮群叢、菱群叢、芡群叢和藻群叢等

水天一色龍感湖｜蔡春江攝

十三個群叢，其中藻群叢分布面積極大，形成了「水下森林」的奇觀。

龍感湖野生動物資源豐富，有「鳥類天堂」和「魚類樂園」之稱。僅鳥類就有黑鸛、東方白鸛、白頭鶴、白鶴和大鴇五種被列入國家一級保護動物名錄，黃嘴白鷺、鴛鴦、大天鵝、小天鵝和灰鶴等二十五種被列為國家二級保護動物。龍感湖是我國最重要的候鳥越冬地之一，更是全國最大的黑鸛越冬地，同時龍感湖白頭鶴種群還是我國迄今為止發現的瀕危水鳥中數量最大的種群。

龍感湖具有深厚的歷史文化底蘊，古書中所說的「雷池」就在現今龍感湖一帶。「不越雷池一步」是今天人們常常引用的一句成語，典出東晉丞相庾亮《報溫嶠書》。晉咸和二年（327 年），歷陽太守蘇峻謀反，東晉都城建康（今南京）被圍，駐守尋陽的平南將軍溫嶠準備率大軍馳援，庾亮回書勸阻說：「吾憂西陲，過於歷陽，足下無過雷池一步也。」

湖泊眾生相

除十大景觀性湖泊外，湖北還有很多湖泊生態良好，景色迷人，為湖北進一步發展湖泊觀光、休閒、度假旅遊創造了良好條件。城市湖泊和原野湖泊各具特色，分別裝扮了荊楚大地的都市與鄉村。

城市之眼

湖北很多城市都有城中湖，前面介紹的東湖、月湖、遺愛湖、莫愁湖等就是重要的城市內湖泊。這裡再介紹一些城中湖。

（1）墨水湖。位於歸元寺以西、龍陽大道以東、漢陽大道以南、墨

水湖南路以北，面積為三點六四平方公里。墨水湖湖岸平緩，綠樹成蔭，碧波魚躍，小島鶴飛，一派野趣橫生、生機盎然的秀美景色。這裡建有全國八大動物園之一的武漢動物園，是一座將風景、動物、植物和遊樂融為一體的綜合性半自然式動物園。全園三面環湖，水陸面積為四十八點三公頃，有鳥館、中型猛獸館、鹿苑、獅虎山等十多處動物展區，還有兒童遊樂園、水上樂園、風景園等科教、遊樂場所。

（2）沙湖。位於武漢市內環線內，東鄰中北路，南至小龜山，西抵武昌至大冶的鐵路線，北達徐東路，水域面積為三點〇八平方公里。這裡建有武漢市最大的城中湖公園——沙湖公園，分為歷史人文區、市民休閒區、人文藝術區、生態濕地區和運動森林區。取江南園林之手法，開發形成了「沙湖十景」，即琴堤水月、雁橋秋影、寒溪漁夢、東山殘

洋瀾湖一角｜曾敏攝

碣、九峰晨鐘、泉亭松韻、蘭嶺香風、石壁龍湫、沙湖放棹和鷗島浴波。

（3）磁湖。位於黃石市中心城區以西，跨黃石港區、西塞山區、下陸區，水域面積為十點五平方公里。磁湖為青山所環抱，湖岸線曲折，並被團城山分隔成上下兩湖，就像人的兩片肺葉，因而被稱為「黃石之肺」。磁湖雖居鬧市卻生態良好，環境優美，空氣清新，為湖北首個因水環境治理獲得中國人居環境獎的湖泊。磁湖也是一個具有歷史底蘊的湖泊，鱺魚墩上的蘇公石就是蘇軾、蘇轍兄弟暢遊磁湖時的繫舟之地。

（4）江津湖。位於荊州市沙市區崇文街，面積○點四二平方公里，是一處園林式的城市公園。沙市原稱「江津」，即長江之津渡；江津湖原是便河，與荊州護城河水系相通，具有運輸功能，後因歷史變遷，與荊州護城河水系分離，出落成湖。湖岸楊柳婆娑，綠草茵茵，古色古香的建築掩映在叢林之中。湖上水光瀲灩，蓮葉田田，小島臥波，更有涼亭、拱橋、畫舫相依偎。

（5）洋瀾湖。位於鄂州市鄂城區新廟鎮、鳳凰街、西山街、古樓街，水域面積為三點七三平方公里。古稱「南浦」，原為三國時吳王御花園的一部分。當地利用湖周崗丘擁翠的自然特點，採用傳統集錦式與劃分景區相結合的手法，使整個景區大中有小，小中見大，景中有景，園中有園。景區遍植四時花木，培植幽林小徑，配置歷史人物雕塑，開發有「南浦春深」「湖山新雨」「鶴年故居」「月滿中天」「鳳台煙樹」等三十多個景點。

原野繁星

在荊楚大地特別是江漢平原的沃野上，無數個湖泊星羅棋布，洪湖、梁子湖是其中的典型代表。這裡再介紹一些鄉村湖。

（1）漲渡湖。位於武漢市新洲區，因「漲水為渡，落水為湖」而得名，水域面積為三十五點八平方公里。這裡生態環境優良，是鳥類和其他動物的樂園，其中紅嘴鷗種群全國罕見、全省第一。一到冬天，近十萬隻紅嘴鷗，鋪滿整個湖面，編就出巨幅紅色錦緞，奇美而壯觀。漲渡湖也是塊紅色革命的熱土，在此建立的鄂東抗日根據地曾經威名一時。

（2）西涼湖。為嘉魚縣、咸安區、赤壁市三個縣市共有，呈一個巨大的人字形，水域面積為八十五點二平方公里，有水路可通長江。西涼湖湖面寬闊，湖汊眾多，野生蓮藕、芡實、蒿筍、菱角、蓴菜及各種水草生長繁茂，魚、鱔、龜、鱉、蟹、蝦等淡水魚類豐富，也是野鴨、白鷺等水鳥的樂園。西涼湖充滿鄉村野趣，是待開發的生態旅遊和鄉村旅遊地。

（3）斧頭湖。位於咸寧市咸安區、嘉魚與武漢市江夏區交界處，水域面積為一二六平方公里，為水產養殖和種植基地。相傳南宋農民起義軍首領楊幺曾將一把大金斧扎進湖中，斧落之處神奇地長出了一座山。山、湖均因此而得名。斧頭湖水系發達，橋梁眾多，因而號稱「百橋之湖」。古橋與現代橋梁並存，且造型多樣，僅拱橋就有石拱橋、鋼架拱橋、扁殼拱橋、雙曲拱橋等多種類型。

（4）黃蓋湖。位於湖北省赤壁市與湖南省臨湘市交界處，水域面積為三十二平方公里。原名「太平湖」，三國時東吳名將黃蓋曾在此操練水

軍，因而得名「黃蓋湖」，目前仍有苦肉嘴、黃蓋嘴、觀軍台、司鼓台、點將台、黃蓋府、黃蓋廟、黃蓋墓等古蹟。黃蓋湖生態良好，呈現一派沙鷗翔集、錦鱗游泳、堤柳吐芳、稻蓮飄香的景象。

（5）長湖。地跨荊州、荊門、潛江三市，面積為一三一平方公里。長湖地處江漢平原，生態環境良好，水鄉風光迷人，有潘家台、王家台、月台和柳崗牧笛、長湖遠帆、漁歌早唱、仙橋夜月、夕陽返照、書亭墜雨、鳳山曉鐘、白羽破金「三台八景」。長湖具有豐富的楚文化資源，湖周邊分布有數以百計的楚墓，一九七八年和二千年分別在長湖灘頭上發掘了天星觀一號墓、二號墓。

仙桃市之東南，有一片神奇的土地。

沙湖濕地，省級自然保護區，俗稱外灘，由無邊無際的蘆葦、河渠湖泊、草甸子組成。若是晴日，太陽起於外灘東邊的草尖尖上，落於西邊的水邊邊上。穹廬似的天，就籠罩在這片濕地之上。

好大一個灘！

外灘的秋天由挺拔的蘆葦、飛舞的蘆花組成，由緩流的溪水、靜泊的小船組成，由候鳥牛羊、瘦水肥魚、斜陽蘆笛組成，由漢子們的高語與女人們的淺笑組成。

從高處俯瞰，外灘的秋是白晃晃的蘆穗猶如皚皚的雪，是綠茵茵的青泛草猶如一塊碩大無朋的綠毯，是莽莽蒼蒼的水渠魚塘猶如一片汪洋。

從遠方眺望，外灘的秋是靜止的。蘆葦寫意著秋天。草甸子則如春天一般，是灑潑的綠，是濃密的綠，是生機勃勃延綿不斷的綠。而大片大片的水域，則如白銀般鋪向天邊。

從近處欣賞，外灘的秋是天上盤旋著的白頭鷂、白腹鷂、白尾鷂，是地上的大白鷺、蒼鷺彎著長長的脖子一步一伸頸的滑稽，是數以千計的白琵鷺懶洋洋地站在淺灘上發呆，一動不動；是上萬隻鶵、鴴結集飛舞，呼嘯而來，又呼嘯而去，遮天蔽日；是蘆葦蕩東倒西歪的醉態，是起網時紅鯉白鰱跳出水面時的驚恐；是幾頭蠻牛居然鑽進了水裡，使人想起已逝的盛

夏……

　　其實，外灘之秋是深藏在蘆葦蕩裡的。

　　小鳥在清唱，蟋蟀在低吟，不知名的鳥們偶爾來一聲高嘆。凶猛的野豬也許就在密林深處忙碌，短尾巴兔子總是小心翼翼地行動著，錦蛇、虎斑游蛇、蝮蛇在漫不經心地游移，褐翅鴉鵑、棕頭鴉雀的叫聲突然而尖銳，沙錐的起飛突兀又猛烈。稍有動靜，十隻八隻的野雞拍翅而起，艱難地上升，幾乎是貼著蘆葦尖逃竄，樣子笨極了，有點像一架架灰色的大肚子直升機。

　　秋風裹著蘆蕩的寂寥，裹著藤蔓的心思，裹著陰天的霧靄、晴天的暖陽，裹著遠方的炊煙。蘆葦將心緒升到頂端，結成蘆穗，成一把把豎琴，再由秋風放飛潔白的希望，奏響重重心曲。

　　而沙湖外灘的農民、牧民、漁民，就世世代代陪伴著這片廣袤的蘆蕩！「放濠」是外灘秋季的盛典。

　　每年一至兩次的洪水浸漫，使外灘成為一個巨大的湖泊，近二百個種類的浮游動、植物，加上精明的外灘人乘機在深水處投餌，加上魚們的貪食、喜深天性，使此時的外灘成為魚類的天堂。沙湖濕地共有魚七十九種，占全省魚類種數的二分之一。外灘的野生刁子魚個大、體長、刺少、肉嫩，是魚中上品。有一種毛乎魚，外形似刀，玻璃般透明，尾部由寬變窄，毛茸茸的，只有兩寸來長。油炸了來吃，落口就沒。

等你醒過神來回味，那個感覺呀，滿口生香，通體舒爽！

洪水退縮，外灘的潭、塘、溝、渠已是魚的天下。等到東荊河的水繼續回落，與外灘之水形成二三米的落差，「放濠」大戲就可以上演了。與其說是捕魚，不如說是收穫魚。與其說是勞作，不如說是表演。像美國的 NBA 球賽，「放濠」已具有職業性、觀賞性。「放濠」的舞台是一個閘口，漁具是巨大的攔網及網箱和運輸魚的大船。閘口一開，水流聲，魚鬧聲，人們的歡呼聲，響徹整個外灘。濕地的又一個節日來到了！

魚是成群結隊游入、躍入網中的。承包人僱請的親朋好友、鄰里鄉親各司其職。第一道工序是分揀。黑乎乎的是黑魚，大腦袋的是胖頭，大嘴巴是鱖魚，小腦袋是鯿魚，中不溜秋的是鯽魚，還有紅尾魚、鰱魚、黃骨魚……名貴的、稀有的淡水魚種，這裡應有盡有。然後是過磅裝船，然後是起航運輸，然後是數錢，然後是喝酒，然後是家家扶得醉人歸……

這樣的日子會持續一月有餘。這時的外灘處處流淌的是金銀財寶，是歡聲笑語，是對生活的滿足，是對未來的憧憬。

看外灘「放濠」，是會上癮的。今年秋天結束時，你又會想到明年的秋天，明年的外灘。

而草甸子的秋天，似乎難覓蹤跡。這裡全然沒有

秋天頹唐衰敗的跡象，也沒有秋天成熟收割的場景。

　　草甸子只宜長草與放牧。每年春夏之交的洪水必定光顧，草甸子一片澤國。隆冬萌動，初春萌芽生長的青泛草在還不濃密還不強大的時候被水淹沒。然而，青泛草是不會絕跡的。大水一退，在春風在夏陽的沐浴照耀下，它們立刻歡呼雀躍，鋪地毯般地把整個甸子染綠，讓這片過洪的土地很快恢復生機，恢復生命。

　　草甸子的秋天，實際上是草的春天。藍天白雲下，黑色、棕色的牛群和潔白的羊群點綴在綠色海洋裡，頗有一些北方大草原的韻味。

　　水鄉仙桃的秋天之美，集大成於外灘，集勝形於外灘，集靈秀於外灘，集神韻於外灘！

　　你這江南的外灘啊，沒有大山的崢嶸，因而更顯平和；沒有丘陵的起伏，因而更顯平坦；沒有河海的浩蕩，因而更顯平靜；沒有峽谷的幽深，因而更顯平安！

　　像一塊藏於深山的璞玉，待人發現；像一位藏於深閨的美少女，待字閨中。終有一天，這片神奇的土地會受到遊人的偏愛，開發商的青睞，世人的矚目！

原載《湖北日報》2008 年 12 月 12 日

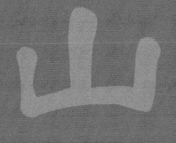

02 ^章

湖北的山，就像一本奇書，永遠讀不完、看不夠。

武當山、神農架、大別山、武陵山⋯⋯融泰山之雄、納華山之險、蘊黃山之奇、涵峨眉之秀的湖北之山，總有一種魅力讓你心馳神往。

湖北的山是多彩的，讓你養眼。不論你何時來，或峰巒染翠，或櫻花披雪，或杜鵑透紅，或黃葉鋪金，都會讓你目不暇接、大飽眼福。

湖北的山是靈動的，讓你養性。大山所孕育發祥的宗教文化，造就了「東禪西道」在此興盛傳播。在仙樂縹緲中，會讓你超凡脫俗、慧門大開。

湖北的山是神聖的，讓你養神。它扼守長江，地控中原，眾多神山自古為軍事要塞，是古今戰略要地，寫滿了歷史的滄桑。

湖北的山也是靜謐的，讓你養心。這裡滌盡喧囂，芳菲沁透，盡情享受大自然帶給你的一份清新、一份寧靜，讓你陶然如醉，神魂飛揚。

湖北境內的每一座山都向世人講述著一個個動人心弦的故事，在這樣的山間行走或攀援，山的品性會潛移默化地影響著你，使你具有山的品格，胸懷萬千世界，你不會被凡塵束縛，不會為瑣事沉溺，無喜無悲，曠達長壽。

第一節 · 萬山來朝，大話武當

山不在高，有仙則名。有「六岳之首、天下第一」之稱的武當山，是我國馳名的道教聖地，居於道教名山之首，一九九四年《世界文化遺產名錄》將武當山古建築群納入名錄當中。武當山是國家 5A 級旅遊景區、國家重點風景名勝區、國家地質公園、國家森林公園，是湖北省「一江兩山」（長江三峽、武當山、神農架）旅遊品牌的三大核心景區之一。

概說武當

武當山因「一山一神一帝」著稱於世。太和山大岳之尊，真武神功成飛天，永樂帝昭答神貺，讓武當山地位顯赫、名揚天下。

天下第一武當山，七十二峰朝大頂。地處鄂西北山區十堰市境內的武當山，又名「太和山」，北魏酈道元《水經注》就有相關記載：「武當山，一曰太和山。」武當山因「非真武不足當之」而得名，被奉為「中國道教第一名山」。自然景觀秀麗神奇、古建築群雄偉壯觀、道教文化源遠流長、武當武術博大精深，這些因素共同構造了一個自然、道教與歷史人文和諧相處的聖地，有「亙古無雙勝境，天下第一仙山」之美名。武當山北通秦嶺，南接巴山，左擁蜿蜒千山的漢江，右瞰奔騰萬里的長江，其風水獨特，蘊含帝王之氣。武當仙山，神奇靈動，山色秀麗，山勢多變，山巒疊起，綿延不絕。這裡你可以領略拔地而起的七十二峰、陡峭驚險的三十六岩、水流湍急的二十四澗、仙雲繚繞的十一洞、玄妙奇特

的十石九台。主峰天柱峰海拔一六一二米，傲然屹立在眾山之上，好像精心製造的寶柱直指蒼穹，人們稱其「一柱擎天」。周圍重巒疊嶂的群山拱衛著主峰，造就了「七十二峰朝大頂，二十四澗水長流」的奇特自然景觀。金童峰、玉女峰，惟妙惟肖，婀娜玉立；大筆峰、中筆峰，如鋪展雲箋，豪氣大揮；天馬峰飛鬣揚鬃，一往無前；獅子峰搖身舞爪，嬉戲雲間。它們有的似青蓮花開，流香蕩翠；有的如旌旗招展，呼風博雨；有的像奔獅躍虎，雄姿英發；有的恰龍騰鳳舞，天馬行空；有的若少女初成，美似珠玉⋯⋯或動或靜、或跪或拜，千奇百怪，美不勝收。武當山常年紫氣氤氳，風雲莫測，萬千變幻，「陸海奔潮」「天柱曉晴」「月敲山門」「雷火煉殿」「神師出漢」「海馬吐霧」等不同時節的不同景緻，將武當仙山神祕空靈的特點展露無遺。

大岳武當，道教聖地。從古代開始，武當山就已經成為道家崇尚的理想清修道場，規模龐大的道教建築布滿全山。武當山道教建築修築的歷

武當日出｜王偉民攝

史最早可以追溯到大唐貞觀年間（627-649），宋元時期有了進一步的擴大和發展，至明朝最為繁榮。整個建築順應自然地勢變化，前後呼應，高低錯落有致，布局精巧奇妙。有的宮觀倚靠高山險峰之巔，有的則藏在懸崖絕壁背後，還有的隱沒在大山密林深處，實現了宮觀建築和自然環境天然完美的結合，大有「仙山瓊閣」之境界。「山不封不名。」武當山早在漢魏六朝時已成為隱修學道者薈萃的道教名山，歷代帝王對它奉若神明。唐代末年杜光庭在《洞天福地岳瀆名山記》中，將武當山尊稱為「第九福地」。武當山上道教自唐貞觀年間以來開始呈現日益繁盛的態勢，這一時期修建了許多道觀。到了北宋，《太上說真武本傳妙經》記載，真武原來是靜樂國太子，後於武當山清心修道，四十二年後得道飛昇。所以宋元時期武當山開始大量修建宮觀來供奉真武神祇，宋元帝王也曾多次為真武神賜上尊號，並派遣大臣前來進行齋醮法事，「告天祝壽」，武當山因此聲名遠播。元朝末年戰亂頻繁，武當山上的古建築也多半遭到損毀，直至明代重新修繕。明代大修武當山的是明成祖朱棣。明成祖經「靖難之役」奪得帝位，為顯示政權的合法性，宣揚此役為真武顯靈，助其成就大業。為報真武顯靈的恩德，即位以後，明成祖賜武當「岳」的尊號，「蓋謂昭答神貺，上以報薦祖宗在天之靈，下為天下蒼生祈迓福祉祇」。他還派親信大臣大規模興修真武宮觀。當時就有「北建故宮，南建武當」之說。耗資數億萬錢糧，歷時長達十四年之久，終於建成了綿延近七萬米的武當山古建築群，才有了「五里一庵十里宮，丹牆翠瓦望玲瓏，樓台隱映金銀氣，林岫迴環畫境中」（明代詩人洪翼聖《武當山道中雜詠》）的壯麗景象。永樂十五年（1417 年）二月，官府文書昭告天下：「武當山古名太和山，又名大岳，今名大岳太和山。」武當山被正式敕封為「大岳」，帝位尊於五岳以上，明代於是出現了「六岳」一

說。明嘉靖皇帝又敕封武當山為「治世玄岳」，至此，武當山的政治地位已達到頂峰。明代著名的旅行家徐弘祖在《徐霞客遊記‧遊嵩山日記》中寫道：「余髫年蓄五岳志，而玄岳出五岳之上，慕尤切。」由此觀之，明代武當山「鎮雄五岳而祀超百代」的影響力可以說是天下皆知了。武當山古建築群遍布方圓八百餘里，是世界上保存最完整、規模最大、等級最高的道教古建築群。據初步統計有五七二處，其中現存較好的有一二九處，殿宇一一八二間，建築面積為四三三三二平方米，遺址一八七處。一九九四年，武當山古建築群入選《世界文化遺產名錄》。〔關於武當山古建築遺跡，詳見本叢書之《風雲湖北》（勝蹟篇）。〕

武當武術，博大精深。一代宗師張三丰創立了武當派，其影響與嵩山少林派相當。武當武術和道教淵源極深，道士在清修悟道時，也將習武

武當武術

作為其中一個部分，通過習武達到養身練功、防身保健的目的。武當武術以柔克剛，後發制人，自成一派，被稱為「內家拳法」。它以太極、形意、八卦見長，是中華武術一大名宗，素有「北崇少林，南尊武當」之稱。內家拳在一代代習武者的傳承之下，自成體系，而太極拳更是發展成為一項廣泛的武術和運動形式，流派眾多，如陳式、楊式、孫式、吳式，而張三丰也被尊為武當武術的開山祖師。

天下武當，人間仙境。武當仙山將自然景觀和人文景觀融為一體。這裡地處華中腹地，四季景色變換。春則群山蔥鬱，山花爛漫；夏則風雷激盪，雲霞縈繞；金秋則流光洋溢，色彩紛繁；冬則皚皚白雪，晶瑩皎潔。明代文學家王世貞曾盛讚武當山：「山之勝，既以甲天下。」聯合國教科文組織專家考斯拉稱：「武當山是世界上最美的地方之一。因為這裡融匯了古代的智慧、歷史的建築和自然的美學。」世界建築師學會副主席楊廷保也高度讚揚武當山古建築為「人世上的天堂，駕於五岳之上」。

獅子山與太子坡

太子坡又名「復真觀」，因為《真武經》裡面記載了真武太子修真的故事而修建。太子坡背依獅子山，右臨天池瀑布，左接十八盤棧道，從遠處看好像芙蕖撐於水面，走近方知是一華麗城池。雨時飛瀑千丈，晴時鬱鬱蔥蔥。十八盤如綵帶飄於「神道」，紅牆如月闌繞於天宮樓閣，呈現一幅海市蜃樓般的幻景。太子坡在修建時，避開陡險的岩石，充分依據岩石下狹窄的坡地，縱橫序列布局，紅牆環繞，復道曲折，使建築與環境緊密結合，是武當山目前保存最為完整的道觀。

復真觀門楣之上有磚雕匾額，上面刻有「太子坡」三個大字，題字的

人正是永樂帝的駙馬都尉沐昕。太子坡有四大著名景觀：一是「九曲黃河牆」。太子坡依託自然地勢的高低變化，修建了夾牆復道，彎彎曲曲，形狀似一排排波浪，所以牆被稱為「九曲黃河牆」。二是「一里四道門」。從進門到出門，門中有門，曲徑通幽，更添幾分神祕空靈。三是「一柱十二梁」。五云樓結構十分巧妙，上有十二根木梁相互疊搭，下僅有一根主柱承重，但是樓體穩定堅固，五百多年的時間過去了，保存依舊完好。四是「十里桂花香」。太子坡有棵三百多年的桂花樹，每年中秋，桂花盛開，十里飄香。

太子殿是太子坡的重要景點，建築與主殿形制大致相同，也是復真觀當中位置最高的地方。作為武當山上祈福求學的唯一地點，太子殿下種植有一株百年棗樹，正對應著皇經堂中的百年桂花樹，預示著「金冠折桂、早（棗）登榜首」的祝願。轉到太子殿後面，便是巨大幽深的溝壑了，壑中有彎彎曲曲的小河。站在此處極目遠望，有群峰連綿不絕，有金頂熠熠生輝，彷彿浮於雲海，給人以「鳥向日邊度，人從天上回」的觀感。

展旗峰與紫霄宮

紫霄宮為武當山最完整保存下來的宮殿之一。「紫霄」與天宮中的紫微星座相對應，位在正中，彷彿人間帝君。在古代，占星師常常將紫微星視作「帝星」，有命宮主星紫微者為帝王之相的說法。「紫霄宮」意為天地中央的紫壇，其在諸多宮殿中的重要性可見一斑。紫霄宮後面便是展旗峰，因為山峰形似飄搖的旌旗，故而得名。而紫霄宮前，則有三公、五老、蠟燭、寶珠、香爐、落帽諸峰，右有雷神洞，左則為蓬萊

峰。山勢自後向左右兩側合圍，天然形似「二龍戲珠」寶椅狀，符合中國傳統風水觀念中「風水寶地」的標準；又好像一位道人打坐修練，泰然自若，穩鎮其中，被譽為「紫霄福地」「雲外清都」。

　　紫霄宮於宋宣和年間（1119-1125）開始修建，至元朝重建，名曰「紫霄元聖宮」，到明永樂十年（1412 年）增建，賜名「太玄紫霄宮」，至嘉靖三十一年（1552 年），紫霄宮更是擴建到八百餘間。中華人民共和國成立以來，人們曾對紫霄宮進行了幾次修繕，才恢復了宮觀本來的面貌。整體建築採取欲揚先抑、先疏後密、首尾相顧、遙相呼應的手法建成。透過中軸線仰視，層層崇台之上殿堂樓閣依山疊砌，中軸線兩邊建築對稱布局，高低錯落，丹牆碧瓦，金碧輝煌，透出皇家崇道的氣派。早在唐代，紫霄宮就是「七十二福地」之一。現為全國重點文物保護單位，也是武當山道教協會所在地。

紫霄福地｜李彥良攝

天柱峰與太和宮

武當山有七十二峰，其中天柱峰為最高峰，在天柱峰頂端則有道教聖地太和宮。太和宮為明朝永樂十四年（1416 年）敕建，包括殿堂道舍等各類建築多達五一〇間，永樂皇帝親賜匾額「大岳太和宮」。為了能夠充分發揮天柱峰高聳霄漢之勢，宮殿整體採用皇家建築法式，精心設計建築的序列和布局，來展示神權、皇權的至高無上。多年前，人們在一次航拍時意外發現，那滿山的碧綠彷彿波浪起伏的大海，那橢圓形宮牆又勾勒出巨龜的輪廓，由宮牆、金殿和天柱峰組成的立體造型，宛若一隻正在朝著深海遊走的神龜。

太和宮由正殿、朝拜殿、鐘鼓樓、銅殿、紫金城、「一柱擎天」石刻和金殿等組成。正殿匾額曰「大岳太和宮」，大殿內部供奉著真武大帝銅鑄像，還供奉著四大元帥、水火二將、金童玉女等。殿前是朝拜殿，左右是鐘鼓樓，其中鐘樓內還留存著明代永樂十四年鑄造的一口銅鐘。殿前有座岩峰，因為其狀似寶蓮而被稱為「小蓮峰」，峰上有題字曰「一柱擎天」，此外還有李宗仁留下的「整軍經武」碑以及國民黨第五戰區副司令李品仙詩題：「為尋勝蹟武當游，步步崎嶇云不休。四面煙巒歸眼底，疏疏林葉萬山秋。」岩頂崇台上坐落著一座銅殿，此殿原本於元代大德十一年（1307 年）鑄造在天柱峰頂，到明代永樂十四年被轉運到這裡，所以又被稱為「轉運殿」或者「轉展殿」。

太和宮金殿，又被稱為「金頂」，因為其建於武當山天柱峰的峰頂，海拔一六一二米。金殿是永樂皇帝下聖旨在北京用三十萬斤精鋼、一千兩黃金鑄造成二千多構件，通過插榫、銲接成整體，從古運河入長江進漢江，運至此山安裝而成。金殿在外觀上與北京故宮太和殿十分相近。

武當山被朱棣稱為「太和山」，金殿又被叫作「大岳太和宮」，寄託著君王享天下太平的願望。北京故宮的金鑾殿下有一「奉天殿」，即遵奉上天旨意之意。武當山大岳太和宮與北京奉天殿同為一體，體現了朱棣坐鎮江山、霸業穩固的意圖，滿足了明代「君權神授」的政治需要，也與道教信奉的「天人合一」的思想境界相契合。

天氣晴好之時，從金殿俯瞰全山，武當的自然山光一覽無餘，群峰起伏猶如大海波濤奔湧，在瞬間靜止，眾峰拱擁、八方朝拜的景觀渲染著神權和皇權的絕對威嚴。遠眺群峰環峙，蒼翠如屏，丹江水庫水波不興，一碧千里；俯瞰太和、南岩、五龍諸宮，錯落有致，令人賞心悅目。晝賞日出，夜觀雲海，給人以天宮畫境的感覺。站在金頂，飽覽武當雲海、天造玄武、飛蟻來朝、金殿倒影、雷火煉殿、怒海奔潮、空中懸松、雀不漫頂、海馬吐霧等奇觀，耳間縈繞空靈的武當道樂，朦朧飄

仙境天柱峰｜陸國慶攝

太和宮｜李彥良攝

渺之間，總會有一種無形的震撼攝人心魄，崇敬虔誠之心油然而生。閉目靜思，雜念全無，你頓覺飄入雲間，仿若神仙。

南岩與南岩宮

　　南岩，又有「紫霄岩」之稱，其所以叫「南岩」是由於它的朝向為南。當地有一俗語說：「南岩的景紫霄的杉，人到武當不想家。」這裡山嶺陡峭，林木繁茂青蔥，高處直接天際，俯瞰則可見谷底溪流，有「氣吞泰華銀河近，勢壓岷峨玉壘高」的意境。南岩既為「武當三十六岩」中出類拔萃之所，又為武當山中險、奇、幽並存的一處勝景，一步一景，多重變幻。

　　南岩宮從元代即開始不斷營建，元仁宗賜額「大天乙真慶萬壽宮」；明永樂十一年（1413年）擴重建，賜額「大聖南岩宮」；至嘉靖三十一年

（1552 年），南岩宮已經擴建到四六〇間。南岩宮地處獨陽岩之下，其岩體狀如垂天之翼，以峰巒秀美而著名。整個建築充分利用原有的南岩山頭、埡脖、峭壁、岩洞等自然地形條件，修建了眾多宮殿、亭台等，這些都巧妙地融入周邊的自然環境中。至今天乙真慶宮石殿、兩儀殿、皇經堂、八封亭、龍虎殿、大碑亭和南天門等建築景觀還完整留存著。

唐宋以來就有道人在南岩宮修練。元代在此修建道觀，到明永樂十一年已營建殿宇六四〇餘間，但是在清朝末年毀壞嚴重。如今我們可以看到的只有元代的石殿，明代的南天門、碑亭、兩儀殿，還有元君殿、南薰殿、圓光殿等建築遺跡。出南天門以後便是小天門，再經過碑亭就來到了崇福岩，也就是人們常說的「腳蹬老虎岩」。極目遠望可見圓光殿與南熏殿，近觀則為十八道棋坪、太上觀、五師殿、方丈室、齋堂等遺跡。龍虎殿是南岩著名的一景。出龍虎殿即是大院落，院中有一口六角飾石欄的水井。這口水井叫作「甘露井」，之所以得名，是因為井中的水質清甜，好似天降甘露，此井水也是武當山上最好的水之一。

南岩晨曦｜羅銘攝

南岩有一處開鑿的岩洞,名曰「雷神洞」。洞內高深幽爽,建有廟宇,供奉雷神鄧天君像,是武當山唯一一處供奉雷神的地方。洞中有「靈池」,泉水四季不干,冬暖夏涼,甘甜爽口。每當雷雨來臨,洞中隆隆作響,猶如雷鳴一般。有歷史資料顯示,雷神洞最早在元代元統年間開始修鑿,武當著名道人張守清曾經在此地修練清徵雷法,進行祈雨活動。明永樂皇帝駙馬都尉沐昕在《雷洞發春》中寫道:「岩局寂寂草芊芊,誰識中藏造化權。百里震聲初出地,三陽氣象已無邊。芝生石室連雲秀,榔發瓊枝帶雨鮮。海內生靈沾德澤,欣然鼓舞頌堯年。」

老營南山與玉虛宮

玉虛宮是武當山建築群中最大的宮殿之一,位於老營的南山山麓地帶,坐落在一塊近五平方公里的山間盆地上,與玄岳門西相離大約四公里,宮前有襄渝鐵路橫貫而過。道教所說的玉虛為玉帝所在,因將真武視作「玉虛師相」,宮觀便有了這個名稱。

武當山在明朝永樂年間大修,大修時以此地作為大本營,因此有了「老營宮」的說法。終明之世,老營宮一直有軍隊在此駐防,到嘉靖三十一年進行了重修。原為五進三路院落,有龍虎殿、啟聖殿、元君殿、小觀殿及一系列堂、祠、廟、壇等二二〇〇餘間。前後崇台迭砌,規制謹嚴,左右大小院落疊置,亭台樓閣相接,又有玉帶河迂迴環繞。四周朱牆高聳,環衛玄宮。這裡的規制之壯闊,極類北京太和門太和殿,玉虛宮的規模與氣派由此可見一二。到清乾隆十年(1745年),這裡的建築遭到了重大破壞,只剩下殘存的宮門、宮牆。宮牆壯如月闌繞仙闕,宮門為精雕瓊花須彌石座,券拱三孔,兩翼八字牆鑲嵌琉璃瓊花圖案。宮門

前則有裝飾台階，色彩斑斕，華麗精美。進入宮門以內，整個院落占地四十餘畝，地面墁以青石，給人素雅之感；過玉帶河，入二宮門，從平地而起的層層高台托起龍虎殿、朝拜殿、正殿、父母殿等宮殿遺址；宮牆以東為東宮，也被稱為「東道院」，有磚室、浴堂、神廚、龍井等遺址；宮牆以西為西宮，內現存歷史遺址有望仙台、水簾洞、御花園、無染殿等。除此之外，宮門內外還有巍然對峙的四座碑亭。

根據永樂十六年（1418 年）的碑文記載，永樂皇帝用道教經典闡述了「真武大帝」與武當山之間的相互關係，宣稱明太祖及自己之所以得天下，歸因於有真武大帝的暗中庇佑，因此在武當山建造宮觀，表彰神功，昭答神貺。嘉靖三十二年（1553 年）的碑文，主要讚頌永樂帝大建武當山的偉大成就，其中寫道：「二百年來，民安國阜，媲隆三王，雖或一二氣數不齊，邊疆小驚，旋而殄滅。至如庚戌，內生大奸，旋用殲殛。」如此太平大治之世乃是真武庇佑的功勞，於是耗費巨額財政大修武當，就有了「北建故宮，南修武當」的說法。修建武當山規模之大、耗費之多，使得明代文學家王世貞忍不住感嘆，「玉虛彷彿秦阿房」。

第二節・華中之巔，神農探秘

鄂西山區，華中腹地，有一片縱橫三二〇〇平方公里的原始森林，它就是神祕、神奇的神農架。這裡千峰峭立、萬壑幽深，洪荒原野、林海蒼茫，被譽為「華中屋脊」。這裡也是世界自然遺產、世界地質公園、世界物種基因庫、國家5A級旅遊景區。

概說神農架

地處鄂西北山區的神農架，四周分別與荊襄、三峽、巴蜀、武當相接壤。傳說上古時期華夏人文初祖之一的炎帝神農氏曾經在這一片大地上架木成梯，遍嘗百草，救治疾病，授民稼穡之巧，「神農架」因此得名。一九七〇年，經國務院批准，神農架在行政區劃上直接由湖北省統一管轄，它也是中國僅有的一個用「林區」進行命名的行政區劃。

華中屋脊，原始洪荒。神農架地處我國地勢三級階梯的第二階梯的東部邊緣，由大巴山脈的餘脈往東延伸，於是造就了中高山地貌，區內重巒疊嶂、重重密林，一片原始洪荒景象。神農架平均海拔在一七〇〇米左右，山峰絕大多數的高度高於一五〇〇米，而海拔高度超過三千米的山峰共計六座，超過二五〇〇米的山峰近二十座，最高峰神農頂海拔高度三一〇六點二米，它既是湖北省最高峰，又為華中第一高峰，所以神農架有「華中屋脊」之稱。神農架具有偏涼喜雨的氣候特點，「山腳盛夏山頂春，山麓豔秋山頂冰，赤橙黃綠看不夠，春夏秋冬最難分」就是對神農架這一氣候最真實的寫照，這裡為華中地區避暑勝地之最。

世界遺產，生物寶庫。神農架是長江與漢水在湖北境內的分界線，區域內孕育著香溪河、神農溪、南河、堵河四大水系，也為南水北調中線工程涵養著水源，為三峽庫區構築了最大的天然屏障。因為地理環境和氣候具有獨特性與複雜性，神農架也是我國南北物種的過渡地帶以及各類物種繁衍生長的交叉地帶，境內的植物多達三七○○種，而這其中受國家重點保護的就有四十多種；境內動物種類一千多種，七十種為國家重點保護對象。北自漠河，南至西雙版納，東自日本東部，西至喜馬拉雅，這一範圍內分布的所有動植物類型，神農架幾乎都有。神農架不僅是我國內陸保護最為完整的綠洲和世界中緯度地區唯一的綠色寶地，而且是所有原始森林中距離長江最近的一片。神農架林區平均森林覆蓋率達百分之八十八，保護區內高達百分之九十六，是當今世界中緯度地區唯一保持完好的亞熱帶森林生態系統，有「地球之肺」的美譽。這裡動植物區系古老、特有、珍稀，品種豐富多彩。冷杉蒼勁挺拔，岩柏凌空盤虬，梭羅神祕蔥鬱，珙桐婀娜多姿；金絲猴靈巧華貴，蘇門羚奇異古

神農架

怪，大鯢憨態可掬，白熊高雅富態，飛禽翔於林間，走獸出沒草叢，使神農架享有「天然動植物園」「生物避難所」「物種基因庫」「自然博物館」等眾多美譽。神農架也是一座名副其實的生態要塞、支撐華中福地生生不息的天然水塔、儲納森林碳匯的巨大寶藏，擁有亞熱帶地區不可多得的高山濕地生態系統，被稱為「地球之腎」。一九九〇年，神農架被聯合國教科文組織「人與生物圈計劃」正式列為「國際人與生物圈保護網」的成員。二〇一三年，又被聯合國教科文組織列入「世界地質公園」網絡成員。到二〇一六年七月，第四十屆聯合國教科文組織世界遺產委員會會議正式把神農架列入世界自然遺產名錄。

世界奇景，觀光勝地。這裡有瑰麗的岩體，濃密的森林；有綿延千里的山群，青翠蒼勁；有峽谷奇洞，造化神奇；有陡崖瀑布，汩汩水流；有高山湖泊，明亮如鏡……置身其中，如同走進了紛繁美麗的書畫長卷中。神農架有著多重重要身分，它以「世界自然遺產」「國際人與生物圈保護網成員單位」「亞洲生物多樣性永久性示範基地」「世界地質公園」的身分享譽世界，以「國家級自然保護區」「國家森林公園」「國家地質公園」「國家濕地公園」聞名國內外，它為世人留下了「神農文化」「野人文化」「生態文化」「民俗文化」「漢唐文化」五大文化，同時也為大家留下了「神農傳說」「野人行蹤」「原始森林」「白化動物」「金絲猴部落」「地質大斷裂」這些謎團有待探秘與揭曉。原生態且靚麗的自然環境、神奇且又流傳悠久的傳說、樸實無華且又神祕的民風民俗，構成了我國內地的高山原始生態文化圈，是湖北省「一江兩山」核心旅遊品牌。傲立華中的神農頂，萬仞摩天的風景埡，疊瀑飛瀉的香溪源，絢麗多彩的大九湖，鬼斧神工的板壁岩，莊嚴肅靜的神農壇……茫茫林海，處處

絕妙。這些自然景觀中又融入了神農嚐百草的千古傳說、似是而非的「野人」之謎、神話史詩《黑暗傳》、氣勢磅礴的原始梆鼓等，為神農架增添了許多神祕色彩。二〇一二年，神農架生態旅遊區被授予國家 5A 級旅遊景區。

神祕神奇的神農架是色彩斑斕、風光如畫的世外桃源，是鑲嵌於華中大地的奇妙綠色王國，讓你流連忘返。

野人之謎

神農架的神祕神奇還在於這裡相傳存在著一種一直縈繞在人們腦海中的傳奇動物——「野人」。

神農架真的有「野人」嗎？神農架「野人之謎」曾和外星人 UFO 之謎、百慕大三角區之謎、尼斯湖水怪之謎一起，被認為是世界四大未解之謎。「野人」這種似猿似人、非熊非猴的動物，被描述為「身高達丈，腳長近尺，直立行走，兩臂搖擺，全身紅毛」。從二十世紀開始，不斷有傳聞說有人在神農架親眼目擊了「野人」。到了二十世紀七八十年代，科學家先後多次來這裡做實地考察，發現了一些來源不明的毛髮、腳印、糞便和睡窩等痕跡。部分科學家據此判斷，以前在這裡的確存在一種介於猿與人之間的大型靈長類動物。

「野人」之說不是空穴來風。關於「野人」的記載，最早可追溯到戰國時期成書的《山海經》。《山海經・中次九經》記載，熊山（今神農架一帶）有「贛巨人」或稱為「梟陽」的動物，其身長丈許，毛髮被身，健走、善笑。戰國時期，楚國著名愛國詩人屈原有《楚辭・九歌》，其中

《山鬼》一篇就有關於「野人」形象的描寫：「似人非人，立於梁上，身披薜荔藤，帶系松蘿蔓，多疑善笑，羞羞答答。」李時珍的《本草綱目》對「野人」也有所記述：「其面似人，紅赤色，毛似獼猴，有尾，能人言，如鳥聲，睡則倚物。」

到了晉朝，在湖北房縣（今神農架林區大部分地區原屬房縣管轄）可見與「野人」相關的記載，《爾雅翼》云：「猩猩如婦人，披髮、袒足、無膝、群行，遇人則手掩其形，謂之『野人』。」清代同治九年（1870年）撰修的《鄖陽府志・房縣》中記載：「房山在城南四十里，高險幽遠，四面石洞如房，多毛人，修丈餘，遍體生毛……」這裡的毛人即指「野人」。一九七七年考古工作者在房縣高碑大隊發掘西漢古墓時，出土了一塊作為隨葬品的搖錢樹九子銅燈，燈上即飾有「野人」圖案。

近現代，也還有多起目擊「野人」的記載。在鄂西一直流傳著「野人」笑後吃人的故事。當地傳說，「野人」一旦抓到活人，就緊緊抱住人的雙臂，並高興得笑昏過去，等到「野人」醒來就要吃人。所以村民進山時都要攜帶一副中空的竹筒，一旦遭遇「野人」，便立刻套竹筒於雙臂上，等它嘴唇上翻遮住眼睛大笑時，山民迅疾抽出雙臂，快速逃離。

據百姓描述，「野人」在神農架地區活動極為頻繁，根據已經蒐集到的資料，神農架目擊「野人」的記錄已達一一四次，大約有三六〇人先後看到一三八個「野人」活動形象。

關於「野人」的科考從未停歇。一九七六年，中國科學院與湖北相關部門就組織過歷史上第一支「野人」科學考察隊對神農架進行考察，發現了大量「野人」腳印，收集到數千根「野人」毛髮。考察最終結果是：

「野人」是神農架山區客觀存在的一種奇異動物，雖然已經初步了解到這種動物的活動地帶和其活動規律，但要深入的了解還需要進行一系列的科學考察。

撲朔迷離的「野人之謎」讓神農架因此而進入更多人的視線，有關「野人」的謎團對這些慕名前來的遊客來說將會是一個永恆的話題。但有一點是值得肯定的，神農架方圓三二○○公里，還有許多人跡罕至的地方充滿著各種神奇。隨著生態環境的改善，已經銷聲匿跡的「野人」還有可能會神奇再現嗎，值得海內外遊客和科學家們期待。

金絲猴

來到神農架，你未必能遇上「野人」，但你可以與最漂亮、最珍貴的國寶金絲猴來一次近距離的完美邂逅。

金絲猴是中國特有的珍貴靈長類動物，是國家一級保護動物，也是世界上最漂亮和最珍貴的動物之一。神農架金絲猴性屬於川金絲猴，也是目前我國發現分布在最東端的金絲猴，在我國所有的金絲猴種群中，神農架金絲猴種群數量最少，遺傳多樣性最低，保護價值最高。

金絲猴因為長著一個與眾不同的「朝天鼻」，所以也被叫作「仰鼻猴」。它的毛髮長而呈金黃色，晶瑩剔透，細亮如絲，在日光照射下閃閃發亮，猶如披著一頂風雅華貴的金色斗篷。

川金絲猴是典型的森林樹棲動物，在海拔一六○○至三二○○米的原始森林和次生林中活動。川金絲猴分布於四川、甘肅、陝西和湖北四省

範圍內，數量約二點五萬隻。神農架林區是川金絲猴在湖北省的主要分布地區，這裡氣候偏涼，降水豐富，多高大山岩，平均海拔超過一七〇〇米，屬於非常適合川金絲猴群體棲息生長的環境類型。調查發現，神農架目前生活著近一二〇〇隻川金絲猴。

神農架金絲猴比較集中分布在大小龍潭、金猴嶺、千家坪、小神農架等地。大龍潭海拔二三〇〇米，是神農架金絲猴自然棲息地之一。這裡在二〇〇五年四月建立了大龍潭金絲猴保護研究基地，二〇〇七年一月成立

神山精靈金絲猴｜姜勇攝

了湖北省金絲猴保護研究中心，以便長期監測金絲猴的動向，摸清其種群的變化趨勢，最終為保護金絲猴提供科學依據。在大龍潭金絲猴保護基地，你可以零距離接觸金絲猴。

金猴嶺占地面積約五平方公里，平均海拔二五〇〇米左右，這裡森林廣闊繁茂，溪流充沛清澈，草木山果充足，是金絲猴理想的生活環境和活動地區。而對於遊客來說，這裡處處是飛濺的瀑布，負氧離子含量極高，又可與可愛美麗的金絲猴來一次近距離接觸，更是一個天然的「氧吧」。

毗鄰神農架南端的巴東小神農架一帶保存有完好的原始森林，是金絲

猴種群主要活動棲息地，二〇一六年國務院正式批覆建立巴東金絲猴國家級自然保護區。根據中國林科院和自然保護區的考察和監測結果，保護區內金絲猴的數量穩定在八百隻以上。

金絲猴是一種成員內部有明顯等級的群棲動物。小集群是金絲猴生活的基本活動單元，這個單元由一隻身強體壯的成年雄猴擔任首領，履行「家長」的職責，此外單元內還包括三至五隻雌猴以及不滿三歲的幼仔，實行「一夫多妻」。許許多多的家族小集體居住在一起，成了一個大猴群。

正是因為有了神農架這世界最清新的空氣，最清澈的水源，最明亮的陽光，最豐富的生態，才滋養了世上最美的動物——金絲猴。

神農頂

海拔三一〇六點二米的神農頂是湖北最高峰，也是華中第一峰。神農頂橫空出世，傲立華中，既是神農架自然保護區的核心區，也是神農架國家 5A 級旅遊景區的核心景觀。神農頂為金字塔形山峰，是著名旅遊景點神農溪和香溪河的源頭，是南水北調中線工程重要水源地——漢水的支流南河、堵河的發源地。

神農頂生態環境保存較為完好，尤其是森林資源得到了很好的保護，具有較好的生物多樣性，是人與自然和諧共存的自然生態旅遊景區。景區內是一望無際的原始森林，片片草甸綿延千里，竹林高聳挺拔，石林嶙峋怪異，松柏杉木力爭上游，各類野花競相媲美，更有眾多珍禽野獸在此繁衍生息，給這一方天地披上濃厚的神祕面紗。

神農頂崢嶸磅礴，破天遏雲，頂端終年霧靄茫茫，岩石裸露，石林聳天。這裡不見樹林，唯有苔蘚和蕨類植物鋪在地上；不見鳥兒昆蟲，唯有陣陣風鳴和變幻無常的雲霧。峰頂或漫天飛雪，或滂沱暴雨，或沉沉雲霧，織就一塊厚厚的面紗，終年縈繞頭頂，使人難識其真面目。唯在夏秋之季，天晴之日，雲霧散開，微風陣陣徐來，青草婆娑，輕輕擺動，忽俯忽仰，朦朦朧朧，波瀾起伏，歌態輕柔，舞姿妙曼，層層碧浪捲向天邊。立身於峰頂，俯視四野，萬千景象盡收眼底，感受天地唯我、山高人為峰的壯觀景象。

高海拔的垂直地帶性作用造就了神農頂一時一地一景的特色。在山腰形成了三個界限分明的植物分布層：最底層為茂密的箭竹林帶。箭竹一排排生長，將山岩崖壁層層包圍，如同陣列整齊的士兵。中層是墨綠蒼勁的冷杉林帶。冷杉高峻挺拔，流青滴翠，即使天寒地凍的冬季，依舊

神農頂石林｜姜勇攝

昂然獨立。上層是豔麗多姿的高山杜鵑林帶。一叢叢、一株株杜鵑夾雜在連綿的草甸之間，依偎在挺拔的冷杉林之中，每到春夏之交的五月左右，漫山遍野的高山杜鵑，從神農頂鋪天蓋地、排山倒海地傾瀉下來，在坡上、在草甸、在崖間找好自己的位置，風姿優雅，亭亭玉立，迎風怒放，鮮妍明媚，讓洪荒的原野一片生機勃勃。倘若在杜鵑樹下流連駐足，定會情趣萌生，忍不住湊近花枝，鼻翼翕動，輕嗅幾次，絲絲幽香，沁人肺腑。「世上皆醉我獨醒，萬木皆綠我獨豔」，神農架高山杜鵑便會帶你走入這樣的境界。

天燕旅遊區

　　國家森林公園天燕埡地處神農架西北部，總面積為五十五平方公里，平均海拔二二〇〇米，因「北有燕子埡，南有天門埡」而得此名。燕子埡海拔高達二二〇〇米，是過去修建 209 國道時人工貫通的一個埡口。

天燕｜杜輝宇攝

壑口上方架設了一座「彩虹橋」，此鋼橋高出路面五十八米，是一個絕佳的觀景平台。放眼望去，整個燕子埡的風景一覽無餘，黃龍堰、天門埡、太平埡、紫竹河遠近都能看到。「彩虹橋」左通燕子洞，右連會仙台。關於「會仙台」還有一個傳說，據說過去炎帝神農氏和太上老君曾經來此品山玩水、對弈暢談。

海拔二三二八米的天門埡是 209 國道華中幹線公路的制高點。因為這裡總是雲霞繚繞，攀登上去好像跨進了天門一般，所以此處稱「天門埡」。相傳，炎帝神農氏「架木為壇，跨鶴升天」即是在這裡。雨後初晴，濃濃的霧氣從天門埡下方的紫竹河谷攀升而上，將天門埡的深谷裝點成波瀾壯闊的雲海。

神農壇

神農壇景區位於神農架木魚鎮往南行六公里處的小當陽村，於一九九七年正式建成，是神農架最早建成，也是唯一一處兼具人文與自然景觀的景點，景區由古老植物園、千年杉王、神農祭壇三部分組成。

古老植物園保護了一大批數量稀少、瀕臨滅絕的植物，包括國家一級保護植物珙桐，二級保護植物連香、香果、銀杏等，總數達二十七種。千年杉樹高三十六米，胸徑二點〇四七米，胸圍七點五米，材積八十八立方米，庇蔭面積一二〇平方米，至少六人才可合抱。神農祭壇是炎黃子孫用來緬懷先祖、祭祀神農、祈求神靈賜福的地方。祭壇分為天壇和地壇，天壇坐落於二象群山之上，其主體建築是神農巨型牛首人身雕像，像高二十一米，寬三十五米，相加為五十六米，寓意中華五十六個

民族的大團結。雕像高高聳立在綿綿群山中，以大地為軀幹，微微閉起雙目，彷彿在冥想和思索，洞察天地之玄妙變化。祭祀區內地上有圓形和方形圖案，分別對應天地，代表地的方形圖案飾以五色石，與五行的金、木、水、火、土一一對應。祭壇的左右兩邊分別為兩根圖騰柱，柱上飾有大小牛首以示華夏民族子孫後代繁衍、生生不息。再往前為兩幅大型浮雕，向人們講述著神農氏施惠於民的一生。兩幅浮雕之間設有九鼎八簋（古時人們用以煮盛的物品，後演變成為最高等級的祭祀禮器）和鐘鼓樓以供祭拜使用。

祭壇兩側牆壁上是八組神農氏的功德畫，即「降牛以耕、焦尾五弦、積麻衣葛、陶石木具、原始農耕、日中為市、穿井灌溉、原始醫藥」。八組壁畫通過藝術的表現形式，集中體現著神農氏對於遠古先民的貢獻和

神農祭壇｜姜勇攝

對後世子孫的深遠影響。人們也將神農氏的一生總結為八大發明創造：一是培育粟穀。中國是世界上最早種植粟的國家。《管子・輕重》有「神農氏作，樹五穀淇山之陽，九州之民乃知谷食而天下化之」的記載。《淮南子・修務訓》則寫道：神農「始教民播種五穀」。二是製作耒耜。生產力的發展往往首先表現為生產工具改進，炎帝發明了耒耜，推進了原始農業生產力的進步。炎帝製作耒耜的說法見於《逸周書・嘗麥》篇中的「耒耜銅耨以墾草莽」，以及《周易・系麥》篇中的「斫木為耜，揉木為耒，耒耨之利，以教天下」。三是創製陶器。陶器作為汲水、炊煮的重要工具，相傳也是炎帝發明和製作的。《周書》有云，「神農耕而作陶」，《路史・外記》則記有「埏埴以為器」。四是發明醫藥。歷史典籍中與炎帝發明醫藥相關的傳說非常多。《淮南子・修務訓》裡說：「古者民茹草欽水，採樹木之實，食贏蠬之肉，時多疾病毒傷之害。於是神農嚐百草之滋味，水泉之甘苦，令民知所避就。當此之時，一日而遇七十毒。」《帝王本紀》裡提到神農「嘗味草木，宣藥療疾，救夭傷人命。百姓日用而不知，著《本草》四卷」。五是相土建居。原始農耕文明發展到一定階段後，人們逐漸改變原有的遷徙式生活，轉為定居，原始聚落隨之出現。聚落為先民提供了遮風擋雨的地方，免去了東奔西走之苦。《淮南子・修務訓》記載神農「相去停居，令人知怕避趨」，可見在古人的記憶中，神農氏為人們開啟定居生活做出了巨大貢獻。六是集市貿易。相傳集市貿易的出現也始於炎帝。《周易・繫辭下》云：炎帝「日中為市，致天下之民，聚天下之貨，交易而退，各得其所」。七是發蚪五弦。東漢醒譚《新論》記為「上觀法於天，下取法於地，於是始削桐為琴，練絲為弦」。《世本・下篇》甚至詳細描述出了「神農琴」的形制音調，「神農琴長三尺六寸六分，上分五弦，曰宮、商、角、徵、羽」，至周文王時，又將炎帝發

明的五絃琴增加了「少宮」「少商」二弦。八是蜡祭儺舞。蜡祭和儺舞是古代兩個重要的祭祀形式。《三皇補》說,「炎帝神農氏以其初為田事,故為蜡祭,以報天地」。古代還流傳著一首《蜡祭歌》:「土返其宅,水歸其壑,昆蟲勿作,草木歸其澤。」寄託了百姓希望風調雨順、五穀豐登的美好心願。

天生橋

天生橋是一處由瀑布、山泉、潭水構成的景觀,飛架於黃岩河上。黃岩河由老君山的烏龜峽河和發源於皇界山的黑水河匯合而成。橋高十七米,潭水深十米,洞上方寬四米,下方寬五米,河水穿洞而過,天生橋橫貫東西,因非人工開鑿,故名「天生橋」。

天生橋│雷振梁攝

天生橋東北有一座海拔一九二〇米的高山「伊家坡」,山腰有一個溶洞,五百米深的山洞裡面可以容納一千多人。洞中冬暖夏涼,最冷的時候還會出現冰凍現象。因為洞內與四時溫度剛好相反,所以人們稱之為「冷熱洞」。清嘉慶年間發生了白蓮教起義,當時教軍一度占領了神農架,清廷命令地方政府「設寨建堡,堅壁清野」,於是

地方士紳率團練鄉勇進洞結寨防守，至今洞內床位、灶台依稀可辨。

神農架滑雪場

神農架因其海拔高、雪期長、雪質優的特點，成為中國南方規模最大、功能最全的滑雪勝地。目前，已擁有神農架國際滑雪場、天燕滑雪場、中和國際滑雪場、龍降坪國際滑雪場四大滑雪場，單日總接待量可達二萬人。

神農架國際滑雪場位於酒壺坪，是專門針對南方市民設計和建設的滑雪場，特殊的緯度、溫度、濕度、海拔高度等條件使這裡的雪質接近歐洲阿爾卑斯山的雪質，被譽為「最適宜的南國滑雪勝地」。雪場擁有初、中、高八條不同類型的雪道，規模較其他雪場最大、最全。

神農架天燕滑雪場位於神農架天燕景區內，這裡是遊客選擇天燕景區觀雪和滑雪的好去處。滑雪場總面積約一萬平方米，開闢有練習場一處、初級道一條、中級道二條，雪道總長八百多米。另有燕子埡至水溝的天燕越野滑雪道一條。

神農架中和國際滑雪場位於酒壺坪遊客集散中心，雪場雪質優良、景色優美、氣候溫和。滑雪場占地面積為六萬平方米，擁有華中地區最長的滑雪道五條，兒童專用滑雪道一條，可滿足各種滑雪愛好者進行滑雪運動。

神農架龍降坪國際滑雪場位於龍降坪國際旅遊度假區最上端。天氣晴朗時，由於晚上有漫天群星和皎潔的明月銀河，因此引入星空概念，開

放滑雪道二條，是神農架唯一開設夜間場的滑雪場。

大九湖

　　大九湖是華中地區僅有的一片亞熱帶亞高山濕地，有著豐富多樣的環境和生態系統，是國家級濕地公園。大九湖占地面積三萬多畝，海拔一七〇〇米，南北長約十五公里，東西寬約三公里，地區中部是一抹十七平方公里的平川，低地周圍便是一重又一重的山群，在「抬頭只見山，地無三尺平」的神農架群山之中，這樣的山間平地十分難得，因而大九湖還被人們叫作湖北的「呼倫貝爾」「神農江南」。

　　環繞大九湖的眾多山峰中，最高峰海拔二八〇〇米。群山中東西向有九道大山梁，山上樹木茂盛，遮天蔽日。山梁與山梁間有潺潺溪水流下，最後匯聚在中間的平原上分別形成了九個清澈透亮的湖泊，大九湖由此而得名。

　　大九湖自然風光旖旎，素有「高山盆地」和「天然草場」之稱。周圍群山透迤蜿蜒，向中間平川聚攏，從遠處看，每座山峰都猶如飲水的蛟龍依偎在盆地四周。這裡氣候宜人，空氣純淨，盈盈水碧，習習風清，清晨觀霧，白天看雲，傍晚賞霞，夜裡觀星，好似跟隨自然，靜聽天籟，有天人合一之感。春夏之交，廣袤的大九湖滿目蔥蘢，一片青黛，水草豐腴，牲畜成群，呈現出一派「風吹草低見牛羊」的高山草原風光。秋末冬初，大九湖五色斑斕，絢麗多彩，山巒的五顏六色，水草的婀娜多姿，倒映在水中，朦朧在霧裡，濕漉漉的盛裝縹緲在一層薄紗似的水汽裡，波光瀲灩，煙雨迷濛，把山水裝扮成一幅幅五彩的油畫。深冬時

大九湖｜潘建翔攝

節的大九湖會降下一層厚重的積雪，將這裡裝扮成潔白、晶瑩、靜謐、一望無際的童話世界，這樣的靜謐、這樣的沉澱，厚重得讓人心疼，令人不忍打擾她這份聖潔。四季大九湖，美在天地間，這裡也是全國最佳風光攝影創作地，每年都會吸引無數海內外攝影愛好者在這裡攝影創作。

「晨風揉醒花千朵，銀霧含香吻村落。翠湖鱗波連天際，偕同霞女織綾羅。」湖光山色，煙雨雲霞，如夢如幻的大九湖就是那麼勾魂，不經意間讓你心馳神往。

第三節・驚世傑作，峽谷傳奇

　　國家 5A 級旅遊景區恩施大峽谷，位於「世界硒都」——湖北西部恩施土家族苗族自治州境內。被專家譽為與美國科羅拉多大峽谷難分伯仲，是鄂湘渝黔交界的武陵山脈中最有核心競爭力的旅遊景觀之一，是清江大峽谷最壯觀、最神奇、最震撼的一段，峽谷全長一〇八公里，面積三百多平方公里。

概說恩施大峽谷

　　有「世界地質奇觀」「喀斯特地形地貌天然博物館」之稱的風景名勝恩施大峽谷，以「雄、奇、險、峻、秀」著稱於世。景區位於鄂西南恩施土家族苗族自治州境內，距恩施市城區六十公里，距利川市城區三十九公里，是著名的「奇觀之峽、古道之峽、森林之峽、科考之峽、康體之峽、民俗之峽」。說它是「奇觀之峽」，是因為峽谷中有「地縫—天坑—岩柱群」景觀，這種複合型喀斯特地貌在世界範圍內都找不到第二例；說它是「古道之峽」，是因為這裡有過去地位十分重要的通往四川的古鹽道、古官道；說它是「森林之峽」，是因為峽谷保存著大片完好的原始森林，森林與峽谷相映成景；說它是「科考之峽」，是因為峽谷中的「一炷香」等地質奇觀入選了《美國世界地理》，央視《走進科學》欄目也曾為此專門進行了深入全面的報導，一些地質專家、建築學專家在此進行過多次考察研究；說它是「康體之峽」，是因為親近自然、走進峽谷、攀登峽谷是對身體各項指標的一次綜合檢驗，同時，這裡有良好的環境、清

恩施大峽谷｜吳羅庚攝

新的空氣，可以呼吸豐富的負氧離子，享受富硒美食，確實是養生康體之地；說它是「民俗之峽」，是因為大峽谷地處湖北唯一一個少數民族自治州——恩施土家族苗族自治州境內，這裡民族風情濃郁，在這裡你可以住吊腳樓、跳擺手舞、唱龍船調、喝摔碗酒，享受土苗風情的豪邁。

恩施大峽谷峰叢石柱刀削斧劈、奇絕震撼；懸崖棧道絕壁凌空、步步驚心；地縫暗河崎嶇幽深、飛瀑四濺；森林植被繁茂翠蔚、參差披拂；土苗風情五彩斑斕、浪漫多姿。這裡風景之絕美、地理之神奇、生態之優良、民風之純樸，是你不得不去的理由。目前峽谷主要的景觀包括以一段地縫、兩條河流、五大奇觀、五大板塊為主要特色的七星寨和雲龍地縫景觀。一段地縫即雲龍地縫；兩條河流指的是起自利川的雪照河以及起自奉節的雲龍河；五大奇觀指的是清江升白雲、絕壁環峰叢、天橋連洞群、地縫接飛瀑、暗河配天坑；五大板塊指的是五個觀光板塊，包括朝東岩板塊、日天筍板塊、七星寨板塊、雲龍地縫板塊、鹿院坪板塊。

大峽谷五大奇觀

　　恩施大峽谷區域開闊宏大，景觀豐富多樣，山群山峰千奇百怪，河谷深邃悠遠，這些山、水、河谷不經意間的自然整合，形成了「清江升白雲」「絕壁環峰叢」「天橋連洞群」「地縫接飛瀑」「暗河配豎井」五大地質奇觀。

　　一是清江升白雲。通常來講，山區雲海景觀多顯得零星閒散、雜亂無序，但是恩施大峽谷的雲海全是從清江上升騰而起，整個江面上的雲霧匯聚到一起成為浩浩蕩蕩的一片，延續數百里，美不勝收。二是絕壁環峰叢。在喀斯特地貌中，絕壁和峰叢通常是不會一起出現的，然而恩施大峽谷不僅同時出現了絕壁和峰叢，而且規模龐大，四面絕壁凌駕於峰叢之上，如此磅礴的絕壁和峰叢目前在世界其他地區尚未發現。三是天橋連洞群。洞穴群落是峽谷中最具代表性的景觀特徵。初步統計顯示，大峽谷目前有大小洞穴二百餘個。如板橋的熱雲洞，因為中間有石壁隔絕，於是產生了兩個洞口，一洞通熱風，一洞出冷風，冷暖交融竟生出了縷縷煙霧，洞內空間可以容納萬餘人。更有處處天橋匹配，溪谷相諧、山水相映、物人相隨，猶如仙境一般。四是地縫接飛瀑。恩施大峽

雲海天地（恩施大峽谷）｜馮光平攝

谷境內的雲龍河地縫全長七點五公里，平均深達七十五米。地縫兩壁深切，幽深狹長，其內古木蒼翠，遮天蔽日，河底怪石突兀，碧流潺潺。晴日正午時分，陽光傾灑谷間，兩岸飛瀑四瀉，五彩斑斕。五是暗河配豎井。中法探險隊歷經十年考察宣布，奉節龍橋河至恩施大峽谷的地下暗河全長五萬米，是世界最長的暗河。並且暗河上的豎井數量有一〇八個，與新疆坎兒井相仿，形態各不相同，形成壯觀的景象，實屬罕見。

壁立七星寨

七星寨是恩施大峽谷景區的核心景觀，位於大峽谷西部的前山，海拔一五〇〇至一九〇〇米，面積為二十三點九平方公里。景區為三疊紀（2.5 億年前至 2.3 億年前）灰岩經風化剝蝕、溶蝕形成的喀斯特地貌景觀。主要地貌類型包括絕壁、岩柱林、孤峰、石芽（林）、峰林窪地、溶洞等。景區內雄峰聳峙，雲遮霧繞，松木蒼翠，驚奇秀美。七星寨各種不同造型的喀斯特景觀，深刻地反映了峽谷、絕壁、峰林、岩柱、石芽、溶蝕溝槽、溶蝕窪地等形成的每一個細節，是喀斯特地貌演化的天然教科書。主要景點有小樓門、一線天、絕壁棧道、大樓門群峰、睡美人、一炷香、雙子塔等。

小樓門群峰是七星寨的南大門，為典型的喀斯特地貌，由可溶性岩石經風化剝蝕、溶蝕、崩塌形成。這裡植被繁茂，綠樹掩映，疏村稀戶，雞犬相聞，宛若世外桃源，令遊人忘返。

一線天，又稱「步雲關」，為三疊紀灰岩中發育的直立裂隙構造形成的巨大裂縫，寬不足一米，高則約數十米，長四十多米。因為進入裂縫中以後，仰望天空只能看到一線藍天，所以被叫作「一線天」。

絕壁棧道位於山體東部筆直陡峭的絕壁半山腰上，修建於二○○八年，海拔約一七○○米，全長四八八米，相對高差為三百米，有石階一一八個，與山岩絕壁融於一體。之所以稱其為「絕壁棧道」或「絕壁長廊」，就是因為棧道築在絕壁之上。在絕壁上行走，彷彿懸掛在空中，峽底的無限風光俯首就在眼前，十分驚險刺激。

大樓門群峰既不像一般的峰林，也不像石林，是三疊紀灰岩在風化剝蝕、溶蝕及雨水沖刷作用下留下的一群巨型陡立柱狀岩體群。它兀然直立於陡坡之上，極為壯觀。其中一個巨型岩柱塊，長八百米，寬一五○米，高近二百米，頂部是兩端較高、中間較低的弧形平面，在頂部中央則有較小的積水塘，於是岩柱表層形成了窪地。

一炷香為喀斯特離峰地貌，是三疊紀灰岩受到風化作用侵蝕而產生的獨立岩柱。一炷香高一五○米，柱體底部直徑六米，最小直徑只有四米，這樣的景觀是十分少見的，已經成為恩施大峽谷的標誌景觀。

雙子塔為喀斯特象形山石，因為此地出露的一對岩柱山體酷似一對孿生子女，所以取名為「雙子塔」。岩柱在形成以前，岩體發生過垂直裂隙發育，又受到風化侵蝕以及重力崩塌雙重作用影響，讓直立裂隙越來越大，最終完整岩體慢慢形成兩座彼此分裂而又對稱的岩柱。這種外形幾乎相同的對稱岩柱，在自然界是極少見到的，為恩施大峽谷眾多奇觀之一。

大地山川包括一方形山體和兩個修長的灰岩岩柱，這些山體岩塊都是因為早期地殼運動發生斷裂和後期風化、剝蝕、溶蝕及重力崩塌產生剝離，最終從主體山脈分離出來。整體型狀構成了一個碩大的「川」字，因此取為此名。其中方形山體長八百米，寬一五○米，高二百餘米，兩

頭高，中間低並形成一窪地，其中積水成泉。兩根灰岩岩柱修長高聳，好像一大一小兩支巨筆，大者根部直徑約六十米，高二一〇米，下粗上細，如天王寶塔；小者整體直徑約十米，高達二百米，根部直徑局部達二十至二十五米，整個柱體如「岩桿」。

「母子情深」亦為喀斯特地貌景觀，由於岩石層理結構很薄，極易受風化而垮塌，頂部最先出現了破裂，於是右側岩體好像自然成形的女子頭像，左側岩塊則十分像一個嬰兒，整體型象彷彿是一名土家女子正在親吻懷抱中的嬰兒。這深情的一吻，喚醒了每個遊客心中對於母子親情的眷戀，令人動容。

天插一炷香

有大峽谷鎮山神針之稱的「一炷香」，高一五〇餘米，最小直徑只有四米，此地岩石的抗壓強度是每立方釐米八百千克，無論風吹日曬雨淋，岩石都巋然不動，屹立長達千萬年之久，守護著這片神祕的土地，為恩施大峽谷標誌性景觀。當地流傳著一個故事，此

恩施大峽谷一炷香｜任毅華攝

石柱為仙人所贈的難香，當地百姓如果遭遇到災難點燃此香，仙人看到難香飄起煙霧，便會立刻前來搭救。「一炷香」形狀細長，天氣晴好的時候，有縷縷白雲飄蕩在石柱上，從遠處望去彷彿是雲端之上的香火，勝似仙宮；而若是在陰雨天，被雨絲掩映的石柱則朦朦朧朧，嫵媚動人。

「一炷香」為喀斯特離峰地貌，從地質學上講，長江、清江兩大水系長期交錯，對這裡的岩體進行反覆和持久的侵蝕、沖刷，於是出現了今天這樣獨特險峻的石柱。而且因為這樣細長的石柱保存十分困難，所以在世界上十分少見。二〇〇九年十月十七日 CCTV-10《走進科學》欄目報導了「擎天一炷」不倒之謎；二〇一二年景區邀請美國探險家迪恩‧波特在「一炷香」旁創造了四十一米無保護措施的高空走軟繩紀錄；二〇一三年美國 CNN 評中國最美的四十個景點時，「一炷香」榜上有名；二〇一三年《美國國家地理》在恩施大峽谷拍攝了最美喀斯特地貌風光，於二〇一四年《美國國家地理》雜誌正式推出。

地生一條縫

雲龍河地縫景觀帶主體包括雲龍河地縫、雲龍河絕壁、雲龍河懸瀑及跌水、雲龍河風雨橋和雲龍河棧道。「地縫」現在已經是地學界普遍接受的一個喀斯特地貌術語，它通常指的是極其狹窄並且有一定深度及長度的流水溝谷，在外形上的突出特點是地殼表面出現條狀深切的「天然岩縫」。正是因為地縫景觀形成、保存都相當不容易，才成了很熱門的景點。常見的地縫多為下窄上寬，也有地縫上窄下寬，可是雲龍河地縫卻是上下垂直基本一致的「U」字形的地縫，目前世界範圍內只在羅馬尼亞出現過同類型的地縫，所以它的稀缺性、獨特性可見一斑。

科學考察的結果顯示，雲龍河地縫至少形成於五千萬年前，從地縫頂部到地縫底部的地層主要為形成於距今約二點一億至二點九億年間、跨二疊與三疊紀的灰岩；全長七點六千米，平均深七十五米，最窄的地方只有十二米，最寬的地方有一五○米。地縫兩岸岩壁陡峭，有瀑布從頂上飛瀉，地縫底端則有潺潺的水流，中有各種奇石怪岩，上與天水暗河相連，下與滔滔清江相通。雲龍河地縫過去為雲龍河的伏流段，在地下沉寂長達兩三千萬年，後受到水流

恩施大峽谷雲龍河地縫

從下部的強烈掏蝕作用，地表不斷被剝蝕，暗河頂部逐漸坍塌，地縫最終露出地面，成為恩施大峽谷一大絕世奇觀。

大型山水實景劇《龍船調》

在鄂西南的恩施有這樣一種習俗，每逢重大節慶活動時，當地民眾都會劃著採蓮船傳唱一首民歌——《龍船調》。這首民歌早在二十世紀八○

年代就入選了由聯合國教科文組織評選產生的世界最優秀的二十五首民歌。山水實景劇《龍船調》講述了在恩施地區土司時代一對土家族青年男女衝破封建社會禮教對於人性的束縛，努力追尋自由和幸福的愛情故事。該劇吸收了土家族獨特的民族音樂元素和表現形式，與恩施大峽谷的景色相結合，用現代科技打造舞檯燈光和特效，給觀眾帶來視覺豐富、情節細緻巧妙、歌舞精彩熱烈的藝術盛宴。

該劇由恩施大峽谷旅遊開發有限公司投資打造，中國實景演出創始機構——山水文化公司策劃、製作，總投資二億多元，劇場用地二四〇畝，總建築面積為四點九萬平方米，演職人員二八〇多位。二〇一四年七月起正式上演。

龍船調｜楚天云圖航拍中心攝

第四節・大別聖山，別於天下

巍巍大別山，位於湖北、安徽、河南三省交界處，西連桐柏山，東接天柱山、張八嶺，呈東南往西北走向，屬於長江和淮河的分水嶺。自古大別山人文薈萃、英傑輩出，是我國著名的革命老區之一。如今，大別山乘人文之厚，借生態之美，已經成為我國著名的紅色和綠色旅遊勝地。二〇一八年四月十七日，聯合國教科文組織批准湖北黃岡大別山地質公園為世界地質公園。

概說大別山

大別山，大別於天下也。絕大多數人對於大別山也許並不會感覺到陌生，然而對於大別山名從何而來可能就不十分清楚了。其實，大別山「大別於天下」之處便是源於山區特殊的氣候特點。大別山脈綿延不絕，長千餘公里，山的南北兩側不僅分別為長江和淮河兩大水系，而且在氣候條件方面也有著巨大的差異，由此形成了彼此各異的植物類型。據說，西漢著名史學家司馬遷在其青年時期，曾經登臨大別山，他驚嘆於山的南北兩側迥然不同的景色，感慨道：「山之南山花爛漫，山之北白雪皚皚，此山大別於他山也！」大別山由此得名。

大別山是英雄聖地。春秋時期，「五霸」爭雄，大別山處於「吳頭楚尾」，天堂寨號稱「吳楚東南第一關」，吳楚江淮之戰歷時近百年。南宋末年，文天祥領兵抗元，派遣了與其同榜考為進士的程綸進駐大別山區，組織西義軍，建天堂寨，抗擊元朝。一三五一年，布販徐壽輝聚集

數萬農民在大別山區發起抗元起義，不久攻克了羅田、浠水，於清泉寺稱帝，建立「天完」農民政權，改元「治平」。後實力壯大，席捲東南數省，割據一方達十一年。明朝末年的一六四一年，一直駐紮在大別山區的農民軍馬守應等為了與張獻忠合為一股勢力，與多雲（天堂寨又名「多雲山」）巡檢孫大奇十萬軍隊周旋於天堂寨。一六四六年，致仕還鄉的羅田籍官員王鼎組織地方勢力開展反清鬥爭，後被永曆帝冊封為兵部尚書，總督鳳陽的義軍，把天堂寨作為指揮核心，率領義軍在湖北、河南、安徽三省交界地帶約十多個州縣堅持抗清長達四五年之久，天堂寨因此在當時具有較大的影響力。一七五二年，天堂寨地區又爆發了由農民馬朝柱組織起來的白蓮教起義，一時驚動湖廣地區。一八五九至一八六四年間，正是太平天國運動轟轟烈烈的時期，天堂寨作為戰略要地，成為太平軍勢力與清軍、民團勢力都力圖爭奪的對象，時任湖廣總督胡林翼評價道：「內可固鄂，外可圖皖，大力經營，守備完固，則平時有藜藿不採之威，臨時得高屋建瓴之勢，中樞獨運，妙利無窮。」新民主主義

大別山｜邱亞林攝

革命時期，大別山地區誕生了偉大的中國工農紅軍第四方面軍，鋼鐵男兒在中國風雨飄搖之際挺身而出，拋灑滿腔熱血。近代中國歷史上眾多革命鬥爭都發生在這塊紅色的土地上——從黃麻起義、新四軍中原突圍，到劉鄧大軍千里躍進大別山、團風渡江首役，等等。革命戰爭年代，「銅鑼一響，四十八萬，男將打仗，女將送飯」，「劉鄧大軍千里挺進，老區群眾傾情支援」，大別山地區的英雄兒女為民族解放做出了不可磨滅的貢獻。一九四七年劉鄧大軍千里躍進大別山，揭開了人民解放軍戰略進攻的序幕。這片紅色土地上孕育了一代風雲人物，有董必武、陳潭秋、包惠僧三位中共一大代表，董必武、李先念兩位國家主席，王樹聲、韓先楚等二百多名開國將帥。

大別山是文化聖地。「惟楚有材，鄂東為最。」黃岡位於大別山區，在長達兩千年的歷史中，大師輩出，更是著名的禹王文化發祥地。自隋唐科舉開始，黃岡重教興學之風興盛。歷史上的黃岡是湖北省的科舉重地，有四狀元、五探花、六宰相的說法。相關史籍顯示，自隋唐科舉制度產生以來，黃岡籍的科舉進士、舉人人數達到了湖北省進士、舉人總數的五分之一左右。古往今來，長盛不衰的人才資源，使大別山區積澱了深厚的歷史文化底蘊，吸引了名賢士人如李白、杜牧、李贄、蘇軾、王禹偁等在此留下了大量的詩文作品。北宋文學家蘇東坡最為著名的詞作《念奴嬌・赤壁懷古》、前後《赤壁賦》以及《黃州八詩》等，正是創作於其貶謫黃州之時，表現了他人生失意，但是生活態度卻依然樂觀而積極的可貴精神。這裡是發明家畢昇以及著名科學家李四光、彭桓武的故鄉。禪宗祖庭五祖寺、四祖寺、老祖寺，成就了佛教禪宗四祖道信、五祖弘忍一代大德高僧，將佛法禪理遠播四海八方。這裡走出了李時

珍、楊濟泰、萬密齋、龐安時四位鄂東名醫。近現代大別山還產生了一大批文藝、學術界的傑出人物如文學評論家胡風，愛國詩人聞一多，語言文字學家黃侃，文學翻譯家葉君健，作家廢名、秦兆陽，經濟學家、《資本論》翻譯者王亞南，哲學家熊十力、徐復觀、湯用彤，教育家馬哲民等。改革開放之後，大別山地區憑藉「高成才率」「國際奧賽摘金奪銀」「黃岡教輔資料」三大現象級教育特色，在全國範圍內頗具影響力。

大別山是綠色聖地。大別山地區多高山密林，境內千米以上的高峰二十五座，天堂寨最高峰是大別山主峰之一，是江淮分水嶺，氣候宜人，景色絕美。其間雄關漫道、崇山峻嶺、茂林修竹、龍潭飛瀑、奇松怪石頗多，雄偉壯觀，大氣磅礴。這裡生態環境良好，森林覆蓋率超過七成，是華中地區重要的生物基因庫，更是國家重要的生態功能保護區，被稱為「華東最後一片原始森林」「植物的王國」「花的海洋」「杜鵑之鄉」「板栗之鄉」「蠶桑之鄉」「甜柿之鄉」「茯苓之鄉」「茶葉之鄉」「菊花之鄉」，等等。今日，以綠色產業為主的特色產業蓬勃興起，綠色產品暢銷海內外，大別山的綠水青山，成為百姓致富的「金山銀山」。

　　縹緲高台起暮秋，壯心無奈忽同遊。水從霄漢分荊楚，山盡中原見豫州。
　　明月三更誰共醉？朔風初動不堪留。朝來雲雨千峰閉，恍惚仙人在上頭。

　　　　　　　　　　　　　　　　——（明）李贄《宿天台頂》

訪將帥故里，看麻城杜鵑，賞天堂美景，拜禪宗祖庭，品東坡赤壁。多情大別山，風流天下傳！

紅安天台山

天台山地處鄂豫兩省之交的著名的「中國第一將軍縣」紅安縣境內，為國家 4A 級旅遊景區、國家森林公園、世界地質公園，總面積一二○平方公里，距離武漢市一一○公里。

天台山有著連綿的群山、縱橫的溝谷、豐富的植被，春日櫻花爛漫，秋季落紅繽紛，森林植被的覆蓋率在百分之九十五以上，是珍稀的植物寶庫，也是野生動物們的樂園。景區氣候溫和，降雨量充沛，長年平均氣溫在十二度至十四度，是人們理想的避暑休閒勝地。天台山景區由主峰、九焰山古兵寨、愛河風情谷、對天河漂流區、香山湖、天台鎮六個部分組成，是距武漢市百公里左右的生態性完好，且氣候宜人、功能齊全的著名旅遊度假區。

天台山的主峰因「山形類台、巧若天造」而享名，其山似一個巨大的台階拔地而起，筆直地插入蒼穹。峰頂有伯台、仲台、叔台、小台四台；告天爐、撫松岩、了心關、賓陽壁、留月岩、坐忘台、臥龍洞、作霖池、抱奇窟、披雲峰十景。

天台山是紅安的文山。明朝萬曆年間的戶部尚書耿定向就曾歸隱此山，並建立天台書院，廣收門徒，講經論道，引得當時眾多的文人墨客慕名而來，並留下不少不朽的詩文。明末著名的文學家、思想家李贄，從萬曆八年（1580 年）至萬曆十二年（1584 年）定居於此山。「朝來云

雨千峰閉，恍惚仙人在上頭」，便是當年李贄讚美天台山的詩句。同時代的焦泓是萬曆十七年（1589 年）的狀元，當年拜耿定向為師，並長年求學於天台書院。他在金榜題名後，曾帶領六位弟子重訪天台山，並寫下「盡將雙腳壓崔嵬，下視青天萬里開；飛騰莫訝不知險，曾踏羊腸百折來」的豪邁詩句。

　　天台山佛源悠久，香火旺盛。據學者考證，佛教八大宗之一天台宗的創始人智者大師，九歲出家於天台山北邊的淨居寺，十六歲便赴浙江的天台山講佛傳法，後自成為天台一宗。晚年的智者大師，在全國倡導並修建了三十六座「赤城寺」，麻城的天台山赤城寺便是其中的一座。天台寺禪樂藝術團於二〇〇九年正式組建，成員均為此寺的僧尼。如今，天台禪樂已成為天台寺的一大特色，並逐漸成為國內佛教界的大品牌之一。

　　而身處大別山地區的天台山亦是紅色聖山，一九三四年十月，紅四方面軍在經歷第五次反圍剿失敗後，主力部隊被迫西征，一批幹部婦女及傷員轉移到了天台山林區，當時鄂豫皖省委機關就設於對天河村的劉家灣。一九三五年春，時任湖北省委書記沈澤民同志病逝在這裡，當年老百姓救助過他的山洞，至今仍保留完好。

十月天台山印象｜鐘家材攝

麻城龜峰山

「人間四月天，麻城看杜鵑。」龜峰山因杜鵑而聞名天下，地處於麻城市旁的東部山區，距麻城市中心二十八公里，車程不到一小時，是一個集國家 4A 級旅遊景區、世界地質公園、省級旅遊度假區於一體的著名風景勝地。龜峰山主要由奇特的龜頭、雄偉的龜背和生動逼真的龜尾等九座山峰而組成，全長十六公里，寬七公里，最高海拔一三二〇米。龜峰山因其山體酷似一隻昂頭吞日的巨型神龜而得名，被世人稱為世界地質奇蹟，贊為「天下第一龜」。二〇一六年十月，該景區通過國家 5A 級旅遊景區景觀質量評審，加入創 5A 行列。

麻城地區的杜鵑花品種主要為紅杜鵑這一種，別名「映山紅」，是原生態的古杜鵑花。龜峰山上有世界規模最大、年代最古老的映山紅群落，這裡的古杜鵑群落布局最集中、保存最完好，整個的連片面積達十萬多畝，生長週期逾百萬餘年，其面積之大、年代之久、密度之高、保存之好、花色之美，屬中國一絕、世界罕見。最大的一珠「杜鵑花王」樹齡高達三百多歲，次生枝幹有五十六枝，每枝幹莖在六至十釐米的範圍之間，樹冠冠徑長達六米，覆蓋面積達三十五平方米，龜峰山因此被譽為「世界杜鵑園」。基於此，上海大世界基尼斯總部授予龜峰山「面積最大的古杜鵑群落」證書。國際著名杜鵑研究專家、中國科學院昆明植物研究所研究員、博士生導師兼中國杜鵑花協會副理事長管開云教授由衷地發出了讚歎：「麻城杜鵑甲天下。」中國花卉協會二〇一一年授予麻城「中國映山紅第一城」美譽。麻城市政府為了延長賞花期，在龜峰山上投入資金，建設了世界上最大的杜鵑博覽園，擁有「三個世界第一」：園內杜鵑盆景數量、規模、品種、品質世界第一；杜鵑栽培技術和嫁接

技術世界第一；園內小葉杜鵑基因品種世界第一。

　　龜峰山生態環境優良，景色秀麗。一時晴空萬里，陽光明媚；一時雲海無際，霧繞群山。龜峰山的山形十分奇特，瑰麗多姿，幽山翠谷，好似樓閣互相照映，萬千氣象，變化莫測。龜峰山的山石也是一奇，山上的花崗岩在長時間的物理風化和地理運動的作用下，顯得更加瑰麗險峻、雄渾蒼勁、粗獷奇偉、渾然天成，可謂鬼斧之神工。行人在登山路上，可以觀龜峰奇石，感受其峰迴路轉並引出萬千聯想。龜峰山的主要景點有杜鵑花海、杜鵑花王、神龜映日、天梭石、孔雀松、能仁寺、如意泉、望兒石、觀音殿、棋盤石、雲峰亭等。董必武於一九五八年視察龜峰山，並題詩一首：「昔日游擊地，今為產茶區。龜峰名久著，牯嶺德不孤。爛漫紅花勝，蒙茸綠草鋪。此山藏寶物，前進莫躊躇。」

龜峰傲雪｜邱東旭攝

羅田天堂寨

天堂寨古稱「衡山」，又名「多雲山」，是大別山脈主峰，海拔一七二九米，北接安徽，東臨英山。羅田天堂寨是國家 4A 級旅遊景區、國家森林公園、國家級自然保護區、世界地質公園。

天堂寨自古便是兵家必爭之地，戰略地位重要，古代帝王常駕臨於此，文人士大夫也多來此遊覽登高。春秋戰國，五霸爭雄，天堂寨號稱「吳楚東南第一關」。南宋末，程倫建天堂寨作為抵抗元軍的軍事防禦要塞。元朝末年，布販徐壽輝聚集僧人彭瑩等人開展反元鬥爭，重新修建天堂寨作為據點。近現代，天堂寨是鄂豫皖革命根據地的核心地帶。紅軍北上抗日後，大別山依舊高揚革命鬥爭的旗幟，大別山地區民眾一直堅持游擊戰爭。一九四七年，劉鄧大軍南下挺進大別山，天堂寨重新回到了人民的懷抱。一九四八年劉鄧總部轉入九資河，三月陳錫聯、閻紅顏等主持召開九資河會議，研究堅持大別山根據地的戰略部署。不同時期的人民英勇鬥爭的歷史在天堂寨留下了多處歷史遺址，斑駁的古遺址與天堂寨的自然景觀交織在一起，增添了這裡的歷史底蘊與人文內涵。「岩石古寨插雲間，吳楚東南第一關」「茲山獨儲英，群雄出其間」，這些詩句所描述的便是大別山往日的風雲。

如今，天堂寨已成為著名的旅遊勝地。景區占地面積四十五平方公里，包括神仙谷、哲人峰、大別山主峰、小華山、天堂瀑布、天堂峽谷主要線路在內的大小景點三百餘處。天堂寨最高峰位於天堂頂，北望是中原腹地，南眺則為荊楚大地，莽莽群山，連成一片。再近看四周之地，筆架山、九資河景色秀麗，旖旎蜿蜒。風起之時，林海隨風擺動，如同一排壓過一排的海浪，聲勢浩大；耳間籟籟林響，也是一陣蓋過一

陣。天堂寨日出是來此不可錯過的壯景。選一個晴好的時日，天將明未明，看紅霞氤氳、雲氣蒸騰，天邊一點一點變白變亮，然後從中折射出耀眼的光芒，看紅撲撲的太陽初升，萬種感慨湧動心頭，不由感慨這雄渾壯闊的美景。

天堂的美景是造物的千般雕琢、萬般變化，「山、石、泉、水、雲、松、瀑、霧」是天堂寨的八絕奇觀。群山撐起著浮雲，浮雲掩映著山巔，群山巍峨磅礴，雲霧輕柔曼妙，交織出一片詩情畫意。黃山松筆挺健碩、精神抖擻；奇石怪峰惟妙惟肖、造型獨特；杜鵑花、紅楓樹、針闊葉混交林、天然次生林等，襯托出天堂寨的色彩絢麗多姿；厚厚的高山草甸打造出一望無際的原野風采；還有那堅韌不拔、英姿颯爽的竹林等，眾多元素交織在一起，組合成花的海洋、動植物的天堂。

天堂寨風光｜方華國攝

「踏遍黃峨岱與盧，唯有天堂水最佳。」飛瀑龍潭在天堂寨眾多景觀中最具遊覽價值，百分之九十五的森林覆蓋率，蓄積了充沛的水資源。天堂寨年平均降水量一三五〇毫米，滋養了數量可觀的珍貴動植物在這裡生長繁衍，它是中國七大自然基因庫之一，更是華中這片土地上最後的原始森林。天堂寨神仙谷峽谷深邃，水流清澈，沉岩渾圓，沿岸峰巒現青翠之色。漫遊谷中，巨石橫布，龍潭珠連。來此，遊客可以收穫「一腳踏兩省，兩眼望江淮」的奇妙體驗。

羅田薄刀峰

薄刀峰原名「鶴皋峰」，位於大別山主峰西南的鄂皖交界處，最高海拔一四〇八點二米，是鄂東著名的避暑勝地，為國家 4A 級旅遊景區、世界地質公園。古人因為這裡時常可見白鶴來此，所以取《詩經》「鶴鳴九皋，聲聞於天」之句為此處命名。後來又更名「薄刀峰」，原因是主峰下有臥龍崗，狀如游龍，脊似薄刀，多生奇松怪石。

「吳楚遊獵絕險處。」薄刀峰植被茂盛，綠樹成蔭，景緻秀麗，境內各種珍稀植物有二百多種，珍稀動物一百多種，原始森林面積二萬多畝。薄刀峰歷史文化悠久，有「橫截東西、建瓴南北」的記載，因此留下了眾多歷史遺跡，如三國時期的頭至六垸駐軍屯落，魏晉南北朝時巴水蠻田氏侵奪江淮富豪而留下的爵王主廟，南宋岳飛抗金留下的銅鑼險關和高僧季卜、陳謨籌建的獨尊古寺。這裡有元末明初徐壽輝起義聚集之地鶴皋寨、五垸寨，有清咸豐四年（1854 年）太平軍的紅巾寨，更有近代軍閥混戰、紅軍轉戰鄂皖、劉鄧大軍鏖戰大別山留下的獻旗嶺、搖旗崗、歇馬亭、紅軍洞、就義場等遺跡遺址。

鶴皋亭。為薄刀峰主峰最高處，傳說該亭為王母仙遊四方之時命一眾仙女所建，後世一直作為軍事瞭望所，屢毀屢建，到晚清還保留著五層六方四窗八角的樣式，亭上題寫有對聯，書曰：「峰上亭、亭下峰，亭峰皆立眾峰中，峰威千古、亭威千古；山外水、水內山，山水盡收孤山前，山秀萬年、水秀萬年。」鶴皋亭在「文化大革命」時期遭到破壞，目前所見亭台為二十世紀八〇年代修繕而成的仿古圓形亭榭，供遊客休憩娛樂。

　　臥龍崗。它是薄刀峰位於主峰與錫鍋頂兩地之間的重要景點，屬太古界前震旦系變質岩系岩漿岩發育而成，形狀好似蒼龍盤亙在山中。國民黨將領馮玉祥部曾在這裡打敗軍閥吳佩孚餘部李老木匪軍，紅軍曾經於此與敵軍周旋，劉鄧大軍曾經以此為進攻之憑藉。此處有天梯、英雄關、美人關、天子關、孔雀松等大大小小景觀二十餘處，留下「天下名山臥龍崗，三步一景汗浸裳」的美譽。

　　神奇天池。臥龍崗前面有一亂石崗，亂石崗中的一處山脊之上，可見高度約為五米、直徑約為四米的橢圓形石頭。一座古式石浴盆正坐落在石頭之上，即為天池。天池附近矗立著兩棵翠綠挺拔的黃山松，援樹上去能夠走進天池，相傳此地乃是王母娘娘的沐浴之所。現在兩棵松樹因得聖水的滋養，枝葉愈發繁茂，甚至超出了石頂。而石頂端的浴盆，惟妙惟肖，無論四時如何變幻，始終有清泉流淌。

　　錫鍋頂。位於臥龍崗的山後，主體為一塊巨大的白色花崗石，形狀呈圓形，一百餘人在場地上活動都綽綽有餘。從遠處遙望此地，如同扣於群山頂上的一個巨大的鍋。在古代，金、銀、銅、鐵、錫等金屬對於普

通百姓來說都十分珍貴，而且當地的習俗是用錫鍋釀酒，所以將此地取名「錫鍋頂」，這寄託著人們祈求上蒼賜福、年年有餘的美好願望。還有一種說法是清代翰林院編修周錫恩應試時，宗師大人曾以羅田釀酒之題試其才智，曰：「竹籠蒸開天地眼。」周錫恩聽後深知其用意，因此應答：「錫鍋煮出汗（翰）淋（林）來。」宗師大人及皇帝聽後十分高興，遂有封賜，其石故有此名。

英山大別山主峰

英山大別山主峰景區位於大別山南麓英山縣境內，是國家 4A 級旅遊景區、國家級森林公園、世界地質公園、中國森林「氧吧」，總面積三十點二平方公里。風景區旅遊資源十分豐富，主要由中原第一山——大別山主峰天堂寨、華中第一谷——龍潭河谷、武當南宗發源地——南武當、大別山佛教聖地——石鼓神廟、大別山最大書院——龍潭書院、中國傳統村落——大河沖和激情親水地——龍潭峽漂流七大特色景區構成。

大別山主峰天堂寨，海拔一七二九點一三米，地跨湖北、安徽兩省三縣，被稱為「中原第一山」。登上天堂寨峰頂，層巒疊嶂，蔚為壯觀，江淮景緻一覽無餘。於天堂賞旭日，於雲海賞飛瀑，千種風情，萬般變化；多雲九井、大別神龜、古戰場遺址遺跡，睹物興懷；莽莽森林，幽幽曠野，置身其中，神清氣爽。

華中第一谷龍潭河谷，「山因水秀，河緣瀑美」。龍潭河谷兼具「奇、險、幽、秀」的特點。九潭十八瀑，精妙絕倫。急流拍岸，迸發萬道珠光；瀑瀉深壑，如蒼龍臨淵；奇峰異石，如斧劈刀削。

武當南宗發源地南武當是中國著名的道教聖地、武當南宗發源地、中國武當武術基地之一。五殿合一的武聖宮於二十一世紀初復建。道觀宮殿獨具皇家園林風格，氣勢恢宏。宮殿群之後即為老君峰，其下有九條龍脈與大別山主峰相連接，又有案山五重，蒼莽迂迴，和可容納萬餘人的太極廣場構成一個整體，寓意「九五」之尊，彰顯人文底蘊。雲外仙都之三丰殿，是中國僅有的一個供奉武當內家拳祖師張三丰的宮觀。

佛教聖地石鼓神廟在明末開始興建，至清代達到鼎盛。石鼓為大別山鎮山之石。鼓底有「石鼓洞」，用石頭敲打石鼓，鼓聲響震四方八面。神廟四重宮闕依據地形和山勢變化，建築紋飾精美，巧妙靈秀，與石鼓岩下石廟渾然融為一體，真是造化神奇。

大別山龍潭書院坐落於龍潭河谷之上、大河沖村村口，占地面積七十畝，是大別山中最大的書院建築。書院中有藏書樓、禪修堂、拜師殿、講壇、冥想中心等多個功能性建築，是全國書院中的後起之秀。

大別山主峰｜章衛軍攝

南武當｜章衛軍攝

　　大河沖村是一個處於山間盆地中的傳統村落，濃厚的鄉土風俗使這裡有「世外桃源」之稱。這裡有著最為質樸的建築群落和最典型的田園風光，村民保留著最傳統的習慣習俗和耕作方式，因此有豐富的資源和突出的特色來發展以鄉村民俗、生態農業為主題的旅遊觀光活動。二〇一四年，大河沖村入選「中國傳統村落」。

　　龍潭峽漂流位於龍潭河谷下游，全長二點五公里，海拔落差近一百米。兩岸青山對峙，蒼莽疊翠，峽谷曲折幽深，盪舟飛瀑流泉，與浪共舞，怡然自得。

　　這裡是一片聖潔的紅色熱土，是劉伯承、徐向前、徐海東、張體學、皮定均等老一輩無產階級革命家曾經戰鬥過的地方，劉鄧大軍克服千難萬險、千里挺進大別山區的故事就發生在這裡。

英山大別山主峰風景區主要觀光點包括山色、河流、原始森林等。既有「峰、林、潭、瀑」的自然景緻，又有宗教、民俗、歷史、農藝等人文景觀；景色清新秀美，人文底蘊豐富，交通便捷快速，距武漢車程不超過三小時，因此常常吸引著大量遊客來此遊覽觀光。

英山桃花沖

桃花沖位於鄂東的英山縣，不僅是畢昇故里，而且還是國家 4A 級旅遊景區、國家森林公園、紅二十八軍曾經的根據地。桃花沖主要包括山岳地貌、原始森林兩種景觀類型，大別山的次主峰大同尖就聳立於桃花沖範圍內。境內有重巒疊翠，有古木山花，有激流飛瀑，有溪水潺潺；

春滿桃花溪，悠悠清泉水｜張新安攝

七七四十九座山峰，青山疊嶂，峰峰相扣，嶺嶺相連，猶如一朵盛開的桃花鑲嵌在大別山上。大自然的神奇造就了這裡「一門、兩坎、三嶺、四石、五尖、六潭、七灣、八亭、九松、十景」等近百餘個旅遊點。

風景區植被覆蓋，空氣潔淨宜人，常常吸引人們前來避暑、養生及娛樂休閒。陽春三月，萬頃新綠，姹紫嫣紅，桃花、櫻花、杜鵑花等競相開放，花香醉人，花海如潮；炎炎夏日，林蔭蔽地，涼風送爽，果香四溢；秋季天高雲淡，紅葉滿山，色染層巒；冬季萬物凋零，而風度猶存。春華秋實，飽覽四時美景之妙；朝暉夕陽，極盡晨昏變化之妍，令人歎為觀止。

美麗的十里桃花溪景點眾多，仙女潭、淨心潭、桃花潭、小石潭，潭潭清碧；九龍瀑、赤練瀑、鴛鴦瀑、柳舞瀑，瀑瀑高懸。九龍瀑上下落差高達十八米，中間又分成三級，衝撞成九股激流，形成九龍搶珠之勢。仙女潭水質清澈，深有三十餘米，潭底有一股暗流水順著暗流向下游。一路向上攀登，觀賞山光水色，體味鳥語蝶舞，好像自己已然成為自然的一個部分。

秋季，鴛鴦瀑山坡上長滿了猩紅的雞爪槭，株株撐起的大紅傘高大挺立者如旌旗飄揚，纖細娟秀者若燃燒的火焰；片片樹葉狀如雞爪，殷紅透亮，色彩鮮豔，絢麗如霞，落在小溪中，飄零於土地上、樹頂端，山間浸染成一片紅色，小溪陶醉後唱起山歌，小潭倒映山間的紅色，也成為一片熱烈的紅色海洋。

桃花瀑高達二十餘米，飛流直下，水珠飛濺，靠近時水氣迎面拂來，絲絲涼意沁人心脾。在天氣晴朗的上午或雪後初晴的冬季，太陽光直射

在瀑布上，映出一道亮麗的彩虹，置身其中，如夢似仙。

吳楚古長城東起大旗嶺，嶺上屹立著一塊「革命歷史紀念碑」，屬於大別山區紀念碑中海拔之最；西至雞籠尖旁，此處傲立著「世紀曙光烽火台」。全長三公里，沿途還有望江亭、好漢坡、昭關、懷英亭、紅軍醫院等景觀。

一九三二年至一九三八年，紅二十八軍在大別山堅持游擊戰爭，參加大小戰爭二百多次，平均每四天就有一仗，桃花沖是鄂豫皖紅軍堅持革命鬥爭的中心駐地。當時，大別山區的革命力量既無糧草供應，又無外部援兵，並且與黨中央失去了聯絡，正是在這樣艱難的情況下，高敬亭、何耀榜率領紅二十八軍高舉軍旗，在鄂豫皖邊區人民群眾的支持幫助下，在桃花沖設立「山林醫院」，救治革命紅軍，堅持了堅苦卓絕的三年游擊戰爭。

大竹園軍事會議遺址。一九四六年七月，張體學率鄂東獨立二旅實現中原突圍以後，在桃花沖一帶繼續開展靈活機動的游擊戰，其間在大竹園先後舉行了多次會議，後來刻下「大別山主峰」五個大字在桃花沖主峰、大別山第二峰大同尖的巨石上，字跡至今還可辨認。

桃花沖有著多樣的動植物資源，境內森林面積廣闊，大別山區全部的生物物種和植被類型都可以在這裡找到。麒麟溝五千多畝原始次生林，集維管束植物一一〇〇多種。森林群落中分布有一大批古老孑遺植物和珍稀物種，如大別山五針松、金錢松、銀杏、水杉、香果、青檀、天女花、鵝掌楸等；盛產天麻、杜仲、厚朴、三七、石斛、麝香、桔梗等一百多種名貴藥材；獸類有金錢豹、香獐、果子狸、水獺、小靈貓、野豬

等三十多種；鳥類有錦雞、長尾雉、鷹、鶴等七十多種。因此人們稱其為「珍稀動物避難所」「野生植物大花園」「名貴藥材庫」「昆蟲大世界」。

目前，桃花沖景區正按照「一心兩網五區」規劃，建設集生態觀光休閒、感悟紅色歷史、感受歷史氛圍於一體的綜合生態人文旅遊區。所謂「一心」指以妙蓮崗、八里排這些海拔超過八五〇米的山地為中心，集中興建一批四星級度假賓館，打造遊客集散接待中心。「兩網」指以麒麟溝萬畝原始森林、紅二十八軍根據地為中心，在原始森林中設計開展步道探險、紅色步道體驗活動。「五區」則是指包括麒麟溝原始森林探險區、妙蓮崗避暑休閒度假區、桃花溪生態觀光區、妙蓮寺佛教朝聖區、小旗嶺紅色旅遊區在內的五個特色旅遊區。

> 輕帆搖蕩客心開，漸覺移來尺幅間。晴態倦時呈雨態，雲鬟媚盡露煙鬟。
>
> 都堪下拜無頑石，便不知名亦好山。覓句十年無著處，卻從此地載詩還。
>
> ——（清）李漁《英山道中》

浠水三角山

三角山屬湖北浠水縣，地處大別山的南麓，因其三柱奇峰形似獸角，突兀於蒼穹之間而得名，為國家 4A 級旅遊景區。三角山方圓六十四平方公里，大小山峰有二十八座，其主峰的海拔一〇五五米，素有黃州府「筆

架山」之稱，以雄、奇、幽、秀而聞名。

三角山風景區自然景觀奇特，這裡層巒疊嶂、高峻險要、怪石嶙峋、石洞奇絕，觀賞、遊憩價值高，有可供遊覽景點一百多處。三角山不僅自然景觀奇特秀美，而且人文底蘊豐厚，具有較高的歷史文化開發價值。歷代不少名人，如李白、杜甫、蘇軾、歐陽修、陸羽、李時珍、吳承恩、乾隆皇帝、鄭板橋等都來過此山，並給後人留下了許多不朽的詩篇、遺跡等，使得其人文景觀更加多彩絢麗。

宗教文化深厚是三角山的特色之一，這裡的佛道文化氛圍十分濃厚。自唐代的慈應祖師在此開山建寺以來，三角山的佛教文化距今已有一三七〇多年的歷史。三角山的名山與古寺交相輝映，自然與人文景觀相融。據史志記載，三角山在興盛時期曾有「三十六寺廟，七十二庵觀」「三千和尚，八百道人」的景象。

浠水三角山｜陳新年攝

自古以來，三角山因其地勢險要，成為歷代兵家必爭之地，也是農民起義軍征戰的主要軍事據點。許多著名的起義軍將領，如黃巢、徐壽輝、李自成、陳玉成等都在此征戰過，並留下了頗具規模的戰爭遺址和山寨遺址。

　　在革命戰爭年代，三角山作為鄂豫皖蘇區的核心地區及重要的革命根據地，見證了中國共產黨領導的紅四軍、紅十五軍、紅二十八軍、新四軍五師與劉鄧大軍轉戰大別山的歷史時刻。革命前輩徐向前、李先念、高敬亭、劉伯承、張體學等曾先後在此浴血奮戰，留下了光輝的革命足跡。三角山已被列為省級愛國主義教育基地，是愛國教育和革命教育的重要場所之一。

　　茂密的森林、獨特的氣候、怡人的環境是三角山風景區得天獨厚的旅遊資源。這裡森林茂密，林木蔥鬱，松青竹翠，古樹參天。景區的夏季平均氣溫最高只有 26℃，空氣中的負氧離子含量高，溪水中含有人體所需的多種微量元素，這些優良的環境使得三角山成為最適宜旅遊避暑和休閒療養的目的地之一。這裡地處鄂東中心，交通便利，區位條件優越，是理想的休閒度假地。

武穴匡山

　　匡山（橫崗山）旅遊風景區，地處湖北省武穴市北部，位於長江北岸，與湖北的蘄春、黃梅兩縣交界，其景區內最高峰海拔一〇六四點五米。

　　匡山旅遊風景區由一個林場、二座水庫、十七個村落組成，面積九十

二點一八平方公里。景區通過「靈聖匡山、廣濟天下」的形象定位，運用「一湖托三山」（荊梅湖濱休閒度假區、橫崗山宗教朝聖旅遊區、層峰山山地動感旅遊區、一尖山文化養生旅遊區）、「四位融於一體」（宗教朝聖、文化體驗、度假養生、生態農業）的創新理念，力圖打造成為武漢旅遊圈、大別山地區旅遊圈和長江中下游城市圈中最知名的旅遊地，並最終將其建設成為國內一流、國際享名的中國經典旅遊名山和國家 5A 級旅遊風景勝地。

匡山旅遊風景區修竹茂密，鬱鬱蔥蔥，渾然天成的雲海、霧海、林海、竹海相互融合，是一處「能看海的山」。「橫崗聳翠」「東衝積雪」等奇觀在清代就被列入「廣濟十景」。匡山地處中緯度地區，屬於北亞熱帶季風性氣候，季節分明，春暖夏涼，宜遊宜居。景區中的野生動植物資源豐富，據專家統計，植物共有一六六科五五一種，其中木本植物有

橫崗山旅遊風景區｜田興斌攝

六十三科一三四屬二一六種；陸生脊椎動物四綱十七目一四三種。

　　匡山風景區歷史文化底蘊深厚、人文鼎盛。自隋唐開山以來，寺觀林立，佛道共濟，交相輝映。據史書記載，在隋唐就有寺廟十餘座，塔室殿廂七十餘間，僧眾二百多人。一代高僧、禪宗四祖道信大師就誕生於此，並待在橫崗山卓錫七年之久；當代的佛教泰斗本煥大師為匡山親手寫下了「中國禪宗源道信」。景區裡還存有南北朝的遺址，是當時的文學家、詩人、參軍鮑照的讀書檯，鮑照的文風上承秦漢，下啟唐宋，對後世影響深遠。從武穴青蒿地區走出的南宋抗蒙名將余玠，以山城防禦的工事抗擊蒙古軍隊進攻，以少而勝多，屢獲大捷，創造了軍事史上的奇蹟。同從武穴百園走出的清代名醫楊際泰，在彙集了家傳醫學經驗和三十餘年臨床實踐後，撰成了著名的《醫學述要》，並發明了治療鴉片毒癮的良方，名噪醫壇。歷代文人巨匠，如李白、杜甫、白居易、徐霞客、李時珍、吳承恩、金德嘉等也都到此遊歷並留下詩篇。同時，景區至今還保留著許多戰爭遺址，包括太平天國留下的許多古城牆、城堡等。

　　匡山旅遊風景區已納入黃岡整體旅遊發展規劃之中。「橫崗突兀九蟠龍，雲霧交參隱現中」的匡山以其靈秀的風姿誠邀四海來客，笑迎八方賓朋，共賞「朝觀旭日東昇、暮觀落日彩霞、晴觀長江玉帶、雨觀松海竹林」的美麗景觀。

第五節・鄂中綠林，大洪之幽

大洪山風景區位於湖北省中北部，是省內唯一一座獨立的內山。其西臨襄（陽）鐘（祥）山川谷地，東接溳水河谷丘陵，南連江漢水網平原，北邊與桐柏山遙相呼應，橫跨隨州、荊門兩地，方圓三〇五平方公里。

概說大洪山

大洪山地處湖北省中北部，是東西走向的山脈，在秦嶺、大巴山、大別山交界處，地勢處於第二、第三階梯的分界線上，由西向東呈三角形，綿亙五個市縣區：宜城、棗陽、鍾祥、京山、安陸，為中原之樞。一九八八年，國務院將隨州市、荊門市的京山、鍾祥這三地交界的三〇五平方公里範圍的大洪山區域，批准為第二批國家重點風景名勝區，其中隨州市境內一二七平方公里，在三地中面積最廣。

位於大洪山南麓的綠林山，因中國歷史上著名的第二次農民大起義綠林起義的發生而得名，亦是東漢開國君主劉秀的發祥地。「綠林好漢」一詞正是起源於此。加之大洪山優良的生態環境，所以這裡被稱為「鄂中綠林」。

萬山層疊、群峰競拔、縱橫溝壑、林海茫茫是大洪山的特色，其山峰海拔多在八百米以上，一千米以上的有九座，最高峰是隨州境內的寶珠峰，海拔一〇五五米，被譽為「楚北天空第一峰」。大洪山主峰絕對高度

雖不高，但其與江漢平原、溳水河谷平原的相對高度已超過一千米，時人有「登大洪山而小湖北」的感慨。

泉水潺潺的大洪山山峰秀麗，河溪密布，水質優良，湖泊眾多，景區內有四十二湖、九十九泉、五十三溪、三河、十瀑。位於寶珠峰頂、海拔一千米的黃龍池和海拔八四〇米的白龍池，無論乾旱多久都永不枯竭，是一道奇特的景觀。

景區氣候溫和，冬暖夏涼，四季分明，十分宜居，具有「一山分四季，十里不同天」的特點。由於空氣中富含負氧離子，被人們譽為「天然氧吧」。大洪山史稱「蒼松翠柏長生地，綠水青山古洞天」。大洪山同時擁有保存完好的原始次森林，包括以千年銀杏王為代表的全國最大的古銀杏群落和以對節白蠟、青檀、楠木等為代表的珍稀樹種。珍稀動物有娃娃魚、金錢龜、黃腿白鷺等。與此同時，大洪山已成為全國香菇、木耳的主要產地之一，也是金頭蜈蚣的重要天然產地。

大洪山的佛教氛圍十分濃厚，是佛教南禪宗曹洞宗的發祥地。唐宋便成為佛教聖地，歷代帝王多有賜名，佛法遠傳日本、東南亞等地，在佛教界中享有盛譽。據《大洪山志》中的記載，大洪山山連山山山相連，洪山寺寺接寺寺寺銜接，除洪山寺上院（靈峰寺）和下院（萬壽禪院）外，自唐代以後，歷朝在以主峰（寶珠峰）為中心的大洪山崇山峻嶺中

大洪山景區｜范筱明攝

陸續建有二十六座寺廟，「精舍狀觀天下」，信士香客絡繹不絕，晨鐘暮鼓此起彼落，為佛教聖地之一。

大洪山位居荊豫要衝、漢襄咽喉，地理位置優越，交通便捷，集自然、人文、歷史、藝術於一體，有著多處世界知名的考古發現，歷史文化豐厚。二〇一四年，大洪山風景區獲評國家 4A 級旅遊景區，先後被命名為「國家重點風景名勝區」「國家森林公園」「全國第四批青少年教育基地」「湖北省地質公園」等。景區所在地長崗鎮先後被評為「國家級生態示範鎮」「全國特色景觀名鎮」「全省生態旅遊示範區」「荊楚最美鄉鎮」「湖北省旅遊名鎮」，大洪山正逐步邁向佛教名山、養生天堂，成為中國優秀旅遊目的地。

寶珠峰

「漢東地闊無雙院，楚北天空第一峰」，這是清代湖廣兵馬道陳維舟在遊覽大洪山的洪山禪寺和主峰寶珠峰時題寫的一副楹聯。

大洪山的主峰是寶珠峰，海拔一〇五五米，氣勢雄偉。山體是由輝綠岩和變質沙礫岩而構成。山頂為三峰連一體，鼓樓峰在東北，鐘樓峰位東南，西北有捨身崖。三峰居中有一泉眼名「黃龍池」，水深三米，是一基岩裂隙泉，水質清澈甘爽，終年不乾涸。古代有一僧人自豪地對路人說：「山高者，莫若我院大；院大者，莫若我山高；山高且院大者，莫若我院中清泉也！」

據清康熙內府所繪的大洪山全圖，山門前有三個巨釜，原山頂修有圍牆。有副對聯這樣描繪道：「門前巨釜烹明月，山外懸鉤釣白龍。」三個

巨釜於一九五八年間被毀，如今在山下的洪山寺院中還保留著一個釜底。

大洪山從唐代至清代一直是佛教聖地，佛教曹洞宗在這裡中興，並將其佛法遠播於海外，成就了「中天佛國」的美譽。鼎盛時期，其山上有殿堂百餘間，閣藏滿經，金光佛像，香火不絕，磬鼓常鳴。明代的名人王鈇在《金剛坡望大洪山寺》中描述道：「捫蘿攀石扣禪關，五月陰寒雪滿山。遙聽雲端簫鼓沸，始知天上有人間。」由此可見當年景象的盛況。清代湖廣兵馬道陳維舟曾題一楹聯曰「漢東地闊無雙院，楚北天空第一峰」，至今此楹聯仍保留在大慈恩寺的地宮中。

洪山寺院在中國歷史上幾興幾落，古建築最後一次毀於清末，寺院僧眾散游。武漢小洪山寶通寺與隨州大洪山大慈恩寺乃是同宗同源、一脈相承。武漢的小洪山原名「東山」。南宋時期，為避金兵，宋理宗將大洪山禪院搬遷至武昌，與東山原有的彌陀寺合為一寺，敕號「崇寧萬壽禪寺」，後改名為「洪山禪寺」，即現今武昌寶通禪寺。東山也改名為「洪山」，為了與隨州市的大洪山區分開來，武昌的「洪山」被稱為「小洪山」。二○○九年，佛門泰斗本煥大師率衣缽弟子印順法師，攜十方檀越發大願，重建慈恩寺於大洪山山巔，再現了唐宋時期佛教「楚山望剎」的景觀，成為華中一流的佛教朝聖目的地。

建成後的大慈恩寺總占地面積四點五萬平方米，建築面積一點二萬平方米。沿中軸線依次建有山門、天王殿、大雄寶殿、藏經閣、佛足閣、金頂等；而中軸線兩邊則建有地藏殿、觀音殿、經堂、客堂等。採取唐式風格設計的大慈恩寺，整體建築氣勢恢宏，是整個華中地區海拔最高、規模最大的高山古寺廟群。

如今，在大慈恩寺除了可聆聽禪理外，更能欣賞到「橫亙西南壓萬峰」「踏破白雲山外山」的景觀。同時這裡還是看雲海、觀日出、賞夕陽、避酷暑的風景勝地，夏季來到這裡，讓人有「江城七月苦炎暉，瀟灑山間夾纊時」之感。

在最高峰寶珠峰周圍，九十九峰似虎、似獅、似龍，連綿起伏，翹首主峰，六十餘處岩山似獸、似禽、似物，百態千姿，已開發的二十七個溶洞，以聲、光、形、色向人們展示著鐘乳林立、色彩絢麗、暗河奔湧、景象非凡的景象，構成了一座人間瑤池。秀美的自然風光加上玄妙的佛教文化，為大洪山營造出了一個天人合一的和諧氛圍，置身其中，猶如品讀博大精深的百科全書，令人心曠神怡。

白龍池

白龍池為大洪山深處的一處高山湖泊，坐落於大洪山寶珠峰、懸鉤岩、筆架山之間，海拔八四〇米，湖面二點〇七萬平方米，水深三米，終年不乾涸，水質優良，為大富水源頭。白龍池被譽為「鄂中瑤池」，時而腰流飛瀑，時而腳吐溫泉，湖光山色，相映成趣。曾樹立在池邊的一碑，刻下了「蒼松翠柏長生地，綠水青山古洞天」字樣，橫額「保佑一方」。

據當地民間傳說，池水「東連大海水，西通嘉陵江」，有條白龍在池中修練成仙。二〇〇六年，經專家組考察認定，白龍池就是火山的噴發口，是全國四大火山口湖之一。其他三池分別為吉林的長白山天池、新疆天山天池、台灣的日月潭。

白龍池周圍群山環抱，地形開闊，植被繁茂，頗有「閑上山來看野水，忽於水底見青山」的意境。風平浪靜之時，悄悄來這裡的朵朵白雲窺視著自己水中的容貌。起風時，湖面碧波粼粼，岸邊搖曳的蘆葦和倒映在水中的山林都紛紛起舞，加上戲水的野鴨與眾鳥的伴唱，使幽邃的山谷馬上活潑了起來，優雅幽靜中又給人勃勃生機之感。如在這裡垂釣，那真有神仙般的樂趣。

這裡還是各種野生動植物的天堂，大洪山茂密的森林資源和適宜的氣候特點，吸引了大量的鳥類遷徙經過、棲息、繁殖。白龍池濕地的野生動植物資源十分豐富，茂盛的水草、寬闊的水域、成群結隊的候鳥構成了這種和諧的生態環境，使其成為鑲嵌在楚北大地上一顆耀眼的明珠。

這裡海拔高程適中，空氣中的濕度相宜，你可以在這裡觀賞到杜鵑花、山桃花、野百合花的倩影，還能品嚐到野生獼猴桃、水芹、虎杖等眾多野生植物的風味，如有口福，還能品嚐到白龍池中鯉魚的鮮味……

綠林山

綠林山風景區為國家 4A 級旅遊景區，是大洪山國家級風景名勝區的核心景區，於一九八八年和張家界、九寨溝同一批經國務院批准為國家級風景區。它位於京山縣北部的綠林鎮、大洪山南麓，景區面積一二○平方公里。這裡因中國歷史上著名的第二次農民大起義「綠林起義」發生於此而得名，也是東漢開國君主劉秀的發祥地，「綠林好漢」一詞正是源於這裡。

被譽為神州第一浪漫漂的鴛鴦溪、秀美賽過九寨溝的人間瑤池美人

谷、天下第一古兵寨、擁有世界一絕石編鐘的地下樂宮空山洞於景區內彙集。美人谷位於綠林鎮東南一公里的萬福河峽谷中，是一個以水為主題的峽谷探秘型生態休閒遊覽區，由一系列奇石、幽洞、深潭、瀑布組成，被譽為「湖北新九寨」。其中由數十個氣勢磅礡的瀑布組成的瀑布群，為我國絕無僅有的驚世奇觀。其中典型的代表美人瀑，從二十六米的直壁山體飛流直下，轟鳴激盪。更有美人潭、美人池、覓芳潭、明代古渠、天橋等景點，山澗流水，風景獨好。綠林山文化厚重，山水旖旎，集觀光、訪古、養生、度假於一體，是華中地區受歡迎的旅遊勝地。

綠林山有著廣闊的原始森林，植被覆蓋率高。其海拔高度適中，夏季年平均氣溫比武漢、荊門等地市區低 5℃以上，空氣中的負氧離子含量較高，是華中地區的「天然氧吧」。其飲用水源來自大洪山深處的白龍池，含豐富的人體所需的鋅、鐵、鈣等礦物質，遠離工業污染，無須加工可直接飲用。因為地處大別山腹地，綠林山景區不僅能夠清心、醒目、怡

京山縣綠林寨──美人谷千工壩

情、休閒度假，還是洗肺、清肺、養肺的天堂。景區更是中國的觀鳥天堂，各種珍奇禽類與人們和諧相處。山上還有豐富的營養價值極高的野生木耳、香菇、板栗，人們在觀賞採摘的同時，還能像陶淵明一樣體驗田園式的牧歌生活。因為綠林山在上古時期為火山活躍地帶，所以當地有大量的天然溫泉，水溫適宜，富含礦物質，是華中地區理想的溫泉療養勝地。同時這裡還是著名的長壽之鄉，百歲以上的高齡老人數量很多。

太子山

太子山地處江漢平原與大洪山南麓的交會處，是國家級森林公園，「中國農谷」核心區的綠色生態屏障。它位於京山縣的西南部，總面積七九三〇公頃，因其森林覆蓋率達百分之八十五，所以被人們譽為鑲嵌在荊楚大地上的一顆璀璨的「綠色明珠」。

太子山因明代嘉靖皇帝年少時曾在此狩獵而得名，景區氣候宜人，自然資源豐富。走進林海浩瀚、綠意盎然、空氣清新、四季如畫的太子山，就能體驗「天然氧吧」的愜意。露營拓展、溶洞探險、森林越野、自然狩獵等活動又給您帶來特色旅遊之趣。

王莽洞是一個神奇的地下探險溶洞。它深達千米，洞中有洞，險中有險，進洞後，或攀岩而上，或貓腰而下，最後還須匍匐而行，天地人間融為一體，令人歎為觀止。

鬼斧神工的石倉雨林，是中南地區喀斯特地貌中獨一無二的原生態景觀，它是「石頭的倉庫、樹木的世界、藤蔓的海洋」，人們在領略「石抱樹，樹抱石」「樹死藤生纏到死，藤死樹生死也纏」的奇景時，往往會感

嘆大自然的神奇。

藏佛洞——隱藏無窮玄機的天然佛洞，因洞內有佛像而得名。洞頂「天眼」時有陽光照入，似靈光顯現，洞頂黃色彼岸花初秋開放，更讓此洞增加了神奇色彩。出洞時驀然回首，便能體會到「人生輪迴、佛仙凡塵突轉」的玄妙。

叢林勇士——挑戰自我的樹上穿越，這是一項健康時尚的綠色戶外活動，適合於團隊拓展、親子交流。當你通過林間一個個難易不同、風格迥異、超強刺激的關卡，能體驗高空中挑戰自我的快感，並獲得在樹上攀爬與林間穿越的刺激感，感受極限運動的樂趣！

森林「氧吧」園——花開四季的林中花園。它占地三百餘畝，園內有百合、玉簪、映山紅、鬱金香、海棠等近百個品種的花卉，是人們休憩養生、潤肺清心的絕佳遊覽勝地。徜徉花海中，聽鳥鳴，品花香，任蜂飛蝶舞，享人間美景。

仙女紫薇園——紫薇花景觀帶上的節點。千畝紫薇夏秋之間爭相開放，紅的、白的、紫的，一簇簇、一團團，徜徉在紫薇花亭、八百米紫薇長廊，讓您在一片花海中流連忘返。

森林狩獵場——華中地區唯一狩獵基地。三千畝圍欄封閉獵區內，獵槍打獵、弓弩射獵、陷阱捕獵等多種狩獵方式，帶給您的是無限激情和快感。另外還有飛碟、室內射擊及其他多種形式的打靶，滿足您不同層次的需求。

野生動物園——與動物親密接觸的首選。這裡，您可以近觀羊駝、駱

駝、野馬，遠觀獅子、老虎、黑熊，更能親近孔雀、松鼠、猴子等野生動物，體驗人與動物的和諧之美。

親近大自然，走進太子山，讓您和家人、朋友暢享一段休閒，體會一種態度，感受一場生活。

黃仙洞

黃仙洞又稱「黃金洞」，是大洪山風景名勝區的核心景點之一，為國家 4A 級旅遊景區。它坐落在鍾祥境內，地處大洪山脈南麓，距郢中鎮六十六公里，被譽為「天下第一洞府，人間罕見雲盆」。「黃仙山裡黃仙洞，高廣悠深氣勢宏，天下第一清罄遠，迎來遊客探崢嶸。」就是描寫黃仙洞的詩篇。《大洪山志》卷五「形勝篇」中也有記載，曰：「洞之山為黃仙山，相傳黃石公憩此，故名。」

黃仙洞面向西北，全長二千餘米，洞口壁高一百米，寬七十米。據史料載：「黃仙山在山南麓。其下有黃仙洞，豁然明曠，有龍潭，深不可測。」洞內跌宕起伏，蜿蜒曲折，在地下水和天然水的溶蝕作用下，豐富的石灰岩石柱經過極其漫長的地質發展歷史，形成了十分奇特的喀斯特地貌特徵和極其獨特的洞天石林景觀。黃仙洞內鐘乳石比比皆是：石針、石矛、石筍、石柱、石幔、石瀑，分別呈紅、黃、白、褐等色，形態各異，如玉似翠，色彩絢麗，讓人目不暇接。

經中科院地理研究所、國際旅遊洞穴協會認定，黃仙洞內擁有四個世界級景觀：石將軍溶蝕石牙、三拱門景觀、邊石池大廳、鈣膜片邊壩。尤其是邊石池，洞廳內面積二萬平方米，氣勢恢宏，被贊為世界溶洞一

絕。

黃仙洞洞內的景點有大鵬展翅、蝶戲熊貓、錦繡河山、仙鶴頂月、古榕迎賓、龍潭飛瀑、黃仙寶塔、黃仙畫廊、海豚躍江、黃仙華蓋、雙象戲水、唐僧打坐、仙人指路、濟公仰天、雲天飛瀑、石將軍把關、忠狗牧羊、杜甫草堂、罪蟬鳴冤、文峰塔、蘑菇金山、金蟬脫殼、雄師回首、少女攻讀、吉林霧淞、神牛飲水、蛇王迎賓、龍王出宮等。觀後使人觸景生情，羨天功之造化，嘆人力所不及，更鍾情於造化給人帶來的美感，使人浮想聯翩。

黃仙洞景區古往今來雲集佛道僧士，薈萃騷人墨客，為世人留下了眾多的摩崖壁畫、碑碣石刻，因此人文景觀和自然景觀極為豐富，同時還兼具較高的地質和科學考察價值，實為世間難得的佳境。

鍾祥黃仙洞｜張發清攝

四面絕壁合圍的娘娘寨，位於黃仙洞出口。這裡古樹參天，峰巒疊翠，溶洞群集，溪流縱橫，深潭遍布。娘娘寨景區中成片的古銀杏群落、享譽盛名的高山雲霧茶、漫山遍野的奇花異草、眾多佛道僧士及騷人墨客的碑刻壁畫、神祕的人口不變村落、悠久的歷史傳說，都使其形成為一個集自然生態、歷史人文為一體的著名旅遊區。據《鍾祥縣誌》《大洪山志》等古籍記載，娘娘寨距今已有兩千多年歷史。現今這裡有一處仍保存完好的古民居村落，有各類文物保護單位七處。

　　娘娘寨村自然環境優良，植被覆蓋率高達百分之九十三，樹齡在五百年以上的古樹達二百多棵，其中有國家重點保護樹種銀杏、鵝掌楸、核桃、楠木等，還有對節白蠟、古銀杏、古椆榆、古松樹等植物群落二十八處。因為生態環境良好，此地成為許多珍稀動物的棲息地，包括金錢豹、娃娃魚、穿山甲等多種國家一二類保護動物。

　　娘娘寨地貌奇特，傳統古村落聚居區水沒平以喀斯特盲谷、四周喀斯特低山丘陵為主要的匯水盆地，與黃仙洞自然相連，形成了典型的喀斯特地貌。其周圍還分布著鴿子洞、盆子洞、桃花洞、牛鼻洞等溶洞。娘娘寨名泉溪流遍布，氣候宜人，年平均溫度 12.3℃，被專家評為「最適宜人類生存的世外桃源」。

第六節・清涼世界，養生九宮

　　九宮山，地處湖北省東南部咸寧通山縣，橫亙鄂贛邊陲幕阜山脈中段，為國家級自然保護區、國家級風景名勝區、國家 4A 級旅遊景區、國家地質公園，是我國道教名山、避暑勝地。

概說九宮山

　　九宮山，幕阜山脈之名山，總面積一九六平方公里。幕阜山脈中的最高峰為九宮山的「老鴉尖」，也叫「老崖尖」，海拔一六五七米，是我國中南地區最高峰之一。九宮山四季氣候宜人，夏季最高氣溫不超過30℃，年平均氣溫 11℃。「三伏炎蒸人欲死，到此清涼頓成仙。」清涼世界，養生九宮，這裡是華中地區理想的避暑勝地、養生天堂。

　　九宮山雄奇險峻，景色迷人。燕山運動時期形成的九宮山，是褶皺斷塊山地，屬斷層山地形冰川地貌，因而形成奇峰聳峙、幽谷縱橫、泉瀑奔湧、雲霧飛蕩的奇妙景觀，享有「廬山天下秀，鐘靈數九宮」的讚譽。九宮山竹海似濤、古木參天，匯雲海、瀑布、奇松、秀竹於一體。此地春可賞花，夏來避暑，秋賞紅葉，冬踏白雪，既有南國山峰的俊秀，又有北國風光之壯美。「重重疊疊山，曲曲環環路，高高下下樹，青青翠翠竹，叮叮咚咚泉，飄飄灑灑雪」，這是古代文人對九宮山一年四季美景的真實描寫。九宮山是負氧離子含量極高的天然大「氧吧」，其植被覆蓋率高達百分之九十六點六，六點二萬畝的森林每年散發三千多萬噸水汽，使九宮山遍地噴泉飛瀑，四季溪水潺潺。九宮山於二〇〇七年八月經國

務院批准，列為國家級自然保護區。雲瀑、泉瀑、竹瀑所帶來的氣爽、清爽、涼爽之感為九宮山的最大特色。

曾作為我國歷史上五大道教場地之一的九宮山，與青島的嶗山、江西的龍虎山、四川的青城山、湖北的武當山齊名。同時，這裡又「一山藏兩教」，有著揚名國際的阿彌陀佛道場無量壽禪寺，享有「人間極樂世界」的美稱。據宋代《太平御覽》記載，西元五六九年，南北朝時期南陳陳文帝的第二個兒子陳伯恭為避戰亂，曾率領兄弟九人，在山上建立了九座行宮，分別為混元宮、八卦宮、青龍宮、白虎宮、斗姥宮、無為宮、三清宮、七真宮、移花宮，因此後人稱其為「九宮山」，此地為道教的開端。

九宮山也是李自成的殉難之地。明末起義的農民軍領袖李自成兵敗武昌，率領軍隊行至九宮山下，安營紮寨於上湯境內，以圖東山再起。一六四五年，當軍隊轉移至山北時，李自成遭遇通山團練武裝攻擊後不幸

九宮山全景圖

被害。他死後，埋葬於九宮山西麓。一九五五年，根據政務院和湖北省政府的指示，通城縣人民委員會在九宮山的北面原李自成墓址上重修了李自成墓，郭沫若同志還題寫了墓誌銘和「李自成之墓」碑石。而後，通山縣又於高湖鄉小月山下新建了闖王陵，為國家重點文物保護單位。闖王陵主要由門樓、墓冢、祭台、陳列館等組成，館藏陳列有李自成生平、特殊資料和金馬鐙等珍貴文物。後政府曾多次對其進行維修，並增建了拱橋、層台、花壇、休息廳等建築。其墓後聳立著下馬亭，還有落印蕩、激戰坡等遺址。

九宮山的主要景點有泉崖噴雪、青松迎賓、雲湖夕照、真君石殿、伏虎天門、雲海波濤、雲關石刻、陶姚泉洞等，景觀變幻萬千，令人賞心悅目，流連忘返。在這仙境般的山水間，觀彩雲、踏翠林、戲碧水、拂清風、聽鳥啾、聞泉鳴，一切煩憂俱忘、名利皆丟，你就會真正返璞歸真，與大自然融為一體。

雲中湖

雲中湖因常有雲團飄於湖面，故有此名。因湖中白雲浮於水面一觸即起，又有「天心湖」「吻天湖」等浪漫的名字。雲中湖為九宮山景區的精粹景點，位於海拔一二三○米的鳳凰嶺上，湖面面積一百多畝，海拔高度僅次於新疆天山天池和長白山天池，是我國高山湖泊中的佼佼者。

雲中湖舊稱「龍潭」，因其像一塊鑲嵌在鳳凰嶺盆地中的明鏡，故有「龍潭皓月」的勝景。古詩雲：「老龍潭裡老龍游，最喜潭空月色留。鼓浪頓教冰鏡動，揚髻好趁桂花浮。」清澈靈動的湖水，碧空如洗的藍天，一點一滴都美得那麼徹底，那麼純淨。

九宮山雲中湖

雲中湖南有筆架峰，東依清風嶺，西臨龍斗崖，四周環列，將湖水合圍其間。湖中心有一座渾然天成的小島，名曰「龍珠山」。早年的龍珠山建有雕梁畫棟的龍神殿，供奉九宮龍神。一二○四年，南宋寧宗皇帝曾御書「神應」二字，供奉於龍神大殿，此建築毀於一九三○年。龍珠山的「靈泉」是一眼能聽人呼喚的間歇泉。一二五七年，南宋理宗帝封靈泉之龍為「敷澤侯」。一二六六年，理宗皇帝又加封其為「普濟侯」。可惜這眼受過皇帝封賜的名泉，現已被湖水淹沒，不禁讓人感到惋惜。

金雞報曉

金雞谷景區是九宮山西側自然保護區內的一片原始森林，一個風景優美的綠色世界。景區內鶯歌燕舞，彩蝶紛飛，遍地蔥鬱，為九宮山風景精華之地。

金雞谷群峰高聳，古木參天，是植物王國、動物世界。一些世界級瀕危物種在此大量存活，包括南方紅豆杉、香果樹、鵝掌楸、鐘萼木、紫

莖等二十五種珍稀植物，其中安坪鵝掌楸是我國最大的鵝掌楸。據科學考察，這裡的野生動物有一六〇多種，其中十七種為湖北新發現，比張家界還多出七種。

位於金雞谷景區櫻花溝入口處的「鄂南第一龍潭」，潭上索橋橫貫，溪水在兩側彙集，峽谷處一線穿珠的深潭飛瀑，十分秀美。「雙龍瀑布」「玉龍投峽」成為這裡的絕妙景觀。櫻花溝峽幽谷深，林茂泉湧，每年三月，這裡就是櫻花的海洋，或紅或白，或叢或片，把整個峽谷兩岸裝點得五彩斑斕。

「仙人簁米」是龍潭的第二條瀑布，位於龍潭上方五百米處。當地人管其叫「仙人簁米」或「白龍下山」，遊人稱其為「五疊泉」。溪泉交錯，瀑潭匯融，自山谷奔瀉而下，落差二百餘米，連天接地，重重疊疊，氣勢壯美。懸崖頂上的一塊岩石，宛若一位仙女彎腰俯首，那翻騰不盡的白色瀑花，如珠如線，似玉似花，像仙女簁下的白米。遠觀白練飄逸，如夢如幻；近看珍珠飛瀉，如雪如紗。

在這原始森林的一處峽谷裡，有一座七八米高的小石峰，峰頂上同樣有塊七八米高的金黃色岩石，在陽光照耀下，就像一隻金色的雄雞立於山頂，朝著東方，昂首翹尾，引頸長鳴。兩條溪水在金雞岩下呼應對歌，不止不休。

石龍奇峽

石龍峽景區是九宮山風景區的核心部分，在三峰山北麓，是一條南北向的山谷。整個景區由石階、石徑貫通，石階多達五千餘級。為跨越山溪河谷，峽中建有多處石拱橋、鐵索橋、跳石、棧道等。景區中以崖、石、樹、瀑、潭、橋等組成多彩的自然景觀。明代禮部侍郎朱庭吏在通

山縣所築的兩崖行窩與明末清初懶拙和尚的野居處都在北山谷中，是很重要的人文遺址。

石龍峽如一條首尾搖擺的石龍，半浮於溪水之中，欲逆水而上。據傳說，龍湫中的小龍欲乘水霧飛出溝外，躍出門後化成了鯉，小龍後悔莫及，便趕快回頭跳轉到龍門之上，雖復化為龍，然已筋疲力盡，無力再進入水中而化為石龍。鄉人正是因為有這條石龍的存在，才將此溝取名為「石龍峽」。在石龍峽的石壁上還刻有一個很大的「龍」字，是宋朝著名書法家趙孟頫所寫。據說，當時趙孟頫來到這個地方，聽到關於石龍峽的傳說，就在這個地方寫了一個「龍」字，當地稱它為「歸龍圖」。

整個石龍溝生命的脈搏是石龍峽的溪水和瀑布，潺潺流水帶給人們許多感慨。清澈見底的碧水清潭讓你獲得視覺上的愉悅，心曠神怡，放鬆因城市間長久噪音喧囂、霧霾困擾的心弦；飲一口甘甜的溪水，沁人心

石龍峽

脾，蕩氣迴腸；在自由又有節律，彷彿不會終了的流水聲中，你可以發揮無盡的遐想；用清涼的溪水洗面養顏勝過所有的護膚品，因為對心靈的保養才是真正永葆青春的最好方法。

「翠壽坡」在石龍峽的下段，以壽木和大片混交林群落為主體。它位於九宮山石龍峽景區上段東南側，因坡上遍布著百年以上蒼翠古木而得名。說到「翠」，是因為這裡保存了發育良好的亞熱帶森林體系的典型性常綠、落葉、闊葉混交林和以黃山松為主的溫帶性針葉林，使得景區四季如春。九宮山是物種的基因庫，也是華中地區保存最好的綠色寶地之一。而石龍峽則是「寶中之寶」，同時也是絕佳的養生休閒避暑地。

中港十八潭

「中港十八潭」是一個以池潭為主的新景區，地處九宮山中港民俗村，上通無量壽禪寺，下達中港民俗村，里程約四千米。全景區下部為深長峽谷，中間平坦舒緩，上部彎曲綿長。景區兩側的山峰聳立，連片的修竹遍插其間，一潭連一潭，一潭高一潭。池潭形狀各異，各有特點。十八潭的名字也高雅別緻，吸引著遊客慕名而來，如貞節潭、鴛鴦潭、牛郎潭、織女潭、芳心潭、仙姑出浴潭、丹桂潭、明月潭、相思潭、玉龍懷春潭、羞花潭、閉月潭、圓夢潭、情侶潭、君子潭、念慈潭、碧劍潭、星斗潭，步步為潭，處處有池。深澗絕壁間架設著木製拱橋、竹製吊橋，水勢或急或緩，景緻動中有靜，瀑布奔湧的動感伴隨著或清脆叮咚，或震耳欲聾的泉水聲，使原本寂靜的峽谷變得歡快起來，充滿無限靈動與生機。

一山藏兩教

　　九宮山是集道教佛教於一體的名山。在一四○○年前的隋朝，陳伯恭修建了九座宮殿後，被隋文帝楊堅召回長安做官，於九宮供奉九真。但是九宮山道教真正的興起是北宋時期，著名道人張道清奉諭旨，在九宮山上開闢道場，修建了三宮十二院共一百多間道觀，有三千多個道士在此清修，來自兩湖江浙一帶的朝拜香客絡繹不絕。張道清也被後人尊為九宮山的開山道祖，陸續得到了七個皇帝的十七道賜封。他死後，其屍體以臘屍的形式保存了下來，在石殿裡保存了六四八年。可惜的是，從南宋到鴉片戰爭的七百年間，中國封建社會的農民起義、朝代更迭交織起伏，九宮山道場也因此遭受了不同程度的人禍天災，屢建屢毀。一直到太平天國起義時，太平軍將領林啟容率兵上山，因宗教信仰的不同而燒燬了道場，並搗毀了保存多年的臘屍，九宮山從此山靈空寂。

　　九宮山也是阿彌陀佛祖道場（也稱「無量壽佛」，阿彌陀佛為佛中之王、光中極尊），因無量壽禪寺而名揚海內外。西元六一八年，唐伏虎禪師在此建了道場，弘揚佛法。那時九宮山就日進香客千人，佛號廣傳十里，享有「人間極樂世界」的美稱。歲月荏苒，幾度興衰，一九八四年，聖欽大和尚回到家鄉九宮山，復興道場，使梵宮佛光再現世間。在聖欽大和尚二十多年的努力下，從海內外募集了六千餘萬元資金，使無量壽禪寺成為鄂南地區面積最大、歷史最悠久、建築群最壯觀的道場。整個廟宇占地面積二萬多平方米，建築面積一萬多平方米。寺院內有露天大佛、極樂橋、天王殿、大雄寶殿、彌陀宮、唸佛堂、法堂等佛教建築，兩側有階梯式僧房建築共三百餘間。

第七節‧極目楚天，群山薈萃

> 湖北的山，山連著山，山依著山，山外還有山。這些山，或險或峻，或文或武，大美無言，滄桑不語，都承載著一段歷史煙雲，寄託著一方人文雅韻。

武漢龜蛇二山

龜山

龜山前臨浩浩長江，北攬一衣漢水，西與月湖相倚，南和蓮花湖相依，盤踞於武漢市漢陽城北。毛澤東有詞云：「龜蛇鎖大江。」其威武壯觀之勢由此可見。

龜山

相傳大禹治水於此，數載未能將一水怪制服，後幸得靈龜相助，治水取得成功，靈龜化為一山。《禹貢》中記載道，龜山原名「大別山」，後由於東吳大將魯肅衣冠塚在此，取「魯山」一名，並沿用至明。有明一代，皇帝尊崇玄武並封其為帝。玄武又似龜形，這吸引了時任湖北巡撫王儉的注意。王儉於是奏請朝廷將魯山改名為「龜山」，朝廷准之。

拉開歷史這張長長的畫卷，我們可以看到，龜山這塊土地上上演了無數的歷史故事。自三國到近現代，險峻的地理形勢使龜山成為兵家必爭之地。三國時東吳憑藉此要塞之處，與曹兵形成對峙之勢，並上演了幾番血戰；太平軍橫掃武昌之時，龜山一帶也成為戰場所在；在辛亥革命中規模最大、戰鬥最激烈的「陽夏保衛戰」中，義軍首控龜山以向北推進；抗日戰爭之時，龜山上凝聚一股抗戰激情，不斷將高射炮射向敵人；龜山作為軍事重地的地位延續至二十世紀七〇年代。硝煙散去精魄在，楚雲悠悠大江流，歷史的厚重感於此沉澱下來，成為中華民族寶貴的精神財富。而龜山又恰好與黃鵠山隔江相對，前者如龜形，後者呈蛇狀，前者重武，後者崇文，兩山相望使得武漢三鎮更增一份獨特的韻味和情趣。

龜山上的名勝古蹟可謂琳瑯滿目，比如禹王宮、桃花夫人洞、桃花夫人廟、關王廟、關羽遺跡洗馬洞、魯肅墓、太平興國寺、藏馬洞、桂月亭、狀元石、月樹亭、羅漢寺、龍祥寺、魯肅墓、向警予烈士陵園和紅色戰士公墓，等等。

蛇山

蛇山又名「黃鵠山」，位於武漢市武昌區長江南岸邊，與龜山隔江相

望，坡陡且狹長，形勢險惡，恰如詩中所云：「煙雨莽蒼蒼，龜蛇鎖大江。」

從三國至元朝，蛇山的名稱發生多次轉變。三國時稱「江夏山」，又名「紫竹嶺」。北魏時又稱「黃鶴山」，宋朝改稱「石城山」，元朝時又取「長壽山」一名，明朝時更是被譽為「金華山」和「靈山」。為什麼今又有蛇山之名呢？大概是出自南宋詩人陸游的《入蜀記》中「繚繞為伏蛇……」一語，所以後世之人將之稱為蛇山者居多。到乾隆時期修纂《江夏縣志》，其中有蛇山之名。直到一九〇九年，《湖北省城內外詳圖》中正式標名為蛇山。

三國時，吳黃武二年（223 年）孫權在江夏（今武昌）依山築城（尚有遺址可辨），並在黃鵠磯頭建成黃鶴樓。自此，江夏古城風貌更為壯麗，黃鶴樓也被譽為千古絕景，位列江南四大名樓之一。唐代著名詩人

蛇山

崔顥遊覽至此，見此眼前美景，情不自禁作出千古名作《黃鶴樓》：「昔人已乘黃鶴去，此地空餘黃鶴樓。黃鶴一去不復返，白雲千載空悠悠。晴川歷歷漢陽樹，芳草萋萋鸚鵡洲。日暮鄉關何處是？煙波江上使人愁。」後來李白據說也登上黃鶴樓，有人請他為樓題詩，李白說道：「眼前有景道不得，崔顥題詩在上頭。」可見，黃鶴樓確實讓世代文人多有感慨。

蛇山有「鄂之神皐奧區」的美稱實在不虛，因為這裡還有八極樓、白雲樓、一覽亭、留雲閣等二十多處景點，吸引了歷代名人如崔顥、孟浩然、李白、白居易、王維、陸游等，他們先後登臨游賞，行吟作歌，留下頗多佳作，增添了此處的文化底蘊。現存勝蹟可供參觀遊覽的有：蛇山之巔的黃鶴樓、蛇山南麓的陳友諒墓、蛇山南腰處紀念張之洞的抱冰堂、蛇山中部頂端的岳武穆遺像亭（簡稱「岳飛亭」）、長江大橋引橋東頭的勝象寶塔、蛇山尾部武昌大東門外的長春觀，以及許多重要的石刻碑刻等為後世所熟知的遺址。

黃陂木蘭山／木蘭天池／木蘭草原／木蘭雲霧山

作為國家 5A 級旅遊景區，黃陂木蘭文化生態旅遊區由木蘭山、木蘭天池、木蘭草原和木蘭雲霧山四大片區構成，地處木蘭故里——武漢市黃陂區，是全國唯一全面、完美展示木蘭文化的旅遊勝地，也是華中地區最大的城市生態旅遊景區群。

木蘭山

木蘭山向北倚靠大別山，向南俯瞰江漢平原，奇峰突兀，溝壑縱橫，

蜿蜒崎嶇，氣象萬千，春夏秋冬，風光獨特。春秋時節，浩瀚無垠的白霧籠罩木蘭山，好似一座神山；夏季，瀑布、清泉與山谷、飛鳥使得寧靜之處又有生機之色；冬日，萬樹掛玉，晶瑩剔透，白雪皚皚，純淨至極。木蘭山地質構造獨特，地質資源世界少有，為國家地質公園。這裡埋有距今長達七點五億年歷史，廣泛分布又保存完好的木蘭山藍片岩，地質專家稱之為解決中國中央造山帶的金鑰匙，毫無疑問這裡是地質科普游的重要基地所在。

木蘭山自古就有「南瞻鄂渚通王氣、北顧中原鎖帝鄉」之譽，「西陵最勝，蓋三楚之極觀」更是明代詩人屠達所贊之詞。這裡山靈水秀，自然景觀豐富，人文資源濃厚。

木蘭山一名始於南齊永明三年（485 年），因木蘭將軍而得名。《木蘭辭》記載了少女木蘭女扮男裝，代父從軍的故事。木蘭家住青獅嶺（今木蘭山）山北十餘里的龍鎮，她在沙場驍勇征戰十二年，屢建奇功，為國盡忠，不辭辛苦，歸朝後被封孝烈將軍。然而木蘭謝辭，一心只求歸還故里，侍奉年邁雙親。木蘭死後，葬於木蘭山北。後人被其忠烈和孝順打

木蘭山

動，紛紛為其建祠、立廟、樹坊，以享香火，並先後啟建了木蘭殿、將軍祠、木蘭將軍坊。因此，此山也更名為「木蘭山」。

木蘭山是佛道兩教聚集之所，兩教和睦相處，共享文化聖地。山間有一條千年古寨盤旋於懸崖峭壁之間，形成如游龍般的長城，全長二點五公里，原是抵抗外來入侵的防禦設施，現在成為佛道兩教的分界線，寨牆上為道教區，以下為佛教區，互不干擾，這在全國都屬罕見，極具特色。木蘭山廟宇始建於隋，盛於唐和明清，每年數以十萬計的善男信女朝山進香，特別是每年農曆二月十九日的觀音生辰和八月初一的木蘭廟會，更是香客雲集，一片熱鬧景象。

木蘭天池

黃陂木蘭天池景區，山清水秀，瀑布飛流，呈現的是一種山水交融的濕地生態。這裡有一條奇妙的大峽谷，集中著飛瀑、溪潭、怪石和奇木，十步一景。峽谷兩頭挑著明鏡一般的高山湖泊，一大一小，遙相呼應，彷彿群山的明亮之眼。山腳下，天池古鎮依河成街，橋街相連，一派「小橋流水人家」的幽靜景象。山頂上的朱家山寨相傳是木蘭將軍外婆家，寨子繞湖而建，青磚黑瓦、雕石門楣的明清式古民居掩藏在滿山的綠色裡。

據當地百姓口頭相傳，木蘭天池是木蘭將軍的外婆家，「木蘭與白龍」的傳說更是家喻戶曉。木蘭將軍的英名也給這裡的景緻增添了幾分靈氣和神韻。天池半山腰有一處雙龍池，相傳木蘭將軍小時候，在該池餵養兩隻受傷的鵝，百姓有感於木蘭的善良，便在池邊雕刻了兩個龍頭守護。如今，池裡已沒有了游弋的雙鵝，雙龍噴水石刻卻依然存在，池水

從不枯竭。離雙龍池不遠，還有一處降龍石，相傳是木蘭降服作惡小白龍的地方。還有聰明泉、龍脊石、三道門、面壁洞、龍馬石、穿瀑崖⋯⋯無一不留下木蘭的足跡，讓這片山崖一步一景，一景一傳說，更添幾分天池神韻。

除了沉靜的湖水，木蘭天池還設有滑草、滑索、滑道、攀岩、蒙古包、跑馬場供人們休閒娛樂。湖上飛索是一種新興的娛樂項目，滑索充滿了速度感和刺激性，幾千米的天池水面數秒鐘一滑而過，恍如踏雲而飛的散花仙女，或從天而降的天兵天將。木蘭天池景區內的素山寺國家森林公園，有一條近五公里長的森林火車線。在朝陽的映襯下，在斑駁、巨大的樹木投影中，小火車在山谷間蜿蜒疾馳。坐在車廂裡向窗外眺望，層巒疊嶂的大山、古木參天的林野在眼前浮現，清冽的空氣夾雜著樹脂的清香迎風撲面而來，徐行之中，邊賞美景，邊享受森林「氧吧」帶來的愜意，快活之感油然而生。

木蘭草原

木蘭草原距武漢中心城區四十二公里，這裡空氣清新，草地綠幽，藍天白雲下處處顯示著濃郁的民族風情。木蘭草原芳草遍地，一望無際，真有些「風吹草低見牛羊」的感覺，綠草如茵的草原上點綴著繁星點點的蒙古包、奔馳的駿馬、遊動的勒勒車、鈴鐺聲聲的駱駝隊，置身於此，仿若置身塞北邊疆。

來到木蘭草原，定要欣賞原汁原味的蒙古歌舞，親身體驗草原牧民的熱情奔放。在木蘭草原上奔跑著很多來自內蒙古的良駒，你可以騎在馬背上體會風馳電掣的感覺。騎馬不射箭猶如吃肉不喝酒，感受不到那份

木蘭草原

濃郁風情，觀馬亭旁的箭館，就能讓你感受到何為「彎弓射大雕」。

來到木蘭草原，肯定想嘗嘗蒙古的美食！來自蒙古的專業廚師，將為你奉上蒙古族正宗的全羊席、烤全羊、手把肉、風乾牛肉等美味佳餚，你在這裡還能喝上蒙古廚師現熬現制的蒙古奶茶及香飄四溢的馬奶酒。而在這些美食中最值得一提的是歷史悠久的烤全羊。相傳烤全羊是成吉思汗當年在征戰勝利時用來犒勞有功大臣的，它的吃法也有很多的講究和禮節，因此也讓這道美食更具特色。

木蘭雲霧山

木蘭雲霧山是鄰近武漢最大的郊野公園，享有「西陵勝地、楚北名區、陂西陲障、漢地祖山」之美譽。她是木蘭景群中最幽深、最原始、最神祕、最純粹的生態景區，險峰幽谷，泉澗相間，河溪縱橫，灘潭點綴，遍布奇花異草。這裡還遺存了歷代兵家博弈的城寨，以及迄今保存

最完整的楚長城遺跡。值得一提的是，這裡還是花木蘭將軍功成身退的歸隱之地。這裡的風景，無一不帶有歷史的印記，山水之間，盡可體味千年歷史的風雲變幻，感受荊楚文化的獨有魅力。

十里花山，杜鵑花海。木蘭雲霧山風姿綽約，晨昏迥異，四時不同，無論何時去觀山看景，總會讓人有意想不到的驚喜和收穫。特別是陽春三月，這時的春風猶如一道道號令，讓山上的迎春花、梨花、杏花、杜鵑花、玫瑰花競相開放。木蘭雲霧山上的杜鵑花有一萬畝之多，而且都是生長期在百年以上的野生杜鵑。每逢四月，杜鵑花就會鋪排在山頂、山坡、山腰，漫山遍野開放，紅白相間，豔麗多姿，如絢麗的雲霞，更是爛漫的花海。

鬼斧神工，泥塑之鄉。木蘭雲霧山風景區所在地泡桐鄉是「中國泥塑之鄉」。景區內建有一幢黃陂泥塑民間藝術館，館內分別有泥塑的創作、塑制、上色、成品等工作間，也會有藝人現場表演的舞台布景。現在，這裡的泥塑產品行銷全國，並受到海外遊客的喜愛。黃陂泥塑的發源地就在不遠的泥人王村。泥人王村曾為泡桐王氏祖屋，面積一千多平方米。房屋全是干砌石牆，住宅靠山臨水，式樣古樸。據史料記載：「先有上古，後有歸元。」所謂「上古」，即指木蘭雲霧山嶺上的上古寺。漢陽歸元寺五百羅漢就是出自黃陂王氏父子之手。

藏在深山，楚城遺址。木蘭雲霧山有一處難得的楚文化遺產，那就是僅存的楚長城遺址。現在的楚長城長約二十五公里，位於木蘭雲霧山之巔，山壁陡峭，無路可行，尋常人難得見到楚長城的真容。據說，秦始皇所修萬里長城的技術及技工，就是楚國提供的。景區內還有龍王尖古寨，位於東部的龍王尖山頂，該古寨建於明朝中期，城牆倚峰踞嶺，蜿

蜒盤桓，全部由石片、石塊干砌而成，全長約十二公里，圈地十五平方公里，城中共有石屋遺址一二〇〇餘處。

「人人都說木蘭好，木蘭故里好風光」。來武漢旅遊，不妨從木蘭始。放下繁雜來一場與山的對話，與湖的傾聽，與花的對望。

黃石西塞山／東方山

西塞山

作為省級風景名勝區，西塞山坐落於湖北省黃石市區東部長江之濱，雄踞一方，自古就有「樊楚三名山」之一的美稱，屬於古戰場、古文化旅遊觀光自然風景名勝區。

西塞山

三國時期，不論是孫策攻黃祖，還是周瑜破曹操等上百次戰爭皆發生於此。多少英雄兒女，又有多少煙雲往事，盡為歷代文壇才子所吟詠悲嘆，尤以唐代著名詩人張志和的《漁歌子》和劉禹錫的《西塞山懷古》為千古絕唱。好一個「青箬笠，綠蓑衣，斜風細雨不須歸」，好一個「人世幾回傷往事，山形依舊枕寒流。今逢四海為家日，故壘蕭蕭蘆荻秋」！

景區內亭台錯落於巔坡山谷，廊廟分布於江畔林中，盤桓的小徑由石頭鋪就而成，桃花滑落於流水中緩緩流淌，清澈見底的水中魚兒暢快地遊蕩，如此美景宛如一幅水墨山水畫卷。下山後，可看到東漢古黃石城即道士洑古鎮，當地省級非物質文化遺產如送龍舟和放生節等古民俗活動一代代流傳下來，猶如山中的流水，雋永綿長，久盛不衰。景區主要景觀有牌樓、西塞殘雪、古砲臺、北望亭、報恩觀、一線峽、桃花古洞、元真子釣台、龍窟寺等。

東方山

作為國家 4A 級旅遊景區、省級森林公園，東方山位於湖北省黃石市下陸區西北部，距離黃石市區十五公里，屬於宗教朝聖與旅遊休閒度假的自然風景區。

東方山方圓十八平方公里，氣候適宜，四季分明，環境優雅，景色別緻。亭台樓閣錯落有致，佛塔寺院熠熠生輝。分布有千年銀杏、試劍石、石船高撐、走馬古寨、道洞云停、靈泉卓錫等景觀三十餘個，被世人稱之為「三楚第一山」以及武漢市的「後花園」。

襄陽大荊山／鹿門山

大荊山

大荊山，橫貫東西，位於湖北省西北部、武當山東南、漢江西岸，橫跨荊門、襄陽、十堰等多個地市，屬大巴山系的重要山脈，占地面積大約三一〇〇平方公里。因滿山生長著荊條（灌木），所以得此名。

大荊山是荊楚文化的重要發源地，集多種多樣的古寨、風趣獨到的古鎮、古樸神祕的古寺等人文遺產以及香水河、龍王峽、七里山、金牛洞、九路寨、南河小三峽、水鏡湖、魚泉河等自然遺產於一身。更有篳路藍縷之熊繹、抱璞泣玉之卞和、舉賢薦能之司馬徽，可謂是人傑地靈之地。身處此山中，彷彿能聽到藏在大山深處的鑼鼓聲，彷彿能看到原始而撩人心弦的端公舞，彷彿能感受繚繞於山間不絕的巫音……豐富而又珍稀的動植物與人文景觀一同構成了一幅美麗的畫卷，使這裡成為極具特色的生態旅遊區，不斷吸引著外來人的好奇心與觀賞欲。

鹿門山

鹿門山位於襄陽市東南方向，西臨漢水，距市中心二十公里，是一處以森林風景為特色，融歷史人文景觀、自然景觀為一體，集觀光、遊覽、娛樂、休閒、度假、生態等多功能森林公園。

鹿門山景區內李家大山、獅子山、香爐山、霸王山、鹿門山五峰巧疊雄盤，體勢巍峨，綠海蔥蘢，好似碧海，又峰迴路轉，溝壑縱橫，自然景觀多達二十餘處。同時又以鹿門寺古蹟為主，配以三高祠、碑林、天井、龍景池、望江亭、龐公製藥洞、暴雨池等景點，形成以寺廟文化遊

覽為主的鹿門山生態文化長廊。

　　名揚全國的千年古剎鹿門寺始建於東漢建武年（221 年），已有一九〇〇年歷史，逐步發展成國內佛教聖地之一。因光武帝劉秀在此巡遊，夢見神鹿護駕，命習郁立祠於山，刻二石鹿夾道口，遂謂之「鹿門廟」，以廟名山。唐宋之時，該寺香火與名望最為興盛，寺院內佛殿、僧案、齋堂等設施也不斷擴大，計五百餘間，僧侶共有九十九名。唐名僧處貞、丹霞，宋法燈禪師皆在此主持，一代名相諸葛亮曾在此拜師求學，還有孟浩然、皮日休也曾隱居在此，李白、杜甫、白居易、王維、米芾、曾鞏等歷史文化名人曾在此駐足欣賞美景，感受人文。

鹿門山晨曦｜剪銳攝

宜昌百里荒／大老嶺

百里荒

宜昌百里荒高山草原旅遊區地處湖北省宜昌市境內，距三峽大壩六十公里，景區總面積四十平方公里。這裡既有萬畝高山和草原，也有千畝華山松林，又有百里生態鄉村，還有十公里紅葉畫廊。春天這裡姹紫嫣紅，百花齊放；夏天這裡涼爽無比，沁人心脾；秋天這裡紅葉似熊熊烈火，呈燎原之勢；冬天這裡又白雪皚皚，寂靜無聲。當年一代文宗歐陽修途經此地，慨嘆此景，寫下「荒煙幾家聚，瘦野一刀田」的動人詩句，供後世暢想。二十世紀八〇年代，我國將南方草場建設的科研試驗基地建於此處，施行「北羊南養」的重大戰略，因此這裡獲得「中國南方草場」的聲譽，同時也逐漸建設成為我國極具特色的高山草原度假旅遊區，吸引了來自世界各地的廣大遊客。

與北方草原不同的是，百里荒草原坐落於連綿高山之巔，這種獨特的自然地理條件無疑造就了這一片人間美景。它有六大特色聞名於世：其一，夏季平均氣溫為 26℃，因而有「南方天然大空調」之美譽。想像一下朝陽和落日光芒四射、紅透半邊天的景色，真是秀色可餐，讓人心嚮往之。其二，萬畝草原連綿雲間，碧草連天。人們於此可肆意放飛思緒，放下包袱，只管享受當下。其三，高山呈乳峰狀，延綿蜿蜒，拔地而起，將草原、森林、奇松、雲海、怪石、天象、峽谷、珍禽、走獸等自然景色融匯於一體，渾然天成而不加修飾，大自然雕琢的巧妙之處由此可見一斑。特別值得一提的是百餘處「侏儒石林」，五千畝「火葓」，十公里紅葉畫廊、千畝高山花海、華山松林，為百里荒高山草原所獨有，也成為它的招牌和名片。其四，「春花、秋葉、夏草（涼）、冬雪」

景觀奇特多變，「春擁野花夏看草、秋品紅葉冬賞雪」是其真實寫照。其五，登其山頂，如臨仙境，可飽覽三峽雲頂壯美河山，有「會當凌絕頂，一覽眾山小」之感。其六，牛馬羊成群結隊，構成「天蒼蒼，野茫茫，風吹草低見牛羊」的不朽畫卷。

由張藝謀和李路導演執導的影視作品《山楂樹之戀》是流行一時的佳作，其中部分場景就是在景區內取景拍攝而成，景區也因此成為人們心中純美愛情的聖地，以探尋和體驗「愛情樹」「愛情花」「愛情果」的「純愛之旅」系列活動已經成為這裡最具影響力的品牌活動。

當我們習慣了城市裡的鋼筋水泥，也聽膩了城市裡的喧囂吵鬧，百里荒會是一處讓心靈安心休憩、不再慌亂的地方。它的美麗、它的神奇、它的不爭、它的安寧，或許只有親臨其境之人才能真真切切地感受到大自然對我們的餽贈！

百里荒

山楂樹 | 望作信攝

大老嶺

　　大老嶺地處舉世聞名的長江三峽西陵峽北岸，是湖北三峽地區第一家國家級森林公園。它北與昭君故鄉毗鄰，南與三峽大壩對峙，西又與屈原故里接壤，被譽為渝東鄂西「金三角」。大老嶺距三峽大壩七十八公里，距宜昌中心城區一〇八公里，總面積六十六點六平方公里，平均海拔一七〇〇米。亞熱帶季風氣候下，四季分明，雨量充沛，夏無酷暑，是天然的避暑納涼勝地。其主峰名為天竺峰，是三峽大壩庫區最高峰，海拔二〇〇八米，雲霧縹緲，因人在其中有置身雲上的感覺，故名「三峽雲頂」。

　　大老嶺不僅是三峽庫區陸地生態系統中最穩定最安全的片區，是構成庫區生物多樣性保護網絡中的一個關鍵節點，還是形成庫區環境的一個巨大生態源以及三峽庫首的天然水塔和生態屏障，這樣的生態優勢地位

使其被國務院三峽辦確定為庫區生物多樣性保護示範區，被譽為「綠色寶庫、動物樂園」。大老嶺這個資源寶藏中蘊含著豐富的地文、水文、生物、人文、天象資源，加上旅遊資源綜合質量又無疑達到了國家一級水平，被省委、省政府納入鄂西生態文化旅遊圈核心建設景區。並以三峽雲頂、絕色林海、避暑勝地、養生天堂為其特色，打造其與眾不同的風格。

三峽雲頂位於大老嶺國家森林公園天柱山地段，其中的天柱峰、對歌樹、恨天石、合歡石、情人湖、吻別石等景點所在之處是大老嶺國家森林公園中海拔最高、最險峻的景區。另外，千年情人樹和登頂看日出的特色景觀更是讓遊客讚歎不已。

藥王溪景點位於大老嶺國家森林公園古江坪地段，溪流、瀑布、森林、藤蘿相互交融，相映成趣。近一公里的瀑布群中多級瀑布順谷而下，其中虎嘯瀑百米飛瀉直下，好似一頭猛虎下山，向天咆哮，震徹山谷，氣勢雄偉，令人歎為觀止。同時，景區內名貴藥材眾多，傳說神農

大老嶺雲海

曾在景區內採藥嚐百草，景區中遂有藥王溪。

五指山景點位於森林公園與秭歸縣交界處，山勢險峻，高聳而立。由於形若五指，所以得名為「五指山」。另外，作為道教聖地，山頂道觀遺址迄今尚存，時常還有香客慕名而來，虔心朝拜。

孝感白兆山／雙峰山

白兆山

白兆山又名「碧山」，該山山名最早出現在北周建德二年（573 年）的史籍中，是一座名副其實的文化名山。位於孝感市安陸城西十五公里的白兆山，屬大洪山餘脈，因李白隱居十年名揚天下，是唐代詩仙李白「酒隱安陸、蹉跎十年」的居住地。

傳說中，玉皇大帝吩咐太白金星給人間下達聖旨，太白金星看為時尚早，所以去喝酒下棋，醉意朦朧之間不小心將一枚棋子滑落至人間，遂成大山，當地人稱之為「煙店」。後來一位高僧雲游至此，見到雲霧繚繞，將之改名為「白兆山」，而太白金星因此受罰，貶到人間，化為李白。

現實中的李白乃一代詩仙，玄宗開元十五年（727 年），不遠萬里來到安州（今安陸），在此生活十年。後同唐高宗朝宰相許圉師孫女許紫煙結婚，即以白兆山為居留地。李白以文會友，在此創作了無數的經典詩作，比如《蜀道難》《安陸白兆山桃花岩寄劉侍御綰》《送孟浩然之廣陵》《山中問答》等，成為中華民族文化中的瑰寶。韓愈、杜牧、劉長卿、歐陽修、曾鞏、秦觀等文壇巨匠也都曾於此吟詩詠勝，並悼念詩仙李白。

此外，白兆山現在還有桃花岩、太白堂、白兆寺、洗筆池太白林、紺珠泉、李白讀書檯、洗腳塘等與李白相關的遺址遺跡，供廣大遊客一覽其豐富的文化風采。

白兆山還是一處道教聖地。相傳道教祖師爺真武神是古代淨樂國太子，佩戴天神所贈寶劍，到處尋找修練之所，行至白兆山，頓感山水寧靜秀麗，空氣甚好，於是決定在此地修建修練的道場。歷時長達四十二年，他終於大功告成，白日飛昇，號稱「玄武君」，這在清代道光二十三年（1843 年）所纂的《安陸縣誌》中有所記載。連赫赫有名的武當派創派祖師張三丰也留駐安陸修練大道，具體事蹟在《德安府志》中可找到。

白兆山是一方自然人文兼備的覽勝之地。它地勢險峻，崖壑幽深，層嵐疊翠，林木繁茂，氣候宜人，有「碧山俏似詩」的盛譽。目前，白兆山李白文化旅遊區以白兆山國家森林公園為依託，建成了詩碑廊、祈雨壇、孝義祠、朗月亭、紀念館、李白像、三清殿、鐘鼓樓等景點，實現了山水景色與園林藝術的完美融合，是一處集文獻、楹聯、碑刻、雕塑、井泉、書畫於一體的國家 4A 級旅遊景區。

雙峰山

位於孝感東北部、距武漢市區僅五十八公里車程的雙峰山景區是國家4A 級旅遊景區，以其便利的交通、優美的自然環境和歷史悠久的孝文化著名。民間有一說法，雙峰山之所以得名是因為其主峰兩相對峙，乃是董永和七仙女幻化成，詩句有稱「此眼化作雙峙劍，刺破蒼穹問緣由」。

雙峰山有著風格迥異的自然景觀。景區奇峰疊翠，怪石林立，「觀音擺渡」「萬獸朝聖」「犀牛望月」等栩栩如生；天然溶洞青龍洞洞中套洞，

曲徑通幽；雙峰瀑布、虎嘯瀑布飛流直下，蔚為壯觀；「天下第一泉」潺潺流水，晶瑩清澈；白雲流水、滑石沖水上運動中心輕風拂面、碧波蕩漾；「林海聽濤」「回龍晨鐘」「好漢結義」「回宮閣」「望夫亭」各具神采，妙趣橫生；漫步洋泗大峽谷，賞鮮花、觀美景、聽溪流、品甘泉，彷彿置身天堂，讓人流連忘返。春，山花漫野，百鳥啼鳴；夏，芳草遍地，綠樹成蔭；秋，層林盡染，山果豐碩；冬，松竹傲雪，玉樹瓊枝。

孝感雙峰山

　　雙峰山有著深厚底蘊的文化景觀。新石器時代的雙峰山地區就已經產生了人類文明；自南北朝以來，無論是君王、地方豪傑，還是文人墨客、普通百姓在此活動，都在世事滄桑變化中留下了深厚的人文底蘊。這裡的白雲古寨遺址，是農民起義軍屯兵之地。《孝感縣誌》載，白雲寨「層巒削壁，相傳為孫臏地也」。唐末黃巢起義時，曾在白雲古寨屯駐重兵。元末紅巾軍、明末李自成軍、清末太平天國軍也都在這一帶戰鬥。古寨由內外兩個山寨組成，其中的外寨牆周長二點五公里，占地二五〇公頃，殘房四千餘間，尚保存著數處古遺址。這裡的「天下第一泉」為乾隆御賜。「第一泉」位於雙峰書院，泉水豐盈充沛，清甜可口。據說，連乾隆皇帝都對這泉水讚不絕口，曾題書「天下第一泉」於此，至今保

存完好。

古代有「二十四孝」之說，其中「董永賣身葬父」「孟宗客竹生筍」「黃鄉扇枕溫衾」三孝都發生在孝感，而「孟宗哭竹」的故事就發生在雙峰山的滴翠園。孟宗為三國時江夏人，年幼喪父，獨自照顧年邁的母親。後來其母生病，需用鮮竹筍做湯調養，但是正值冬季根本找不到鮮筍，孟宗無奈，於竹林裡失聲痛哭，哀慟良久，終於感動天神，賜以鮮筍。孟宗大喜，用筍煮湯給母親喝，其母果然病癒。

咸寧黃龍山／黃袍山／藥姑山

黃龍山

黃龍山位於幕阜山北麓，主峰海拔一五二八點三米，因為地跨湘鄂贛三省，所以被人們稱「一腳踏三省」（湘、鄂、贛）、「一山發三水」（修水、陸水、汨羅江）、「一山藏二教」（道教、佛教）、「一山觀兩湖」（鄱

夢醒黃龍

陽湖、洞庭湖）之地。目前景區內有天岳關、無名英雄紀念墓、堯家林文化遺址三處湖北省重點文物保護單位。

黃龍山的主峰隻角樓之雄、天岳關之險、鳳凰翅之幽、獅象把門之奇號稱景觀四絕，又有「大十景」與「小八景」相互映襯，景觀多樣而豐富，山中峰岩俊秀，森林蔥鬱，鳥語花香，是一處不可多得的旅遊、休閒、度假勝地。

黃袍山

黃袍山又有華羅寨、盤古大山、大盤山、仙聖山、三尖山等多個別名，這裡自然景觀和人文景觀十分豐富，有中國十大落差最大瀑布之一的白水崖瀑布，還有水簾洞、怪石峰、插劍岩、巨乳石、仙人埂、玉泉宮、神龍洞、燕子岩群洞、痴情谷——甘坑谷、大泉仙谷、夾井峽谷、佛家聖地嫦娥山白玉寺、道家古石屋遺址，等等。又有一門三尚書遺址、荻田村玉溪沿河仿古街、北宋抗金英雄大元帥岳飛之師——方瓊墓地、明朝進士汪潤田故居、黃庭堅退隱黃袍山的「魯直第」、夜珠窩「文定世第」、秦漢時期張良創辦的「伐桂書院」、幕阜書院遺址、華羅山寨古兵寨遺址等。除此之外，還有紅色旅遊景觀羅榮桓元帥早期革命活動紀念館、湘鄂贛黃袍山革命烈士陵園、英雄母親黃菊媽陵園、湘鄂贛黨校舊址、通崇修縣政府舊址、紅軍洞、八百壯士墓群、八百壯士紀念館等。

藥姑山

藥姑山也被稱為「龍窖山」，地處湖南臨湘市與湖北崇陽縣交界處的

藥姑林場界內，總面積一一六一七點九公頃，主峰一二六一點一米，是省級自然保護區，也是瑤族先民的祥瑞聖山。

人們發現藥姑山中存在著大量古井、神台、石屋、梯田、石寨、石洞、石墓、石壩、石柱，這些遺跡都呈現著瑤族的文化特徵。根據《戰國策》《史記》等史籍的記載，我國古代將瑤、苗等南方少數民族統稱「三苗」，有三苗國。因此經考古及學術研討認為，藥姑山可能就是古代瑤族的居住地，廣西瑤學會認定藥姑山就是瑤族歷史上的居住地千家峒，並為藥姑山頒發了《龍窖山千家峒認定書》。

鄂西南武陵群山

利川齊岳山

齊岳山位於湖北省恩施州利川市西，距市區僅三十公里，有 318 國道從景區橫穿而過。山脈呈西南東北走向，總面積五六○平方公里，主峰一九一一點五米，平均海拔一五○○米以上，是中國南方最大的山地草場。

齊岳山山勢高大，為古代荊楚與巴蜀之間的屏障和軍事防守要塞，山上重要關隘有七處，故有「萬里城牆」之美譽。明末追隨李自成部的夔東十三家首領劉太倉等在此山上立營，堅守長達九年；川楚白蓮起義之時，曾以此為防禦戰勝清軍；一九三四年紅三軍活動在這一帶，粉碎了敵軍多次圍剿。

由於氣候溫暖濕潤，降水充沛，齊岳山上草場發育良好，多達十萬

利川齊岳山，蒼茫雲海間｜王勇攝

畝，設有多個跑馬場和野營村、燒烤園、休閒山莊、賓館等。夏季，草場一片翠綠，是南方地區不可多得的草原風光；冬季，白雪皚皚，又是一派晶瑩剔透、白茫茫的北國風光。

齊岳山上的蘇馬盪，現已成為恩施利川著名的避暑勝地。「蘇馬盪」在土家語中的意思是「老虎喝水的地方」，這裡占地面積二十平方公里，氣候清涼舒爽，森林濃密茂盛，每年五月漫山遍野儘是銀、紅、紫、白各色杜鵑，堪稱百里「杜鵑長廊」。這裡保留著土家族原生態特色，風情獨特，夏季是海內外嘉賓納涼休閒度假的勝地。

咸豐坪壩營

咸豐縣坪壩營地處湖北、重慶的交界，四周分別與湖北來鳳、重慶酉陽、重慶黔江毗鄰，可謂是「一山跨兩省，一水連四縣」，為國家 4A 級旅遊景區。咸豐縣名取自「咸慶豐年」，寓意位於武陵腹地的坪壩營土家

聖地年年都是五穀豐登的好年成，寓意人民生活安康，幸福綿長。

　　人們通常把坪壩營稱為「森林之營、生命之營、養生之營」，稱其為「森林之營」，是因為景區內有原始森林八萬畝，人工林七萬畝，原始次森林十二萬畝，森林覆蓋率達百分之九十六。稱其為「生命之營」，是因為這裡處在北緯 30℃，植物品種多達四百種，野生動物有五百多種，有國家重點保護樹種珙桐、紅豆杉、杜鵑、鵝掌楸等十餘種，有國家保護動物金錢豹、大靈貓、花面狸、香獐、麂子、錦雞等二十餘種。稱其為「養生之營」，是因為坪壩營終年氣候溫和，降水豐富，年平均氣溫11℃，相對濕度達百分之八十，負氧離子濃度高，素有「天然氧吧」之稱。

　　在坪壩營，你可以欣賞到浩瀚的原始森林、罕見的古樹杜鵑群落以及

坪壩營景區

成群的珍禽異獸。這裡是標準的咸武系剖面以及「岩溶叢」地貌，三五〇餘座山峰雖沒有獨立高聳之態，但山巒群聚起伏跌宕，由此形成了飛瀑、流泉、峽谷、洞穴渾然一體的原生態休閒景觀。

鶴峰屏山

鶴峰屏山享有「國寶屏山、土司文脈」之譽，有「十里地縫、百仞幽峽、千年洞城」之稱。屏山，也被稱為「平山」，地處鶴峰縣屏山村，從整體看地形南北長、東西窄，猶如一艘大船邀遊於綿綿群山中。屏山分布著九十九座山峰，其峰頂海拔超過一九〇〇米，四周多為懸崖絕壁，外圍則四面環水。屏山四處都是幽深險要的峽谷，與外界的通道只有四條，分別是躲避峽、掛巴岩、鐵索橋與「七丈五」。

鶴峰屏山峽谷｜王開學攝

屏山歷經五代土司的經營，至康熙年間，已建設成生產生活條件齊備、軍事設施堅固的除治城中府以外最大的府邸。容美土司王爺自稱「爵爺」，二十一代土司王田舜年致仕後在屏山居住有年，故稱屏山為「爵府」。清代著名詩人、戲劇家顧彩受容美土司田舜年之邀，又應《桃花扇》作者孔尚任的託付，來此遊覽，當時的土司親自陪同其前往屏山，先後作詩十餘首，其中《天心橋》《屏山月夜》《登小崑崙》《夜聞杜宇》《屏山和九峰來韻》都是描寫屏山的佳作。「蜀道難其難，未必如屏山，往來遊人過客盡卻步，我獨胡為兮，寢興飲食於其中」的詩句將屏山之險刻畫得惟妙惟肖。

屏山同土家族有分割不開的歷史淵源，容美土司曾在此繁衍生息四百多年，容美土司文化遺存無處不在，並出土了大量文物。容美又稱「容米」，容米為土家語，譯成漢語，是「妹兒」的意思，可以說，此地古代為妹妹的住址，或者說，這裡的氏族頭人為女性。元至大三年（1310 年）以前這裡是容米部落，隨後改為土司制度，到雍正十三年（1735 年）「改土歸流」，前後延續了四二五年。土司制度是一種世襲的軍政合一的集權制度，司主也稱「土王」，為地方上最高的行政和軍事長官。明代容美司主田楚產以屏山為寨建立了獨立小王國，前後五代八個容美土司對這裡進行治理，呈現一派欣欣向榮的景象，因此留下了氣勢磅礴的建築群和土司行宮遺址。

來鳳白岩山

白岩山地處鄂渝邊界的湖北省來鳳縣大河鎮境內，緊鄰咸豐縣坪壩營景區和重慶市酉陽縣，距來鳳縣城六十公里。

南方天池白岩山｜沈鴻俊攝

　　白岩山森林茂盛，層層疊疊、遮天蔽日；溪水澄澈乾淨，山花色彩斑
斕，點綴在白岩山的大地上；山谷裡時而飄起冉冉炊煙，多了一種別樣
的風味。春天薇菜、蕨菜從山裡長出，是難得的美味；夏天山中果香濃
郁，令人垂涎；秋天林海變換著多重顏色，令人炫目；冬天紛紛揚揚的
大雪遍地，銀裝素裹，讓人流連忘返。景區內還有一個占地二百餘畝的
天池，湖水蕩漾，好像仙人遺失在世間的一顆珍珠。

　　在白岩山中，可以聽到的是沿路兩旁鳥語蟬鳴，時而又有錦雞等山間
動物出沒，十分可愛。山中村民淳樸好客，民族風俗原汁原味。傳說中
的「天地之間人間仙境、雲霧之間世外桃源」恐怕也不會比這裡更美了。

建始黃鶴橋

　　黃鶴橋峰林在建始縣花坪鎮南部，海拔一二〇〇至一三〇〇米。傳說
這裡是黃鶴飛昇之地，又傳說這裡的人們曾經架橋連通天地，所以也被

黃鶴橋觀雲海｜譚志松攝

稱為「黃鶴橋」。黃鶴橋峰林景觀奇異，深藏懸崖絕壁之間。景點內分布
著石柱、奇峰、怪石、深谷、天塹、地峽、地縫、絕壁，單單是「一線
天」景觀就有很多處，千姿百態，各不相同，簡直就是「奇峰大觀園，
怪石薈萃地」。主要景觀包括群峰朝陽、深谷幽峽（空谷幽蘭）、絕壁雲
海、一峰獨秀、金雞獨立、地峽奇觀（涼風槽）、雄鷹望塔、展翅欲飛、
一線天、五指山（山頂塔林）、石猴望月（直立人）、霧中石人等。

宣恩七姊妹山

　　七姊妹山國家自然保護區地處湖北省宣恩縣東北，到縣城大約四十公
里的距離，它是武陵山脈在宣恩境內的七座綿延的山群，最高峰火燒堡
海拔二〇一四點五米。

神韻七姊妹山的秋天｜黃漢民攝

　　七姊妹山群峰崢嶸，怪石嶙峋，溝壑縱橫，飛瀑直流，動植物資源豐富，是湖北西南地區動植物資源的一個基因庫。

　　七姊妹自然保護區內包括七姊妹山、秦家大山、八大公山三大部分。調查顯示，保護區現已發現國家重點保護野生植物二十三種，其中被稱為古植物「活化石」的珙桐構成了世界上面積最大的群落，有「綠葉扶果果更紅」的紅豆杉，有罕見成片的青岡林。各類植物夾雜生長，使保護區四季都可觀賞不同的植被，尤其在每年春夏之交，珙桐花盛開，如同一群一群白鴿飛舞……這裡的植被古老、原始並且數量龐大，因此《中國生物多樣性保護計劃》和《中國生物多樣性研究報告》已經將這裡列為「中國優先保護領域」「具有全球意義的生物多樣性關鍵地區」。

巴東鐵廠荒

　　鐵廠荒地處長江三峽南岸，被稱為「鄂渝第一關」的巴東縣野三關境內。這裡距「世界第一高橋」——滬渝高速泗渡河大橋十五公里，距世界最長人工灌渠——巴東「絕壁天河」十公里，距巴東縣城四十多公里，離清江水布埡六十公里，318 國道、209 國道、滬渝高速、宜萬鐵路穿境而過。公園占地總面積四十二平方公里，其中山林面積三點六萬畝，森林覆蓋率百分之九十四，平均海拔一六〇〇米，有「鄂西屋脊」之稱，為國家森林公園。

　　鐵廠荒有茂盛的樹木，氣候溫暖濕潤。在公園中登高遠眺，這裡春天

鐵廠荒森林公園

雲霧繚繞，夏天晴空萬里，秋天層林盡染，冬天潔白晶瑩。森林公園由四大景區共二十多個景點構成，分別是茅葫平景區，包括石門埡、林間娛樂場、落英洞、鐵廠尋夢、南園綴果等景點；小埡景區，包括雲海觀日、紫薇溪澗、滑雪場、聽濤、將軍岩、民俗村等景點；青樹溝景區，包括古木清風、林間拾趣、森林浴霧、野營村等景點；黑窩景區，包括亞洲之最的巴山松王、植物園、楓林醉秋等景點。同時還有革命聖地娃娃寨、寇公勸農之路等景觀。

目前公園正在籌建新的休閒旅遊度假區，主要項目包括鐵廠荒森林公園遊客集散中心、高山森林小鎮、高山滑草滑雪、戶外露營等運動休閒旅遊項目和鐵廠荒花海等，其中投資一八〇〇萬元建成、占地近千畝的高山森林花海已於二〇一七年八月正式開園迎賓。

鐵廠荒四季美景處在不斷變化中。這裡有純樸自然的山林野趣、原汁原味的土家風情、一時一景的四時花卉、清秀俊麗的森林景觀，行走於其中給人「野鳥鳴歌無假語，山泉流水有真聲」的愉快感受。

恩施大峽谷，為大器晚成之地。因山閉塞，久不聞名，累石巨柱，獨嘯曠野，深壑縱谷，藏於山中。因隱姓埋名，更比他山閱歷深久，沉靜世外。任他熙攘浮囂，人景雜沓，而此大峽谷新境一開，萬眾矚目成絕響。

以億萬斯年的駐顏相守，待深閨人識。一躍而起，舉世皆驚。深幽神祕，迷障重重，未嘗不是最後輝煌的見證。儘管峰無其名，谷無其姓，山固有奇，名不畏俗，一炷香也好，玉筆峰也罷，岩灣天路也好，母子情深也罷，無甚要緊。山本奇詭，志在大雅。崔嵬難述，無可旁類。天容我自巍然，豈有他哉！

從馬者村吃過午飯出發，微雨漸收，空氣潤如花房，茶園青青，草色如黛。突見峽谷絕壁橫亙，為雨龍山絕壁。其氣勢磅礡，斬切而下，如狂雷砰訇，砸於足前。往上仰視，此絕壁噴薄而出，直可上天。再環顧四周，全為神剜鬼削之勢，如巨人城柵，滿座皆栗！如此龐然大物，氣勢洶洶，意絕塵寰。

再往前，是朝東岩絕壁，在雪照河之對岸，如斧劈去一半，另一半失落雲空，一半留與人間。雪照河水，如雪照景，白如素練，悠然東去，注入清江。其大峽谷之勢，已全在眼前。真是罕世絕景！明朝的寫山高手袁宏道說：「如井者曰峽。」科羅拉多、雅魯藏布、長江三峽，皆曰大峽谷。科羅拉多荒涼可怖，雅

魯藏布詭異迂迴，長江三峽狹長逶迤，獨有恩施大峽谷為天下大井，函泉萬方，開闊森朗，胸有大壑，喉如天嘯。百多公里，其域廣袤。大河磧、前山絕壁、大中小龍門、板橋、龍橋、雲龍河、後山、雨龍山、朝東岩、銅盆水，在屯堡、沐撫、馬者、木貢、板橋諸地恣肆狂歡，傲若無人。

雲龍河地縫在去七星寨的路上，忽見前有大鑊，如大地裂骨，天斫一刀，何等瘆人！地下奇景，飛瀑狂注，晴雷噴碧雪，地心貫長虹，如巨蚌之含玉，石榴之咧嘴，五彩繽紛，不可名狀。

一線天又名七星門。兩山對壘，令人暈眩。進去則四山巉壁絕淵，千圍萬仞，處處孤根拔地，支支獨筍插天。仰望則帽落，長嘯則音回。往山上攀去，到處鬼泣神嘆之崖，如入狼嚎虎闞之地，岌岌莫知其端。

興致大增時，順山勢誘入絕壁長廊，才知已到半山。如有恐高症、心臟病者，輒不能往，可尋另一平緩岔道行。但大膽者十有八九。萬丈絕壁，千尺斷崖，有我一路。腳下萬里蒼翠，山坡梯田隱隱，人間城廓，盡收眼底。但山太高，人懸半空，遠荒雲路遙迢，腋下風急，兩股戰戰，四肢瑟瑟。周遭煙蹄霧爪，不知天上人間，神思蒼茫。但也有在此談笑風生者，奔躍擺 Pose 者，長歌狂吼者，作征服狀，無畏相。本是無路客，卻從雲中行。如今人們看山確比古人有福。可在如此險峻絕壁上鑿出一條路來，讓人們

近距離深入山之腹地，看清它的面目。但也許不對，山只可遠觀，不可近玩。特別是那些氣魄非凡之山，本不是凡間物，何必以區區之俗擾我赫赫之神聖，討狎暱之嫌。有人在此寸步難行，如黏岩之鼯鼠，窘態盡出，那就是山之高遠不可犯，威嚴不可欺。你群群蕞爾小人，穿山腰而過，既如英雄，亦可忽略不計。人之渺小，如蟻如螻，空中絕崖成大路，乃是托鑿工之福；萬里空煙作遠矚，根本是天梯偷景。有種者，云槎乘去，遨我膽魄，可喚魂兮歸來。

走過此段，懸心稍放。在岩灣山中幽谷小憩，松風裊裊，吹汗無縷。再往上行，又見一絕壁，直立如切糕。上有一松，是我族類，取名鞠躬松。此松欲跌欲飛，奮翮有姿。亦如一人鞠躬，禮向深谷萬岩。可以理解禮失求諸野：大谷有禮，全在高險處。禮失於世，藏之危崖，其義昭昭，真可警示天下。

攀入大樓門，憚愕於路斷天門，可一縫進入。真是欲往南牆撞，卻有鳥道行。兩山相對，如掰開之豆莢，如雙帆高懸，二峰駢立，如此對稱，宛似人為。有此神工，造化達極。嗚呼！絕境又通煙塞，山中又有新途。

再前，但見一峰突起，雲霧飄來，峰似桅杆。正驚呼時，其夾縫中還有一峰，更是怪異，雲崖飛渡，搖搖欲墜，其細如一深秋荷梗，支其無力，驚世駭俗，這便是稀世奇峰一炷香。我謂一炷香道：

山之堅貞不拔，非凡人所想像。最細處僅四米，高百五十米，卻屹立萬年不倒。其骨骼錚錚，風雨難撼，冰雪難欺。一峰孤出，立於雲表，心有雄志，不棄不毀。苦難寂寥，奈我若何？其軀之弱，危如累卵。其脊之韌，令人驚魂！世有萬山，獨我昂昂。鋒鍔之拙朴，卻銳利有刃；身廓之逼仄，卻擎天有根！

一炷香後，還有玉筆峰、玉女峰、玉屏峰、拇指峰、孤峰等峰之奇觀，或如筆，或如女，或如母子，或如拇指。步步景色，無有贅復。常細雨滴落，化為雲霧，飛雲聚散組合，山岳時隱時現，如魘似幻。漸至孤峰時，天色大開，視野遼闊。往山下行，再回首，群峰猙獰，山壁如牆，門牖全閉，高不可攀，拒人以千里之外。感覺此行遊歷似不可信，從何路而出？群山如繭，全無闕處。金峰玉屏，穹崖敧石，已不是沿路所見景色，消隱無蹤。陽光普照，好似南柯一夢爾。

我說恩施大峽谷，以山之雄絕襯峽之深切，以峰之怪詭襯路之險駭。以千鈞狂野之氣，托宇宙幽冥之志；以生僻無擾之境，撩純情嬌媚之容。

往高峰遠路，看大氣象，得大境界，賺大胸懷。神驚一回，百世不悔。人與山似，不喜平庸；人與谷肖，愛作深吼。有麓泉之樂，可常相憶，萬念耿耿，繫於一山，情眷在茲，魂倚不倒。常想從酒池肉林，入清風大野，萬壑一開，滌我心塵。人生苦短，縱樂

更短。近山水而滋潤，親天地以靈魂。

人有時真可遽然以他景之境，讓心與天地契，襟與大荒合。倏忽之間，可以壑為喉，以谷為歌，以山之骨為脊，以雲之態為臆。神筆一柱，浩浩寫我大風。從恩施回，特記於此，以謝大山。

原載《湖北日報》2012 年 7 月 1 日

花

03章

海

分明的季節，豐富的地貌，充沛的雨水，孕育了種類繁多、四季綻放的花卉。花舞荊楚，是大自然對湖北最美麗的恩賜。

風雨送春歸，飛雪迎春到。伴隨著中國人最隆重的節日——春節，武漢東湖梅園的梅花凌雪怒放，由此拉開湖北人一年賞花的序幕。在時序轉換和季節更替中，櫻花、桃花、梨花、油菜花、杜鵑花吐露春天的氣息；荷花在炎炎夏日中送來縷縷清香；菊花、桂花寫意秋天的斑斕與曠遠，將湖北花事推向高潮；蠟梅在寒冬中獨自傲放，演繹生命的傳奇。賞完蠟梅，東湖梅園的梅花又開始芳香撲鼻，如此又是一年春。

豐富的花卉資源、靈秀的自然山水和璀璨的歷史文化，共同構成湖北獨樹一幟的賞花旅遊產品，武大櫻花之旅、東湖梅花之旅、麻城杜鵑花之旅、荊門油菜花之旅和武漢新花城之旅等四季賞花線路享譽全國，並逐漸吸引越來越多的境外賞花遊客。

第一節・梅花

遙知不是雪，為有暗香來

梅花是中國傳統名花，分布非常廣泛。野生品種的梅花原產於中國西南部，在中國有四個次中心，即川東地區，鄂西山區、鄂東南、贛東北及皖浙山區，兩廣、贛南山區，閩、台北區。觀賞梅花的栽培在北京、山東、河南以及西藏、海南等地均很盛行，但賞梅最為集中的地帶當屬長江流域。梅花凌寒留香、冰肌玉骨的風骨體現了儒家文化的精神風貌，是代表中華民族的「精神之花」。幾千年來，上至顯達，下至布衣，均對梅花深愛有加。在中國文學藝術史上，梅詩、梅畫的數量之多，足以令其他花卉望塵莫及。據統計，古往今來，世人詠梅的詩詞多達五千餘首，比吟誦其他所有花的詩詞歌賦的總和還要多。梅花的陣陣暗香和意境風骨為我們打造了獨特的中華民族花文化，從此意義上說，梅花之美無花能敵。

湖北是野生梅花的主要分布區，鄂東南、鄂西山區均有野梅分布，花期從當年十二月一直可開到次年三月初。野生梅花樹形高大，暗香襲人。梅生湖北歷史悠久，秦漢時野生梅花就散見長江兩岸，晉朝所植梅花至今仍然開放於黃梅縣蔡山之上，宋代時武漢一帶居民栽培梅花已很盛行，明清時期，武漢的黃鶴樓、卓刀泉、梅子山都是賞梅的絕佳所在。中華人民共和國成立後，湖北更是堅持致力於梅花的研究和培育，成績斐然。湖北的梅花品種已由二十世紀六〇年代的七十四個擴大到現在的三二〇個，擁有中國乃至世界規模最大、品種最全的梅花品種資源圃。武漢擁有全國「四大梅園」之一的東湖梅園。

蠟梅其實與梅花既不同科，也不同屬，是兩種完全不同的花。但因均冠一個「梅」字，又同有「凌寒獨自香」的氣質，更因中國人賞花意在寄情，所以往往賞梅既賞「春梅」，又賞「蠟梅」。蠟梅因花瓣較硬，

「蠟」質感強，因而被稱為「蠟梅」，又因開花在隆冬臘月，被人們誤寫成「臘梅」，並被廣泛接受並使用。湖北西部也是蠟梅的原產地。一九七五年在神農架的一次科考中，發現了當時世界上最壯觀、最大的野生蠟梅林，神農架也因此被稱為「蠟梅王國」「蠟梅的故鄉」。繼神農架之後，科考人員在襄陽保康縣、十堰茅箭區和鄖陽區、宜昌點軍區均發現了大規模的野生蠟梅群落，其中的保康縣野花谷風景區，已建成全世界第一個野生蠟梅自然生態保護區。

武漢東湖梅花

著名詩人郭沫若曾寫道：「且喜東湖春早到，紅梅萬株一齊開。」武昌東湖磨山的梅園景區環嶺臨湖，鬧中取靜。東湖梅園始建於一九五六年，現為中國梅花研究中心所在地，擁有全國乃至世界上範圍最大、品種最全的梅花品種資源圃。目前園區面積已擴大到八百餘畝，栽種梅樹兩萬餘株。這裡的梅花品種多達三二〇餘個，其中不乏一些珍貴的品種，如龍游梅、美人梅、多子玉蝶、雪海宮粉、金錢綠萼、黃香梅等。早春時節，這裡梅花傲放，疏影橫斜，暗香浮動，是蜚聲海內外的賞梅勝地，為中國四大梅園之首。

全國首座古梅園在梅園入口處，占地一五〇餘畝，百年以上的古梅樹近二百株。其中，樹齡三百年以上的古梅達二十餘株。最古老的一株古梅樹齡已有八百多歲，植於南宋時期。這棵古梅是東湖梅園的鎮園之寶，於二〇〇九年從浙江移植到東湖。古梅園依地形地勢而建，依山傍水，面前是煙波浩渺的東湖，身後是曲徑通幽的磨山。園內古梅林立，或迎風，或照水，或曲或直，或疏或密，井然有致，瀟灑自然。園內還

有妙香國、江南第一枝、花溪、放鶴亭、梅友雕像、冷豔亭等景點，其中妙香國為中國梅文化館的所在地。

東湖梅園是武漢的一張名片。自一九八三年起，武漢市每年二月初至三月底都舉辦梅花節，主會場均設在東湖梅園，一年一度的梅花節吸引越來越多的國內外遊客專程來漢觀賞。梅花的盛花期一般自二月初開始，往往恰逢中國最隆重的節日——春節。因此，春節全家出動，去東湖賞梅已經和去歸元寺上香一樣，成為許多武漢市民春節期間必不可少的傳統節目。二〇一六年開始，東湖梅花節還專門新設了「水上探梅」旅遊路線，即從武昌楚河漢街沙湖碼頭、漢街水果湖碼頭至東湖磨山的賞梅水路專線，讓旅客逛漢街、游東湖、賞梅花，這種輕鬆閒適的賞梅新方式受到外地遊客和武漢市民的熱捧。

梅花是武漢的市花。除東湖梅園梅花數量最多、品種最全外，武漢還有很多賞梅之處。馬鞍山森林公園內有梅花一三〇〇餘株，武漢大學、黃鶴樓附近各有五百餘株，青山公園也有幾百株梅樹。在漢口的江灘公園、中山公園、解放公園等地均種有梅花，品種為宮粉型、硃砂型、綠萼型等；位於漢陽沌口開發區的湯湖公園內，種植有紅梅和綠梅，共一百多株。

神農架蠟梅花

神農架被生物界稱為古生物物種的「避難所」，許多在自然界已瀕臨絕跡的古生物品種都在這裡倖存下來，野生蠟梅就是其中之一。野生蠟梅世界上僅存兩屬，分布於北美的一屬已近絕跡，分布在中國的這一屬本以為也近滅絕。一九七五年，中科院的植物學家們首先在華中屋

脊——神農架考察時發現了一大片壯觀連綿的野生蠟梅林，繼而又在與神農架相鄰的鄂西北山區發現成片的野生蠟梅，引起海內外的高度關注。

神農架野生蠟梅位於神農架東部陽日鎮南堖山麓，面積達四千餘畝，縱橫交錯地生長在茂密的櫟樹林中，有菊黃、金黃、蛋清、帶紅、含紫等十餘種顏色。這裡的蠟梅與別處不同，株株簇簇依崖而立，臨溪而生，或倒掛絕壁，或橫插巨石，從山腳到山頂破寒而開，香氣滿溢。此片野生蠟梅林是重點保護地，身處於大山深處，交通不方便。為方便遊客觀光遊覽，政府在神農架自然保護區的木魚鎮官門山開發建設了蠟梅園，園內六百多株蠟梅花有一部分就是從陽日鎮野生蠟梅林移植過來的。特殊的地理和自然條件使得神農架擁有中國南方唯一的自然雪場，三五親友結伴到神農架國家公園去賞梅滑雪，是湖北冬季除溫泉外最受遊客歡迎的旅遊熱線。

保康蠟梅花

保康縣是襄陽市唯一的全山區縣，地處鄂西北，毗鄰神農架。當地的野生蠟梅，俗稱「古椿蠟梅」，是中國特有的珍貴花卉樹種。保康縣素有「蠟梅王國」之稱，於一九八七成立了全國第一個野生蠟梅自然保護區——保康野生蠟梅自然保護區。山區內的野生蠟梅，屬第四紀古冰川遺留的野生蠟梅群落，特別珍貴。保護區面積為六萬餘畝，生長野生蠟梅一百萬株，包括馨口、檀香、黃白、紅心、紫蕊等珍稀品種，其中，最大的一株樹幹直徑二十七點五釐米，高十三點五米，為世界之最。在賞花基礎上，為進一步打造花經濟，保康縣建立了世界上首個蠟梅精油萃取中心，並推出野生蠟梅系列產品，如蠟梅香薰、蠟梅潔面霜、蠟梅精華液、蠟梅香水等，成為遊客賞花之餘不可不帶的手信。

保康野生蠟梅自然保護區位於野花谷風景區之中。風景區建立在近千公頃的原生野生蠟梅純林的基礎上，為充分突出和展現「野花」二字，景區內還大面積地種植了蠟梅、牡丹、珙桐、紅豆杉、杜鵑等二十多種野生珍稀植物，形成了數十公里的賞花長廊。此外，除了這個國內最大的野生蠟梅自然保護區，保康境內還同時擁有野生牡丹、古椿紫薇、雲錦杜鵑等名貴花卉自然群落，在國內實屬罕見。被專家論證是「洛陽牡丹的鼻祖」的保康野生牡丹有近二百公頃；古椿紫薇有九百餘公頃，其中樹齡在五百年以上的古樹就有三萬餘株；雲錦杜鵑群落總株數約五十萬株，花開時節，燦若雲霞。保康自然旅遊資源十分豐富，賞花之外，五道峽景區、保康溫泉、堯治河景區、九路寨等均是覽勝休閒的好去處。

十堰鄖陽蠟梅花

位於鄂西北、漢江中上游的十堰市，是我國野生梅花和蠟梅的主要分布地，同樣也是賞梅勝地。十堰鄖陽的滄浪山國家森林公園，是我省野生蠟梅的另一個主要觀賞勝地。滄浪山的主峰海拔一八二七點四米，比武當山還要高二百多米，被譽為「鄂西北第一峰」。這裡是距十堰市區最近的一處原始森林，園內有近千畝的連片野生梅花群落，花期為每年十二月至次年二月下旬。每臨春節，蠟梅花悄然開放，暗香襲人，帶給人們春的信息。二〇一六年一月十七日（農曆臘八節），湖北滄浪山首屆梅花旅遊節正式開幕，吸引全國眾多遊客紛至沓來，尋梅迎春。

滄浪山的蠟梅剛剛謝幕，十堰市城區的梅花接著處處綻放，成為十堰街頭一景，賞畢蠟梅又賞紅梅成為十堰人初春時分的樂事。最受歡迎的賞梅地點是人民公園，一千餘株梅花和蠟梅，分布在三友園、萬壽山等

處。四方山植物園也是愛梅人的好去處，該園內有紅梅、綠梅、綠萼、照水梅等稀有梅花品種二百多株。此外，湖北醫藥學院、湖北工業職業技術學院、牛頭山風景區等地也栽有較大面積的梅花。

宜昌點軍蠟梅花

緊鄰神農架大巴山脈，位於巫山山脈的宜昌地區亦是我國野生蠟梅的原產地之一。植物界素有「宜昌是蠟梅的故鄉」的說法，而位於宜昌點軍區的車溪蠟梅峽谷，連綿三公里，為第四紀冰川時期遺存下來的野生蠟梅群落。在萬木蕭條的深冬時節，宜昌車溪民俗旅遊區的蠟梅峽卻生機勃勃，千畝野生蠟梅在峽谷中迎寒怒放，白色、黃色的梅花錯落有致，爭奇鬥豔，沁人心脾的幽香瀰漫整個峽谷。自二〇一一年開始，這裡每年均在元旦前後舉辦蠟梅文化節，是我省每年迎來的最早的花事。

踏雪尋梅

第二節 · 櫻花

櫻花爛漫幾多時？柳綠桃紅兩未知

中國和日本、韓國、德國、美國、加拿大等國是世界主要的櫻花觀賞國。中國種植櫻花始於周代；秦漢時期王公貴族已有種植櫻花的愛好；漢唐時期，櫻花普遍栽種在私人花園中。《全唐詩》中關於「櫻」的條目多達一四二條。櫻花以無可比擬的美麗燦爛、無可挽留的短暫易逝惹人憐愛，同時又是初戀的象徵。北京、上海、廣東、浙江、江蘇、湖北等地均有全國知名的櫻花觀賞地。

湖北是國內觀賞性櫻花種植大省，武漢、宜昌、襄陽、十堰等大中城市均將櫻花作為城市景觀花種植，武漢更是全國最為知名的櫻花觀賞熱點城市，每年花季至少吸引二百萬境內外遊客前來觀賞。湖北山區有分布廣泛的野生櫻花，神農架林區是省內野生櫻花最為密集的地方，數量多達百萬計。地處黃岡大別山的天台山連片分布的野生櫻花面積達八千畝以上，是現今發現的大別山地區最大野生櫻花群落。此外，我省很多地方種植有與櫻花同科不同屬的櫻桃花，「初春賞花，暮春摘果」的鄉村旅遊項目受到遊客追捧，也使櫻桃花成為鄉親們脫貧奔小康的「幸福花」。

武漢大學櫻花

櫻花使武漢大學享有「中國最美麗的大學」的美譽，武漢大學又使武大櫻花成為「中國最美麗的櫻花」。

武漢大學位於風景優美的東湖之畔，珞珈山上，校內建築始建於二十世紀初，中西合璧的宮廷式的建築群古樸典雅，為中國近現代大學校園

建築的典範。櫻花盛開時節，遍植校園各個角落高大的櫻花樹猶如一片一片或紅或白的花雲，與周邊優美的環境、灰牆綠瓦的典雅古建築交相輝映，高貴浪漫，美輪美奐，無處可及。「三月雨聲細，櫻花疑杏花。」一進三月，櫻花就成了武漢大學的主角，武大就成了賞花客心中的聖地。

　　武漢大學內的櫻花樹有一千多株，其中有日本櫻花（即江戶櫻花）、山櫻花、垂枝大葉早櫻和紅花高盆櫻桃共四個植物學種、十多個栽培品種或變種。最佳的賞花地點當然是「櫻園」──這片直接以「櫻」命名的園，其中最享盛名的是園內老齋舍旁的櫻花大道。櫻園主要以日本櫻花為主，種植有早櫻、晚櫻和垂枝櫻等共六種十餘個佳品的櫻花，它們絢麗多彩，花繁葉茂，枝幹多且花期不同。每當寒冬過後，春日到來之時，早櫻、垂枝櫻花、晚櫻等陸續開放。花開時節，櫻花大道人滿為患，人比花多，花比人嬌。武漢大學依山而建的老齋舍同樣是一處風景，它是學校最早的宿舍樓，也是校園早期建築群之一，老齋舍高低錯落，氣勢恢宏，是一座仿布達拉宮琉璃瓦建築。沿著長長的台階爬上老齋舍，樓頂才是最佳的觀

武漢大學櫻花（由中國圖庫提供）

景台，不見人流，唯余花海。另一個理想的觀看時間是晚上，此時人群散去，燈火暗淡，花影婆娑，花落有聲。除櫻園外，學校其他賞櫻點有：第四教學樓、鯤鵬廣場、人文科學館、信息學部星湖、醫學部等處。

武漢東湖櫻花

東湖櫻園是武漢賞櫻的另一個好去處，與武漢大學相鄰。一九七七年鄧穎超訪問日本，帶回了象徵中日友誼的七十八棵櫻花樹，並栽種於此，此為東湖櫻園的前身。櫻園占地面積二六〇餘畝，擁有櫻花品種五十六種，種植櫻花一萬餘株，與美國華盛頓櫻花園、日本弘前櫻花園並稱為世界三大櫻花園。

東湖櫻園採用日式庭院式造景，園內標誌性建築五重塔，是仿日本弘前市著名的五重塔而建，象徵著武漢市與日本弘前市的友好往來。園內配以日式園林的湖塘、小島、虹橋、斗門，連管理間和售票處也是設計精細的仿日建築。

由於熱島效應，東湖櫻花比武大櫻花開得稍晚一些，按開花時節，有早

東湖櫻園的櫻花（由中國圖庫提供）

櫻、中櫻、晚櫻，最壯美的中櫻盛景，多在三月中下旬至四月上旬之間出現。櫻園擁有不少珍貴櫻花品種，它們多數都有一個美麗的名字，如「飛寒櫻」「八重紅垂枝」「普賢象」「松月」等，還有珍稀名貴的綠櫻——「御衣黃」等。

櫻園中的植物品種非常豐富，櫻花樹和海棠花交相輝映，穿園而過的溪水邊，是黃蕊翠萼的迎春花。為進一步提升觀賞性，近年來，園區更在櫻花樹下種植了成片的與櫻花花期相近的二月蘭、油菜花等地被植物。盛花時節，紫色的二月蘭、金黃的油菜花與粉白的櫻花爭輝鬥豔，恍如仙境。

夜賞櫻花活動是東湖櫻花的一大特色。白天賞櫻，燦若朝霞，落英繽紛，當夕陽下山、浮華散盡的時候，夜黑如墨，花開似雪，更有一番妙處。

紅安櫻花

紅安天台山是觀賞野生櫻花的好去處。天台山風景區屬國家級森林公園，位於紅安城北二十三公里處，離武漢市僅一二〇公里，驅車需一小時左右。天台山的野生櫻花有百萬餘株，連片分布面積達八千畝以上，目前是大別山乃至中原地區已發現的最大野生櫻花群落。花開時節，上萬株櫻花樹遍布幾座連綿的山頭，有的隨意地散落在路兩旁的山坡和峭壁上，青山綠水間，如雪如雲，如夢如幻。天台山野櫻屬中華櫻花一種，花形比日本單瓣櫻花略大，比觀賞櫻花小一些。花落凋零後，會結成野櫻桃，可食，但個頭比市場上售賣的要小。

天台禪寺坐落在天台山主峰，是一座有著悠久歷史文化傳承又富有活力的寺院，僧眾以大多有音樂功底的年輕人居多。「天台三禪」──禪樂、禪茶、禪林已成為弘揚佛教文化的重要載體，其影響力已逐步走出湖北，走向世界。紅安亦是全國著名的將軍縣，中華人民共和國有二百多位開國將軍從這裡走出，境內紅色旅遊景區和革命教育基地眾多。近幾年來，紅安縣利用其豐富的農業資源和地理優勢，大力發展鄉村旅遊，湧現了華源農場、將軍紅民俗文化度假村等極具地方特色的鄉村旅遊點。春天，去紅安賞櫻之餘，無論是踏青、事農、禮禪、採摘，還是攜家帶子訪先烈受教育，均是一場不可多得的滌盪心靈的豐盈之旅。

赤壁櫻花

赤壁市不僅有著名的三國遺址，也有頗為壯觀的自然風景。葛仙山位於赤壁市官塘驛鎮，距武漢車程約二小時，風光秀美，是赤壁境內最高的山峰之一，傳說為著名道士葛洪仙人修道、養生、羽化飛昇之地。葛仙山擁有萬畝原生態的野生櫻花，連綿十餘公里。這裡的櫻花有紅、白、粉三種顏色，每年的三月中下旬盛開。櫻花盛開的短短一週內，是葛仙山最熱鬧的時節，遊人絡繹不絕。站在山頂放眼望去，漫山遍野皆櫻花，將枯黃的山坡繪成繽紛的花崗。落櫻之後，葛仙山又歸於沉寂，到了五月初，紅紅的、酸酸甜甜的野櫻桃掛滿樹梢，由於難以保存，無法上市售賣，想嘗鮮的遊人們只有上山採摘，葛仙山復又熱鬧起來。

咸寧是毛竹的主要產地，青山極目，房前屋後，均植青綠挺拔的毛竹，在竹影清風之中，欣賞野櫻的滿枝俏麗，其淡雅清新便是葛仙山賞櫻之旅最獨特之處了。此外，咸寧號稱「香城泉都」，赤壁亦是溫泉資源

豐富之所，賞花之餘舒舒服服泡個湯，沒有比這更好的早春之旅了。

十堰鄖陽櫻桃花

櫻桃溝村地處十堰市和鄖縣的交界處，北距鄖縣縣城四公里，南距十堰市十公里，車穿過 209 國道，出村二公里便可上漢十高速公路。櫻桃溝因櫻桃得名，也因櫻桃出名，村莊就散落於漫山的櫻桃樹之間，這裡的櫻花總面積約二千多畝，花色多以粉、白為主。花開的季節，走進櫻桃溝村，便能看到山坡上、小路邊，到處都綴滿潔白勝雪的櫻桃花，散發陣陣誘人的芳香。在櫻桃溝山花開放的盛景裡，櫻桃花僅是個序幕。櫻桃花的花期不長，但之後桃花、梅子花、波斯菊、金雞菊等山花將陸續開放，緊接著滿山的櫻桃熟了，又進入採摘旺季。從二〇〇八年始，櫻桃溝村當地政府積極開發當地生態旅遊和鄉村旅遊，形成了「春賞花，夏品果，住農家小屋，吃健康飯菜」的鄉村旅遊良好氛圍，櫻桃溝的旅遊也從一季拓展到了三季。現今，在十堰地區，櫻桃溝村已成為僅次於武當山的旅遊勝地，年遊客接待量超過三十五萬人，僅二〇一六年「五

櫻桃溝三月花開美如雪｜李軍攝

一」勞動節期間，就有十五萬餘人湧入櫻桃溝。近年來，櫻桃溝一直致力於鄉村景觀修復，村內的道路交通、旅遊指示牌、停車場、旅遊農莊等已經完成升級改造，一個四季可遊可留的生態型鄉村休閒目的地已初具雛形。

離櫻桃溝不遠，位於鄖縣柳陂鎮的青龍山，就是著名的鄖縣恐龍蛋化石群國家地質公園。這裡因恐龍蛋化石數量大、分布集中、保存完整、埋藏淺的特點而聲名海內外，僅裸露地表的恐龍蛋化石就達二千多枚，是賞花之餘不可錯過的旅遊景區。此外，鄖縣的綠松石十分有名，是世界珍貴寶石之一，也是遊客來鄖縣不可錯過的特色旅遊商品。

第三節 · 杜鵑花

回看桃李都無色，映得芙蓉不是花

杜鵑花起源於距今約六七○○萬年至一三七○○萬年的中生代白堊紀時期。中國是杜鵑花的王國，在全世界九百多種杜鵑花屬中，我國就有六五○種，除新疆和寧夏外，其餘各省區都有野生種分布。杜鵑花屬之一的映山紅由於有鮮紅的顏色、堅韌的性格，而與中國紅色革命和為革命拋頭顱、灑熱血的民族英雄們聯繫起來，並被視為「英雄之花」。

湖北擁有豐富的杜鵑花資源，其中以映山紅（紅杜鵑）、粉白杜鵑、燈籠花、珍珠樹、扁枝越橘、毛肋杜鵑、秀雅杜鵑、粉紅杜鵑、紅暈杜鵑、麻花杜鵑等最為常見，神農架杜鵑花品種更是占到了湖北杜鵑花種數的一半以上。由於海拔高差不同，杜鵑的整個花期長達三個月。一進四月，湖北就開啟了「全民賞杜鵑」的模式，東湖磨山景區的杜鵑園、麻城龜峰山、黃陂雲霧山、宜昌五峰縣、英山天馬寨、利川蘇馬蕩、神農架林區均有大量的賞花客湧入。

麻城杜鵑花

麻城位於湖北省東北部、大別山中段南麓，鄂豫皖三省交界處，版圖面積三七四七平方公里，人口一二○萬人，是紅色古城、杜鵑花城、交通新城、特產名城。「四高四鐵」貫穿全境，是湖北省內僅次於武漢、襄陽的第三大交通樞紐城市。

麻城擁有紅杜鵑（又名映山紅）一百多萬畝，其中，龜峰山景區擁有密集成片的原生態映山紅群落十萬多畝，平均樹齡在一百年以上，是至

今世界所見規模最大、年代最古老的映山紅群落。

　　龜峰山杜鵑群落面積之大、年代之久、密度之高、保存之好、花色之美，實屬世界罕見，因而具有極大的科學研究價值。國際著名杜鵑花權威專家、中國杜鵑花協會副理事長管開云教授曾感嘆：「麻城杜鵑花是我見到過的該種杜鵑分布最集中、林分結構最純、種群面積最大、樹齡最古老、保存最完好、株型最優美、景觀最壯麗的自然群落，令人眼界大開，堪稱世界奇蹟，真可謂麻城杜鵑甲天下。」二〇〇九年四月，麻城市榮獲上海大世界基尼斯總部頒發的《中國面積最大的古杜鵑（映山紅）群落》證書。麻城政府為了延長賞花期，在龜峰山投入資金，建設了至今世界最大的杜鵑博覽園，堪稱為「三個世界第一」：國內杜鵑盆景數量第一、規模和品種、品質世界第一；杜鵑栽培技術和嫁接技術世界第一；園內小葉杜鵑基因品種世界第一。二〇一一年中國花卉協會授予麻城「中國映山紅第一城」的稱號。

　　杜鵑花開，漫山如霞，花色之美，天下一絕；龜峰昂首，氣勢如虹，

人間四月天，麻城看杜鵑｜南春友攝

神態之妙，舉世無雙。龜峰山景區乍看極似一隻昂首蒼天的神龜，由龜頭、龜背、龜尾等九座山峰組成，方圓一百多平方公里，最高海拔一三二〇米。神似龜頭的龜峰高高聳立於起伏不斷的群山之中，垂直高度達三百餘米，龜頭至龜尾延綿十六公里，中間分布著五十多平方公里的大片原始森林和原生態古杜鵑群落，形成了「天下第一龜」的世界地質奇觀和「紅就紅一片，火就火天下」的杜鵑花奇景。龜峰山杜鵑花海素有「世界上最大的古映山紅群落」「大別山上最美麗的紅飄帶」和「北緯 30 度最激盪人心的紅色花海」等一系列稱號，也是中國唯一入選世界十七處最美花海的景觀。

「人間四月天，麻城看杜鵑」。從二〇〇八年開始，麻城市每兩年舉辦一屆中國麻城杜鵑文化旅遊節。每年「五一」前後，杜鵑花開，雲蒸霞蔚，蔚為壯觀，來自全國各地乃至境外的遊客蜂擁而至，此時的龜峰山風景區成為全國最火爆的景區之一。

神農架杜鵑花

神農架位於北亞熱帶和暖溫帶的過渡地區，群山眾多，擁有各類植物三七〇〇多種，其中受國家重點保護的就有四十餘種，一直都被稱作「植物王國」和「天然花海」。此外，它又是當之無愧的杜鵑花之鄉。神農架杜鵑總稱為高山杜鵑，作為華中地區的制高點，湖北省大多數杜鵑花科的物種及絕大多數的杜鵑花資源都能在這找到。神農架地區共有杜鵑花科植物七屬三十五種，植株數約為一點五億棵。神農架高山杜鵑一般生活於海拔八百至二八〇〇米之間，無論是在高聳的群山還是溝壑岩縫之中，她們都長得婀娜多姿、色彩斑斕，臨近還能聞到淡淡幽香。在神農

架，高山杜鵑位居當地十大名花之首，被看成是神農花卉的代表，並成為神農精神的象徵。

由海拔高差不同而導致的花期漫長，也是神農架杜鵑花的特徵。每年三月下旬至六月，是觀賞杜鵑花的絕好時機。每年春季，從高山移栽於海拔一二〇〇多米的官門山景區生物多樣性實驗室的杜鵑最先開放。四月初，這裡的杜鵑始冒花骨朵，而粉色的花朵完全盛開要等到四月中旬。隨著時間的推移和氣溫的升高，官門山景區杜鵑園的各種杜鵑也緊跟著開放。直到四月底，神農頂景區海拔二二〇〇米左右的大龍潭金絲猴研究基地附近區域的杜鵑花也競相怒放。最遲開放的則是位於海拔二五〇〇米左右的杜鵑，到五月中旬才會逐漸開花，這時遊客將會看到從神農頂至太子埡景點綿延十多公里的杜鵑花海，場面極為震撼。

神農架高山杜鵑｜姜勇攝

黃陂雲霧山杜鵑花

黃陂雲霧山地處大別山脈與江漢平原的過渡地帶，是武漢市延綿最長的山，也是武漢市唯一的城市郊野公園，方圓二十五平方公里，地貌極具特色，集峰、谷、堰、川、古寨、古建築於一體，享有木蘭生態旅遊區中的「百景園」之美譽。每年四月，雲霧山杜鵑節開幕，漫山開遍映山紅。

雲霧山是武漢市保存最完好的一條原生態杜鵑林帶，目前已查明有四十餘個杜鵑品種，許多品種為其獨有，因此這裡也是全國重要的杜鵑花研究基地。同時，該景區從全國引進約四百個品種的杜鵑花，成功培育出七千多個杜鵑花盆景。與神農架類似，由於海拔差異和種類的不同，雲霧山的杜鵑盛開期也各有不同，賞花期可以從三月底持續到五月初。

雲霧山杜鵑花開

英山天馬寨杜鵑花

英山天馬寨是驢友們發掘的賞花點，是拍客們捧紅的新景區。兩年的時間，就讓這座默默無名的大山一時間人滿為患，盛花期每天來天馬寨遊玩的客人多達萬餘人。天馬寨的杜鵑花海以紅色居多，但也有黃色、白色、紫色杜鵑稀有品種交相盛放，五彩紛呈，被驢友稱為「五彩杜鵑」，這使其區別於其他景區的杜鵑群落，更具特色。每到四月，天馬寨的杜鵑花便從山腰一直開到山頂，姹紫嫣紅，原本翠綠的群山像是披上了綿延十里的「彩色絲帶」，別是一種賞心之境。

茅箭賽武當杜鵑花

賽武當位於茅箭區，海拔高達一七二二米，因比隔山相望的海拔一六一三米的武當山還要高一〇九米，故得其名。賽武當氣勢恢宏，山多險峻，有著異常豐富的動植物資源，有植物一七八科一三一六種，其中杜

英山五彩杜鵑｜程抱中攝

鵑科有二十多種，秀雅杜鵑、雲錦杜鵑、粉白杜鵑、照山白、滿山紅等十二種是較為珍稀名貴的種類，花的顏色有紅、紫、黃、白、粉、藍等。

　　賽武當風景區地處北緯 32°，因緯度較高，每年五月中旬才是杜鵑花海的最佳觀賞時節。盛花期間，滿山的杜鵑開得異常猛烈，不論是山野或溝谷之中，又或是岩壁樹林之間，滿眼都是姹紫嫣紅的杜鵑花海。豔麗的杜鵑花與筆直的蒼松、古杉和嶙峋的岩石形成鮮明對比，給人以視覺上的衝擊與震撼，每年吸引了如織的遊客前來觀看。

第四節・油菜花

兒童急走追黃蝶，飛入菜花無處尋

中國是世界上最大的油菜生產國，種植面積和產量均占世界的三分之一左右，其中最主要的種植區域位於四川盆地和長江中下游地區，數量約占百分之八十以上。唐宋時期，極少有人歌詠油菜花，偶有提到，多半是作為鄉村景緻的一部分。明清時期，油菜花開始作為觀賞花卉出現在文人騷客的詩作之中，乾隆年間的蘇州人沈復在《浮生六記》裡還記載了一次愜意的賞菜花活動。時至今日，觀賞油菜花已成為中國人春日裡的一項盛事。

湖北的油菜種植面積和總產量連續多年位居全國第一，毫無疑問是中國的油菜大省。僅荊門一地，油菜花的種植就超過二百萬畝。為開發油菜花旅遊資源，湖北省旅遊委曾推出「湖北八大最佳賞油菜花地」，即宜昌枝江市問安鎮和仙女鎮、宜昌遠安縣沮河沿岸地區、武漢黃陂區大余灣木蘭川、荊州市荊州區「油菜花海・八嶺山」、荊門市沙洋縣曾集鎮張池村以及屈家嶺管理區湖北白鹿春景區、黃岡武穴市余川鎮周國村、黃岡羅田大別山百里畫廊。由於地處平原，天高地闊，江漢平原上的油菜花和婺源、門源等地不同，以規模見長，以氣勢占優，花開時節，整座江漢平原簡直成了油菜王國，極目望去，一望無際的黃色絢爛到極致。

荊門油菜花

荊門位於湖北省中部，南部接江漢平原，北通河南，南達湖廣，東瞰吳越，西鄰川陝，素有「荊楚門戶」之稱。因其主要地形為山地，且擁有分明的四季和適宜的氣候，因此十分有利於農作物生長，又有「中國

農谷」的美譽。荊門全區遍植油菜，每年三月，了無邊際的田野裡總會出現一片金黃色的壯麗風光。荊門油菜花在網友票選的「全國最美油菜花」中排名第三。荊門首創中國第一個油菜文化博物館，還擁有湖北省內唯一一個以大宗農作物為依託舉辦的旅遊節會——油菜花旅遊節。

荊門是湖北油菜種植第一市，也是全國油料產業帶的核心區，雙低油菜栽種面積二百萬畝。除此之外，荊門還是省內最大的優質雙低油菜生產區、「一壺油」戰略的原料區、加工區和油菜新品種、新技術、新成果的轉化區。得益於油菜的大量、優質種植，荊門市油料加工企業發展迅速，油料年加工能力八十萬噸以上，居湖北第一，其中沙洋縣的種植面積約達八十萬畝，是荊門地區油菜栽種連片面積最大的地區，現已成為聞名遐邇的自駕遊和賞花踏春勝地，這裡也是荊門油菜花旅遊節的主辦地。

荊門油菜花已成當地最鮮亮的一張名片，每年花開時節，一五〇餘萬

沙洋縣張池村油菜花航拍圖

遊客湧進荊門來看油菜花海，品油菜花宴，買雙低菜籽油。

武漢消泗油菜花

位於武漢市蔡甸區的消泗鄉，距離武漢市中心六十公里。這裡成片種植三萬畝左右油菜，是距武漢市區最近的大規模油菜花賞花基地。區內共設置了五個集中賞花點，其中種植面積在五千畝以上的賞花點有三個，即港州、漁樵、曲口。它們均按景區的標準進行打造，已搭建賞花平台八個，總面積為六千平方米，新修建的賞花棧道一直通到花田深處，遊客可以輕鬆走到田中賞花拍照。每到花開之時，香氣四溢，遍野金黃，暢遊在花海中，身心蕩漾，心境怡然。每年三月至四月間，蔡甸區消泗鄉均舉辦知音故里油菜花節，可吸引約五十萬遊客來此賞花踏青。

消泗鄉不止有油菜花，境內的沉湖濕地還有野蓮花、蘆葦花，面積已達數萬畝。冬春季節還有十萬多隻候鳥棲息於此，遊客不僅可以賞花，還能同時觀賞候鳥，體驗和自然和諧相融的樂趣。

浠水油菜花

花香惹人醉，春日走浠水。浠水是全國最大的雙低油菜生產縣之一，每年三月，境內的四十餘萬畝油菜花在田園山間競相怒放。浠水不僅是全國優質油菜種植歷史最早的地方之一，還是聯合國開發計劃署援助的中國油菜改良項目三個實施縣之一。花開季節，這裡長江兩岸沿江平原地帶開滿一望無垠的油菜花，花、水、屋、路，倒影相映，氣勢宏大；丘陵油菜則是層巒疊嶂，呈梯級狀態向外延伸，線條優美。

別樣的花事，每年吸引全國各地攝影愛好者慕名前來，浠水因此也有

「中國油菜花七大最佳拍攝地之一」的稱號。其中，浠水縣蘭溪鎮被評為「鄂東最美鄉村田園風光」，是黃岡重要的油菜花賞花基地。這裡的萬畝花海錯落有致地分布在長江岸邊，江堤路邊都是油菜花，形成了「兩岸均帶黃金甲」的蔚為壯觀的場面。為吸引更多遊客前來感受浠水油菜花的獨特魅力，自二〇一五年開始，蘭溪鎮每年舉辦油菜花節，節慶期間，每個週末均可吸引上萬名遊客和拍客前來賞花拍攝。

　　浠水是著名愛國學者聞一多的故鄉，到浠水賞花之餘，還可順路遊覽三角山國家森林公園，探訪聞一多先生的故居。

武穴油菜花

　　武穴市是湖北傳統的「油菜大縣」，素有「中國油菜看湖北，湖北油菜看武穴」的說法。全市「雙低」油菜常年種植面積四十五萬畝，占全市耕地面積的百分之八十以上。每年三月至四月，油菜花競相怒放，在田野間形成一道壯闊的風景線。與別處油菜觀賞區不同，武穴油菜花突出特點就是連片面積大，場景十分壯觀悅目。

「中國油菜之鄉」武穴市｜呂福英攝

為了使「油菜花海」這一品牌名稱更為響亮，武穴市利用各鄉鎮自身的特點來打造特色，突出油菜花整體觀賞效果，推出不同特色的「八大片區最佳觀賞點」：有結合周邊的山林、水流和房屋打造出來的「有花有山有水有人家」的生態鄉村景觀；也有結合兩邊的山峰、村落來打造的多層次梯田狀油菜花景觀；更有依託水庫和周邊的優美環境來打造的親水遊憩賞花點；還有著力打造多品種、近距離的觀賞體驗區。此外，藏在花海深處的武穴一大批特色「農家樂」，如荊竹大壩魚頭城、邑園農莊、希爾寨、宋河山莊等，使人們在賞花之餘品武穴特色美食，增添了遊客的賞花興致，增加了農民的收益。

宜昌夷陵油菜花

宜昌夷陵區分鄉鎮擁有幾處萬畝以上的油菜花基地。不同於平原的油菜花一望無際、滿眼嫩黃的壯觀，這裡的油菜花海種植在高低起伏的梯田裡，與錯落有致的田野相重疊，與白雲繚繞的高山交相掩映，猶如一幅美麗又別緻的田園山水巨作。從二〇一二年起，這裡每年舉辦油菜花節，形成了一條極為獨特的，既包含綠水青山、梯田、古村落等多樣化景觀內容，又將油菜花田、農耕風情與鄉村村落融為一體的鄉村賞花線路，每年吸引大量省內外遊客。

近年來，夷陵區一直致力於打造鄉村遊產品，成功打造了「橘黃稻香」戶外休閒運動遊、「走馬觀花」分鄉多彩田園遊、「茶顏觀色」茶鄉觀光體驗遊、「怪石野趣」奇石觀賞科普遊、「草原牧歌」百里荒度假養生遊、「林海峽瀑」黃柏河「氧吧」健康遊六大精品線路。從分鄉油菜花節起，不斷推出以「春之語」「夏之夢」「秋之韻」「冬之戀」為主題的多彩四季鄉村遊產品，四十二項多彩鄉村活動依次呈現，遊客全年都可

體會到夷陵美麗鄉村的濃厚鄉韻。

荊州油菜花

荊州地處江漢平原腹地，是油菜主產地，各個縣市的鄉村都種植有大片的油菜花。荊州春天裡最美的風景，即是那漫無邊際的油菜花海。荊州比較著名的油菜花觀賞區是位於城西北的八嶺山鎮，距城區約二十八公里。八嶺山得名於起伏迴環的崇嶺八道，又因八嶺蜿蜒如龍而稱「龍山」，被視為風水寶地。這裡的油菜花海與平原不同，隨山勢起伏連綿，如飄動的黃色錦袍，似乎隱隱地透出帝王之霸氣，由此成為攝影師和文人騷客的創作靈感基地。為進一步開發荊州鄉村旅遊，自二〇一二年起，這裡隔年舉辦中國荊州「油菜花海‧八嶺山」戶外文化旅遊周。荊州區紀南鎮雨台村也是油菜花觀賞地，這裡白牆紅瓦，黃花漫天，一派閒適的鄉野景象。

八嶺山油菜花

第五節・桃花

隨縣尚市桃花

　　小桃灼灼柳鬖鬖，春色滿江南。春風送暖，就是到隨州看桃花的好時節了。隨州市尚市鎮被稱為「油桃之鄉」，油桃種植面積達三萬餘畝，這裡山岡連綿不絕，桃園延綿相疊，春日花開時，滿園紅霞。尚市鎮的群金、太山等六個行政村都建有桃花風景區，其中群金村王家灣、雷家灣是核心景區所在，油桃面積六千餘畝。這裡的桃花以粉色居多，花期、

尚市桃花

花容各異，站在賞花的最高點——桃花頂，便可飽覽萬畝桃園，遠看只見片片桃花似粉色織錦，令人心曠神怡。

　　從二○○七年開始，隨州每年三四月間都會舉行「隨州尚市桃花節」，到目前為止已成功舉辦十屆，每年都有三十多萬人次慕名而來，觀賞踏青。隨縣是中華始祖炎帝的故里，境內的西遊記溫泉頗有聲名，隨縣香菇也是蜚聲中外。在「萬紫千紅春意濃，三月桃花吐芬芳」的美好季節，到隨縣「賞桃花、拜始祖、泡溫泉、品香菇」已成為湖北春季最受歡迎的賞花線路之一。

荊州太湖港桃花

　　太湖港桃花村位於荊州古城西門外六公里，占地面積三千畝。二十年前，幾家農戶在棉田裡套栽桃樹，未料三年後收益頗豐，於是，棉花漸被桃花取代，六百畝桃園成了村裡的主角。桃花村的桃花分早桃花和晚桃花兩種，很巧妙地將賞花的週期延長到四月上旬，讓人們有了更充裕

荊州區太湖港桃花

的賞花時間。桃花村將桃文化發揮到最大化，不僅限於觀賞，更發展到吃、住、行、遊、購、娛各方面，吃有蜜桃，住有桃符，行有桃杖，游有桃花，購有桃梳，娛有桃人。桃花村將古代的桃花廟復建，並供奉一位桃花女神，吟詩道：桃花盛世壯腰中，桃杖桃人舉日紅。荊楚桃符來避邪，桃梳展福壽桃風。

除了賞桃花，桃花村的農家菜也大受遊客青睞。五十八家各具特色的農家餐廳在村幹道上相對排開，野芹菜、野韭菜、臘肉豆皮、土雞土鴨、土燒酒都是自家特產，地道又實惠，一家幾口人，百十來塊錢，就可吃得美美的。

大冶保安桃花

大冶市保安鎮沼山村周邊山陵和房前屋後遍植一種當地特有的狗血桃樹，總面積約有近五千畝。一到陽春三月，沼山村就被淹沒在一片粉紅

的花海之中。自二〇一三年以來，大冶市保安鎮每年在這裡舉辦桃花節，吸引近十萬遊客踏青遊覽。嘗到甜頭的村民開始大力發展鄉村旅遊，他們利用村莊靠山面水、風景錯落有致的特色，有計劃地在山坡上、水庫邊、大畈裡、道路旁和房前屋後補植花期相近的桃花、李花、油菜花等，使得紅豔的桃花、雪白的李花、金黃的油菜花交相輝映，並和白牆黛瓦的房屋、漫山的紅雲交織出一幅瑰麗的春景圖，更使遊客流連忘返。

沼山村劉通灣有「小婺源」之稱。走進劉通灣，眼前是大紅燈籠高高掛和小橋流水人家，你會以為自己走進了世外桃源。每年一到桃花節，劉通灣都會在古橋沿線舉行農產品展銷會，遊客在這裡可買到保安純手工的豆絲、餈粑、臘魚等農特產品。五星級農家樂保安九號山莊就坐落在沼山村入口轉彎處，山莊不但提供精緻的大冶美食和舒適的住宿，院內還有櫻花大道、柚子樹林、漫石水道、池水釣台、登高涼亭等觀光景觀，是賞花之餘休閒遊樂好去處。

枝江安福寺桃花

枝江市安福寺鎮是千年歷史名鎮，這裡有連片的萬畝白桃，每年三月，桃花與田間套種的油菜花一同綻放，粉色與金黃色交融，蔚為壯觀。為了盤活鄉鎮經濟，這裡很早就有意識地利用賞花遊發展鄉村旅遊，是湖北最早舉辦桃花節的地方，已經連續舉辦了十五屆。

為進一步做大做強桃花旅遊等特色鄉村休閒產品，該鎮以萬畝桃花基地為基礎開發建設了桃花主題旅遊景區，新建精品桃花園四百餘畝，修建十公里的桃花長廊以連接新老桃園，同時還增添了萬畝森林「氧吧」、

枝江安福寺桃花

千畝休閒垂釣園等景點景觀，改造提升農家樂五十家。徜徉桃花林，漫步桃花徑，住農家屋、吃農家飯、品桃花酒、購桃藝品、植許願樹，豐富的遊覽內容使安福寺桃花賞花遊越來越受遊客的喜愛。

除白桃外，枝江還盛產優質砂梨，百里洲鎮種植有十萬畝優質砂梨。桃花、梨花花期相近，桃紅梨白是春天裡枝江獨有的美景。遠近聞名的三峽步步升手工布鞋就產自枝江，原先的手工作坊已變身成為一個傳統工藝展示體驗園，集傳統紡線、織布、布鞋製作為一體，除賞花外，這也是一個不可錯過的好去處。

楊店桃花節｜李子維攝

孝感楊店桃花

　　孝感市孝南區楊店鎮是一個千年歷史古鎮，原名「斗山鋪」，由於境內有綿延數十里的桃花和歷史悠久的驛舍而深受歷代文人墨客的喜愛。據說當年蘇東坡路過此地，便留下了「花發顏如醉，風吹面不寒」的詩句。孝南楊店是我國四大優質早蜜桃基地之一，分布著約一點八萬畝桃林，種植二十餘種桃樹以及李、梨、桑、橘、日本甜柿等多種果樹。每年陽春三月，楊店連綿數公里的粉紅色桃花怒放，就像一望無垠的緋雲。

第六節・荷花

碧荷生幽泉，朝日豔且鮮

荷花別稱「蓮花」，是中國十大名花之一，歷史也最為悠久，其栽培史可追溯到約三千年前。我國是世界上栽培荷花最多的國家之一，除青藏高原等少數區域外，全國其他地區都有分布，花期為六月中下旬至八月上旬。最開始時荷花是由於實用性而走進人們的勞動生活，隨著時間的推移，人們發現了其「出淤泥而不染，濯清漣而不妖」的品質，於是逐漸成為人們寄情抒志的高潔象徵，被稱為「君子之花」。

湖北境內水網交織，湖塘密布，為荷的生長創造了良好條件。湖北是中國荷花的研究中心，擁有荷花品種為中國乃至世界之冠，其中許多是二十世紀八〇年代以來培育出的新品種。湖北也是中國最大的荷花生產基地之一，全省有很多荷花觀賞區。湖北還有豐富多彩的荷花食文化，蓮藕被視為最好的蔬菜，蓮藕排骨湯是湖北人接待貴客必備佳品；荷葉、荷花、荷蕊等是湖北人喜愛的藥膳食品和飲品；蓮子粥、蓮房脯、蓮子粉、藕片夾肉、荷葉蒸肉、荷葉粥等都是遊客來湖北不得不嘗的特色美味；蓮子、藕粉等也是必購的手信。

武漢東湖荷花

位於磨山南麓的東湖荷園是中國荷花研究中心所在地，擁有世界上規模最大、品種最全的荷花品種資源圃。這個資源圃主要有種植池品種展示區、缸植品種展示區、新品種觀測展示區、優良混合品種種植展示區、小型荷花展示及播種實驗區五個室外展示區，其中面積最大的是種植池展示區，占地面積約一萬平方米。

這裡環境優美，綠樹成蔭，遊客不僅能夠欣賞荷花美景，還能同時與各種各樣的珍品荷花親密接觸。園內建有八三〇多個荷花品種池，種植荷花品種七百多種，占全國荷花品種百分之八十以上，睡蓮品種四十多個，其他水生植物品種五十多個。要論觀賞性，近年來引進並栽培成功的來自世界各地的十餘種珍品荷花最吸人眼球，它們的名字都十分風雅：比如「奔月」「碧血丹心」「東湖春曉」「霓裳曲」等。其中，「舞妃蓮」是世界上最大的荷花，花朵直徑可達三十五釐米以上。而直徑只有三釐米的「小精靈」與「舞妃蓮」形成鮮明對比，堪稱最小荷花。「千瓣蓮」則是世界上花瓣最多的荷花，單枚花瓣可達一千瓣以上。與洪湖相比，東湖荷花並不以規模取勝，而以珍稀著稱，近萬個大小水缸裡，全是珍奇的缸植荷花，除「至尊千瓣蓮」外，還有嬌小玲瓏的「小天使」和珍貴黃色精品「黃鸝」「勝金雀」等。

東湖荷花早已聲名遠颺，廣州三水第一家引進東湖一百多個品種的荷花，投資興建「荷花世界」。在這之後，東湖又先後幫助秦皇島、河南淮陽等地建立「中華荷園」等多個荷花主題公園，更走出國門，向日本、泰國、韓國等國提供大量優質荷花品種。

武漢沙湖荷花

沙湖公園位於武昌中央文化區，公園總面積三七七公頃（含水域），其中陸地面積約九十公頃（含島嶼）。沙湖公園植物和花卉種類繁多，但其主打花卉便是荷花，自公園開放第二年開始，就每年舉辦一次大型的荷花展。

與東湖荷園重在荷花培育和研究、展出荷花主要是園區自有品種不

同，沙湖公園荷花展則是收羅了世界各地荷花品種前來參展，其中有不少極其罕見的荷花極品和近兩年剛剛培育出的荷花新品。二〇一六年六至七月舉辦的武漢沙湖公園第三屆荷花展中，就展出來自世界各地八百餘個品種的六五〇〇餘盆荷花，有單瓣、重瓣、半重瓣、少瓣、重台，白色、粉色、黃色，碗狀花、杯狀花、球狀花等不同品種的荷花。展會中最罕見的當屬「秣陵秋色」，其花色為金色，在二十世紀八〇年代的荷花品種普查中，專家始終未能發現它的蹤跡。現場還限時展示了一盆新品種的荷花，名為「大師」，以紀念武漢已故的「中國荷花之父」王其超先生。此外，由於參展單位來自五湖四海，送展形式主要以盆栽、缸培為主，與公園水域自有的荷花交相輝映，荷花造景、荷花盆景、荷花插花藝術和荷花文化成了沙湖公園荷花展另一大看點。

沙湖緊鄰漢街，離東湖風景區、省博物館等著名旅遊區不遠，賞荷花、逛漢街、看漢秀是來沙湖賞荷的標配，時間多的話，可乘坐觀光船從沙湖，經漢街，到東湖和省博物館遊覽。

洪湖荷花

洪湖位於湖北省南部長江與東荊河間的窪地中，東西兩側與長江相通，是中國第七大淡水湖，湖北省第一大湖，二〇〇八年被列入「國際重要濕地」，也是國家級自然保護區。洪湖是目前未被污染的淡水湖泊之一，湖中生活著近八十四種魚類，湖邊也常常棲息著各類飛鳥，湖底有茂盛的水草，湖面上則有蓮、菱、芡實等浮葉植物和菰、葦、荻等挺水植物，是一個典型的各種層次植物與水共融的世界。

洪湖是湖北乃至中國最著名的賞荷基地之一。湖區天然荷花面積近六

洪湖荷花

萬畝，浩浩蕩蕩數十里，是華中地區最大的天然荷花分布區。初夏時
節，荷花漸次開放，葉如翻滾綠波，花若紅雲，遊人紛至沓來，恰如詩
人李珣在《南鄉子‧乘彩舫》中所描繪的：「遊女帶花偎伴笑，爭窈窕，
競折團荷遮晚照。」

　　一曲《洪湖水浪打浪》唱遍天下，地處江漢平原的洪湖市也因之聞名
遐邇。洪湖賞的是荷，更是故事和歷史。歌劇《洪湖赤衛隊》自一九五
九年首演以來，經久不衰，電影版的女主角韓英更是深入人心。到洪
湖，除了盪舟觀荷之外，瞿家灣老街也不應錯過，這條七百米長的百年
老街，給我們呈現的不僅是明清的商業繁榮，更是艱苦鬥爭時期的戰爭
縮影，走在這條老街上，彷彿賀龍元帥當年領導的湘鄂西革命就在眼
前，彷彿韓英所領導的洪湖赤衛隊保家衛國的鬥爭就在昨天。

蔡甸金龍水寨荷花

武漢市蔡甸區是知音故里、蓮花水鄉，全國重點蓮藕生產基地，距武漢城區四十公里，四通八達。位於蔡甸索河鎮金龍湖畔的金龍水寨生態樂園占地一六〇〇畝，其中水域面積就占了一二〇〇畝，有二百餘種名貴荷花，花期長達五個月之久，是距離武漢最近、規模最大的賞荷採蓮基地。與其他荷花觀賞點相比，這裡最大的特色就是勝在「體驗」，不但有名貴荷花觀賞、親水棧道觀荷等賞荷項目，遊客還可以通過多種方式體驗蓮蓬採摘、荷花美食製作等參與性活動，此外還有吟荷、畫荷、品荷、詠荷等集趣味性和知識性於一體的豐富多彩的文化活動。每年七月，這裡都舉行一年一度的蓮花節。

鄂州梁子湖荷花

梁子湖是中國十大名湖之一，湖北省第二大淡水湖泊，因水質極好且

鄂州梁子湖荷花景色（鄂州市旅遊局供圖）

植被豐富，從而有「江漢明珠」「化石型湖泊」「物種基因庫」和「鳥類樂園」等美譽。這裡水域寬廣、水質清澈見底、生態環境良好，因此有大量的動植物在此交融共生。七月是梁子湖荷花盛開的季節，這裡不僅有美麗的荷花，還有一湖好水孕育的一湖好魚，因此遊客在這裡不僅能賞荷採蓮，還能品嚐到鮮美的湖水煮湖魚。此外，梁子湖東岸有十二萬多畝原生態濕地，其中有近八萬畝野生菱角，荷花盛花期與湖上野生菱角成熟期相同，每到那時，像綠色地毯一樣覆蓋在湖面上的菱葉和湖面上方亭亭玉立的荷花交相輝映，形成獨具特色的生態美景，坐上小龍船觀荷、采菱、吃魚也成為梁子湖夏季旅遊最有特色的節目。

第七節・菊花

不是花中偏愛菊，此花開盡更無花

　　菊花是中國傳統名花，最早關於菊花的文字是《禮記・月令篇》中的「季秋之月，菊有黃花」。菊花是一種理想的觀賞花卉，花期長，品種多，色澤豔麗。根據菊花自然開花季節，可分為極早菊（5月、7月、8月）、早菊（9至10月）、秋菊（11月）、晚菊（12月）。菊花盛放時，繁花似錦，瑰麗多姿。菊為花中四君子之一，為文人墨客所好。菊與中國人的生活緊密相連，自古以來中國就有重陽節賞菊和飲菊花酒的習俗。

　　菊花在湖北大部分地區都有分布，不論是在路旁、山坡或原野上都可見到其身影。湖北不少城市秋季都會舉辦大型菊花展，將菊花作為秋季城市主要的街頭裝飾花卉。在麻城、老河口、武穴、英山、羅田、荊門、十堰等地，菊花主要是作為經濟作物種植，其中又以麻城福白菊和老河口萬壽菊為最。

武漢菊花

　　湖北人看菊、養菊、賞菊已有悠久的歷史，每到深秋，很多城市都會舉辦大型街頭菊花展，其中以武漢十月底至十一月中旬舉辦的菊花展最負盛名。到二〇一六年，武漢已經連續舉辦三十三屆菊花展了。武漢菊花展可謂是全城總動員，一般以某個大型公園作為主展區，每年輪換；以各區的城市公園為專業展區；而各個區的廣場、街心花園、主要街道還會結合具體情況設立若干個社會布展區。

主會場當然是最吸睛的賞菊點，每年都會根據不同的主題，設有菊花小展、造型、扎菊、立菊、懸崖菊、樹菊、品種菊、意菊、盆景菊等展項，展出品種通常超出三千餘個，展出數量近百萬盆。而最引人關注的則是每年漢味十足的大型菊花扎景，各參展送展的公園、社區、企業都會鉚足了勁在菊花扎景上一展身手，將所在城區或企業的特色文化與菊展的主題結合起來，經常是品位十足、亮點紛呈，成為每年菊展中引得全城熱議和一評高下的焦點。養菊大師擺擂鬥菊則是武漢菊花展又一個不容錯過的看點。這是全城愛菊人的盛宴，參與者大多為武漢的普通市民，但展出卻是極名貴、罕見和難養的菊花精品。

　　如今，賞菊與賞梅、賞櫻一樣，已成為武漢市民參與共享的重要活動，其主要內容包括賞菊、吟菊、畫菊、嘗菊、水上飄色、菊花戲等。

武漢菊花展

「菊黃蟹黃」的秋季是武漢最舒適的季節，在武漢看完菊花展，再去鄰近的梁子湖吃大閘蟹，這個秋天才算圓滿。

麻城福白菊

白居易寫《重陽席上賦白菊》：「滿園花菊郁金黃，中有孤叢色似霜。」相比「滿城盡帶黃金甲」的黃菊，白菊更像清秀可人的二八佳人。白菊花又名「甘菊」，花瓣潔白如玉，花蕊璀璨如金。河南產者稱「懷菊花」，安徽產者稱「滁菊花」或「亳菊花」，浙江產者稱「杭菊花」，湖北麻城福田河產者為「福白菊」。

麻城市種植菊花可追溯至北宋至道三年（997 年），到如今已有一千多年菊花種植史，有「中國菊花之鄉」的美譽。如今，麻城白菊的種植

麻城福白菊｜凌曉晴攝

面積已達十萬畝，僅福田河、黃土崗兩鎮就有連片五萬畝，是全國三大菊花基地之一。麻城福白菊與浙江杭白菊、江蘇鹽城白菊齊名，品質優良，以「朵大肥厚、花瓣玉白、花蕊深黃，湯液清澈、金黃帶綠，氣清香，味甘醇美」等特徵聞名全國，既可用於醫藥，也可用於尋常生活。

每年的九月至十一月是麻城的菊花文化旅遊節，屆時，遊客不僅可以看到十萬畝地的連片菊花，還會看到主辦方展出的上百萬盆、一千多個品種的菊花。這也是繼杜鵑、杏花、茶花和玫瑰之後，麻城的「第五朵金花」。

老河口萬壽菊

萬壽菊屬菊科，一年生草本植物，原產墨西哥。其花瓣呈橘黃色，含有豐富的天然葉黃素，抗氧化功能極強，可用於生產保健品、藥品、化妝品和飼料添加劑，被人稱為「軟黃金」。

老河口萬壽菊基地，以竹林橋鎮為中心，分布在張集鎮、薛集鎮、洪山嘴等鄉鎮，種植面積有六萬多畝，產量達一百多萬噸。秋季花開時節，可謂滿地金黃，令人歎為觀止。如今，竹林橋鎮大堰村已成為遊客秋季賞菊、採摘、體驗農事活動的好去處。

武漢植物園菊花

武漢植物園位於武漢東湖風景區，擁有一個二十畝的，集科研、觀賞、遊覽、科普為一體的菊花品種收集與展示花圃。花圃由野生菊區、小菊區和大菊品種展示區三部分組成，涵蓋了五個瓣型（平瓣、管瓣、匙瓣、桂瓣、畸瓣）、三十個花型以及八個色系近一千個品種。這裡不僅

有墨荷、帥旗、鳳凰振羽、綠衣紅裳等十大傳統名菊，還有春水綠波、綠松針等三十多種名貴綠菊，更有紅衣錦繡、棕禪拂塵、胭脂點雪等珍貴品種。

菊花圃還以紅、橙、黃、綠、粉、紫、白七個色系來劃分不同菊花的區域，以便讓市民充分領略菊花的雋美多姿。為方便遊客觀賞，武漢植物園採取生物技術控制菊花錯峰開放，使菊花觀賞期由十月下旬一直可以持續到十一月下旬。

第八節 · 桂花

桂子月中落，天香雲外飄

桂花是中國十大名花之一，栽培歷史達二五○○年以上，春秋戰國時期的《山海經・南山經》就說招搖之山多桂。湖北、湖南、廣東、廣西和雲南、四川一帶都有野生桂花樹分布，而湖北咸寧、江蘇吳縣（1995 年撤銷）、浙江杭州和廣西桂林就是我國的四大桂花樹苗生產基地。「桂」音同「貴」，有著吉祥的寓意，古代時就把奪冠登科說成「折桂」；桂花還有「花中月老」之稱，概因其清雅高潔、香飄四溢的特性，正好是圓滿愛情的寫照吧。

湖北盛產桂花，大小城區均有廣泛種植，一進入八月，滿城桂花香，鄉里人家的前庭後院也喜愛栽種桂花樹，算不上稀奇。湖北桂花品種十分齊全，金、銀、丹、鐵、四季、月月桂等九個品種的桂花均可以觀賞到。在湖北人的印象裡，秋天的記憶就是空氣中桂花的芬芳和味蕾裡桂花醬的香甜。咸寧是中國的桂花之鄉，下轄六縣市四十五個鄉鎮均分布有桂花，桂花資源全國第一。除咸寧外，湖北還有很多著名的桂花觀賞地。

咸寧桂花

咸寧位於湖北省東南部，人稱「湖北南大門」。咸寧的旅遊資源非常豐富，最著名的就是溫泉和桂花。咸寧不僅是「桂花之鄉」，還是「溫泉之城」，其溫泉的開發利用可追溯至一四○○多年前，宋朝時期「溫泉沸波」被列為「咸寧八景」之一。咸寧桂花的栽種歷史則更為久遠一些，據歷史記載，二三○○多年前屈原途經咸寧時就曾寫下了「奠桂酒兮椒

咸寧桂花

槳」「沛吾乘兮桂舟」的詩句，咸寧城區仍有少量千年古桂留存至今。咸寧的桂花資源全國第一，桂花品種數量、古樹數量、基地面積、鮮桂花產量、桂花品質五個主要資源指標始終位居全國領先地位，四大品種群——金桂、銀桂、丹桂、四季桂，近三十個桂花品種在咸寧都有分布，地徑五釐米以上的桂樹有一五〇萬株，百年桂花古樹數量占全國百分之九十一。其中，咸安區桂花鎮是咸寧最大的桂花生產基地，這裡的桂花不僅面積大、品種全，而且產量高、花質好、古桂多。

二〇〇〇年，國家命名咸寧市咸安區為「中國桂花之鄉」。咸安境內有金桂、銀桂、鐵桂、丹桂、四季桂、月桂等九個品種的桂花樹近一百萬株，年產桂花二十萬千克以上。咸安區有一株六百多歲的「桂花王」，樹高二十九米，樹冠占地一五四平方米，最大分枝直徑四十八點七釐米，如今依然長勢良好，可產鮮花一五〇餘千克。目前以桂花鎮為中心，在馬（橋）柏（墩）公路、咸（安）通（山）公路兩線栽植桂花，建設總長為二十九公里的桂花長廊，到花開之時，全城都飄著淡淡的桂花香。在咸安區還有一個傳說，據傳嫦娥出生在咸安大幕鐘台山，后羿

居住在柏墩木梓坳，兩人由玉兔相識，在桂樹下成親，咸寧的滿城桂花則是嫦娥拋撒的種子而成。二〇〇九年八月咸安區獲得了由湖北省民間文藝家協會授予的「嫦娥文化之鄉」稱號。

近年來，「咸寧桂花」商標已獲國家審批，這也是咸寧市第一例地理標誌證明商標。到咸寧旅遊，泡溫泉沸波，看桂樹花開，品桂花蜜酒，吃桂花浸膏，便成了不容錯過的選擇。

採摘咸寧桂花

荊門桂花

荊門位於湖北省中部，主要地形為山地，世界文化遺產——明代皇家陵寢明顯陵就位於此。荊門廣植桂花樹，無論是城區景觀帶、公共園林或私家住宅的房前屋後，隨處可見桂花樹的身影。宋代詩人洪适曾用《次韻蔡瞻明木樨八絕句》一詩來歌詠桂花：「風流直欲占秋光，葉底深藏粟蕊黃。共道幽香聞十里，絕知芳譽互千鄉。」秋風乍起，吹不透荊門滿城桂花香。

位於城區的象山大道與雨霖路交會處，桂花樹樹葉繁茂、綠意盎然，花開時節，黃花萬點，蜂飛蝶舞，吸引無數遊人駐足停留。荊門最著名的賞桂地點位於龍泉公園象山景區裡的桂花園，龍泉公園占地二十八公

頃，依山傍水，是荊門城區最知名的公共園林之一，曾被列為中國百家名園之一。園內遍植林木，每年舉辦水仙、月季等盆景的展覽和各式遊園活動。秋日一到，桂花園中的桂花便全面進入盛花期，吸引著各方遊客。

武漢桂花

從二〇〇二年開始，武漢市就開始有規劃地在街頭公共綠地和居民區內批量栽種桂花。武漢中心城區公共綠地裡，就栽種有桂花樹三萬多株。不僅如此，武漢各大校園、機關企事業單位大院及林業部門所轄的城中山林內也分布有大量桂花樹。農曆八月一到，江城各區都能看到淡黃色的小花在枝頭綻放，桂香四溢。東湖磨山有桂花上百畝、一萬多株，素有「十里磨山、八里飄香」的稱號，是武漢市內賞桂的一個絕佳去處。

華中師範大學的桂子山以滿山的桂花樹而得名，每年九月，校園內桂樹飄香，漫步校園，賞花的同時還能享受校園獨有的純淨與恬靜，別有一番韻味。漢口的解放公園有六百多株桂花樹，在道路兩側茂密的樹林中，你總能發現許多桂花樹的身影，或是看見它枝頭上金黃色的花蕾，又或是循著香味而來，驀然發現桂花樹就在你眼前。龜山的桂花林有二千多棵桂花樹，是武漢的最大桂花林之一。

新洲倉埠桂花

新洲倉埠位於武漢東北郊，境內 109 省道二十五公里路段沿線有大小四十個桂花園，總面積二萬多畝，是一條名副其實的「桂花長廊」。每到

桂花開放的秋季，花香四溢，倉埠街就成為一條「香」街。

　　新洲區與以桂花聞名、歷史悠久的咸寧不同，它積極與南京林業大學、華中農業大學等科研院校合作，主打科技之牌，從桂花品種、品質上著手，積極培育、發現新品種和珍稀品種，擇優栽培，從而實現桂花產業的科技化、現代化和規模化。與此同時，新洲區還大力突出其桂花文化，「香林花雨」「丹葩間綠葉，錦繡相疊重」等桂花景觀讓人目不暇接。新洲倉埠花果山生態農業園擁有全國最多種類的桂花，共一三一種，堪稱「桂花博覽館」。這是華中地區精品桂花集中種植面積最大的地方，也是全省唯一一家由省科技廳掛牌命名的「湖北省桂花種質資源圃」。

第九節・玫瑰

卻疑桃李誇三色，占得春光第一香

　　玫瑰在全世界廣為種植，目前登錄在案的品種約有三萬種之多。實際上，玫瑰花對生長條件的要求很高，因此不易進行大規模種植。目前國內僅新疆、雲南昆明、甘肅蘭州、山東平陰等地建有萬畝左右的玫瑰花基地，國外也僅有保加利亞、美國波特蘭等少數國家擁有大型玫瑰花基地。中國的玫瑰種植歷史十分久遠，早在《西京雜記》中就提到漢武帝的樂游苑中栽有玫瑰樹，其芬芳還被稱為「國香」，深受人們喜愛。唐代詩人徐寅曾有詩云：「濃豔盡憐勝彩繪，嘉名誰贈作玫瑰。」宋代詩人楊萬里更是發出了「多情玫瑰入酒河，別有國香收不得」的感嘆。

　　玫瑰是全國各地較少規模種植的花卉之一，但在湖北卻有不少玫瑰觀賞點。棗陽建有一個面積十萬畝的全球最大有機玫瑰種植園，這使棗陽成為名副其實的「玫瑰之都」。另外，黃陂、大冶也有玫瑰觀賞勝地。

棗陽玫瑰

　　棗陽市具有良好的氣候、土壤條件，適合玫瑰生長。二〇一一年，棗陽市熊集、環城、鹿頭等鄉鎮的農戶利用崗地開始大規模玫瑰種植，當年的種植面積就達到了二點五萬畝，至二〇一四年已然達到十萬畝，並擁有近一千個玫瑰品種，某些品種單朵玫瑰的直徑可達十一釐米，重四點二克。除玫瑰種植園之外，棗陽市還徵地一二〇畝，建立優質玫瑰及其他花木良種繁育基地；並斥一千多萬元巨資，建立兩座智能型溫控大棚，將玫瑰和其他名貴花木的良種繁育、供應、觀賞、科普融為一體。等到項目完成，棗陽就會擁有全球最大規模的有機玫瑰種植園和國內最

大的玫瑰研發基地，即使是在寒冷的冬日，仍能看見八十六種玫瑰競相開放，造就一幅姹紫嫣紅的春日圖景。恰如楊萬里所寫：只道花無百日紅，此花無日不春風。

棗陽玫瑰的花期很長，從四月下旬持續至十月中旬。集中綻放的時機共有三次，五月初為第一次花期，時間大概是二十天左右，第二次花期則要到七月，第三次花期約在國慶節前後。最理想的觀賞日期是初夏，棗陽玫瑰園旅遊節也在每年的五月一日開啟。

目前，棗陽市的玫瑰種植不但與旅遊觀光、商務休閒、文化體驗等娛樂活動相融合，更向科研開發、產品深加工發展，逐步形成了集種植、展銷、研發、精加工生產、旅遊、餐飲、文化為一體的玫瑰花產業鏈，對地方經濟發展起著重要的推動作用。

棗陽玫瑰 | 梁廣斌攝

黃陂玫瑰

武漢市黃陂區的木蘭玫瑰花園，坐落於木蘭生態旅遊環線十八公里處，是武漢地區最大規模的玫瑰園。園中種植有二千餘畝玫瑰家族中被譽為「皇冠」的保加利亞大馬士革玫瑰和一千多畝觀賞玫瑰，主要有紅、粉、黃、白、複色五大色系。遊客可以乘坐遊船、觀光車，或者沿棧道步行，遠近距離觀賞玫瑰。園區不但專門從事保加利亞大馬士革玫瑰深加工，還兼備玫瑰系列產品的研發與銷售，玫瑰花餅、玫瑰花茶、玫瑰面膜、玫瑰精油等產品都有著極好的銷量和口碑。

玫瑰山、玫瑰廣場、百玫園、情人谷、生態餐廳、採摘區、遊樂區等以玫瑰為主題的景點組成了木蘭玫瑰花園景區。園區山地起伏、湖泊交錯，植物資源非常豐富，空氣中還有含量豐富的負氧離子。園內湖泊面積高達三八九畝，且周圍一百公里範圍內未受到污染，玫瑰山的主峰海拔五二○餘米，其森林覆蓋率高達百分之九十八，空氣負氧離子含量每立方釐米六八五四三個，是一個當之無愧的玫瑰花香四溢的「天然氧吧」！

大冶玫瑰

位於大冶市西部的茗山鄉，原是一個貧困鄉鎮。這裡的土壤不宜種植水稻，卻十分適合玫瑰的生長。二〇一一年開始，該鄉開始引進企業大面積種植玫瑰，目前種植面積已經達到萬畝以上，使茗山成為玫瑰花的海洋。這裡出產的玫瑰花精油是國際著名化妝品公司的重要原料，玫瑰花已經形成產業，並帶動全鄉逐漸富裕起來。隨著其他七十一個品種的香料植物試種成功，這裡開始成為湖北最大天然香料產業基地。

茗山鄉在二〇一五年成功舉辦了大冶・茗山中國鄉村玫瑰博覽會，茗山玫瑰開始聞名遐邇，成為湖北省一個非常重要的鄉村賞花點。為進一步發展鄉村旅遊，茗山鄉玫瑰花田越來越重視旅遊基礎建設和完善，特意在花田中新修了賞花棧道。棧道的兩旁則分別種著格拉斯玫瑰、大馬士革玫瑰、紫枝玫瑰和馬鞭草、薰衣草等天然香料花卉。晚春時節，粉紅的大巴士革玫瑰和紫色的馬鞭草競相開放，一眼望去全是粉色與紫色的海洋，如夢如幻。遊人們暢遊在花海之中，或駐足賞花，或拍照留念，彷彿置身於童話世界。

大冶玫瑰花海

第十節・紫薇花

誰道花無百日紅，紫薇長放半年花

紫薇原產中國，唐朝時即開始栽種。紫薇花南北適宜，我國大部分省分都有分布。都說花無百日紅，但紫薇花卻不同，它的花期可長達三個多月，一般都是從六月底開始盛放，直到十月才慢慢凋謝。

湖北是紫薇的故鄉，由於樹形好、花期長、遮陽效果好，省內許多城市、城鎮都將紫薇花作為道路、公園、廣場的景觀樹而廣為種植。襄陽市保康縣是紫薇的古老家園之一。由於保康在漫長的地殼變遷中，一直未被大海侵蝕淹沒，始終保持既有山形，對古老植物物種的保存起到了決定性作用，這裡不但古椿紫薇數量較多，而且紫薇品種集中。植物學家們普遍認為，目前紫薇在中國品種分散，像保康一地就有四個原生紫薇種屬實屬罕見。

襄陽紫薇花

由於土壤和氣候適宜，襄陽盛產紫薇花。紫薇花是扮靚城市的主要樹木和花卉，深受襄陽人民的喜愛，據統計，襄陽城區百分之六十以上的街道都種有紫薇花。襄陽市在一九八六年將紫薇花確定為市花。

中華紫薇園位於襄陽市襄城區尹集鎮，作為以紫薇花種植和觀賞為主題的專類植物園，其占地面積達一五○○○畝，是目前全國最大的專類植物園。園中培育和種植有野生紫薇和馴化紫薇二十多個品種百萬株，每年六至十月花開季節，可吸引近三十萬遊客前來賞花休閒。

襄陽古樁紫薇花

　　為了豐富園區觀賞內容和提升紫薇園區的吸引力和知名度，近年來，園區不僅重點突出紫薇花主題和紫薇歷史文化，還以園林文化為內涵，積極建設集文旅觀光、生態養生、山林度假、休閒娛樂為一體的綜合旅遊勝地。目前已經建成的項目有以紫薇為主題的紫薇水街、紫薇慧谷、紫薇廣場、紫薇大世界，還有農業採摘園、婚慶廣場、垂釣園、陽光沙灘、戶外拓展園及各類植物園等，這裡已種植樹木花卉三百多個品種，基本實現植物全覆蓋，季季可賞花。

保康紫薇花

保康是中國野生植物保護協會評定的「中國紫薇之鄉」。作為紫薇的

重要發祥地之一，其紫薇物種起源古老，分布面積廣，株數多，古苑更是舉世罕見。紫薇花在該縣的十一個鄉鎮都有分布，面積達到二萬畝，約五十五萬株，其中三百年以上的古苑有五萬株。「紫薇之王」就是一棵樹齡為一五〇〇年左右的紫薇樹，其主幹胸徑超過一五〇釐米。

為了方便遊客集中觀賞，保康縣城東坡建設了國內唯一的大型古椿紫薇林園——中華紫薇林。園區總面積一八〇畝，園中匯聚古椿紫薇精華，百年樹齡以上的古椿紫薇達四九八三株，其中樹齡最大的一四〇〇年，它們分屬於紫薇屬的四個原生種，即紫薇、南紫薇、川黔紫薇、小花紫薇，以及二個變種，即翠薇、銀薇。更具特色的是，這四個原生種與其他地區均有不同，其中紫薇種花序碩大，瓣爪異長；南紫薇種花托開張，環帶突起；川黔紫薇種葉子較厚，雄蕊較粗；小花紫薇種脈紋清晰，色質純正。花色有水紅、大紅、紫紅、淺紫、純白、白綠等七種；樹形有古 紫薇、古椿紫薇、懸根紫薇。每年暮春至中秋期間，千萬株紫薇一同怒放，漫步紫薇林，就像走進了花的海洋。

鍾祥紫薇花

鍾祥市是湖北另一個重要的紫薇花觀賞地。全市栽種紫薇一點〇二萬畝，植樹二五〇萬株，市內最壯觀的是那三公里長的紫薇花景觀帶。每年六月至十月是紫薇怒放的季節，到處都是萬紫千紅的景象，形成「人在花中遊」景觀效果。

近年來，以紫薇花為紐帶，鍾祥旅遊「一線串珠」的格局初步形成。在長約一〇六千米的觀光線路上，由紫薇花所構成的景觀大道、綠色大道、迎賓大道將世界文化遺產明顯陵、世界溶洞奇觀黃仙洞、大口國家

森林公園等眾多風景名勝連接起來。觀光線路上的大口國家森林公園和萬紫千紅植物園也是紫薇花的重要觀賞區。植物園中坐落著一株樹齡已有一三〇〇年的「紫薇樹王」，其周邊生長著八株樹齡大致在八百至一千年的古老紫薇。此外，園內的雙色花紫薇樹、多色花紫薇樹也很有看點。大口森林公園東風水庫和泥巴溝以及西客線等片區的紫薇花苗木苗壯，花色種類繁多，美不勝收。

　　鍾祥位於中國農谷的核心區，是著名的長壽之鄉，農業和鄉村旅遊資源豐富，賞花遊與鄉村遊、生態遊已融為一體且獨具特色。近年來，聲名鵲起的馬廄旅舍、莫愁村、彭墩村等鄉村旅遊區和民宿均是賞花之餘不可錯過的地方。

鍾祥萬紫千紅紫薇花海

第十一節・百花爭豔

> 　　湖廣熟，天下足。湖北地處中部，境內奇山秀水，四季分明，降水豐沛，適宜於農作物的生長，同時也是各種花卉植物理想的生長之所。湖北的花卉資源極其豐富，種類繁多且歷史悠久。與此同時，一些外來花卉也容易在這片土地上紮根繁衍。除前面介紹的十種重要花卉外，這裡再簡要介紹一些近年來在旅遊中深受遊客喜愛的其他花卉。

杏花

杏樹在中國廣泛分布，從山野鄉村到城市園林，尤以北方為勝；杏花節也四處開花，特別是長江以北的每個省區幾乎都在舉辦杏花節。杏花開花比其他果木要早，且花比葉子先開，花色隨花期進展不斷變化，花蕾時期是豔紅色，可謂是「紅杏枝頭春意鬧」，但隨著花瓣的伸展，色彩由濃轉淡，到謝落時就成雪白一片。湖北是南方省分中種植杏樹較多的省分，也是全國杏花文化內涵較豐富的省分之一，目前開發有多個以杏花為依託的鄉村旅遊區。

麻城市歧亭鎮杏花村是湖北杏花最佳觀賞地之一，因杜牧《清明》詩寫於此而名揚省內外。當年杜牧被貶為黃州刺史，經過歧亭杏花村時正好是清明陰雨綿綿的時期，見此景他便寫下了《清明》一詩：「清明時節雨紛紛，路上行人欲斷魂。借問酒家何處有，牧童遙指杏花村。」據《復齋漫錄》記載，詞人謝無逸在杜牧後也曾路過這裡，並在杏花村驛壁上題《江城子》一首：「杏花村館酒旗風。水溶溶。揚殘紅。野渡舟橫，楊

麻城杏花村杏花

柳綠陰濃⋯⋯」宋代的蘇東坡因「烏台詩案」被貶黃州，路過歧亭時與
隱居杏花村的好友陳季常邂逅。杏花村的名勝古蹟至今猶存，始建於唐
代的杏花古剎在清朝咸豐年間重修，古剎裡有陳季常墓、宋賢祠、清端
祠及忠節祠。此外，相傳山門古匾所刻「杏花古剎」四字為乾隆欽賜。
杏花村有水域面積二六〇畝，山林面積二千畝，其中桃樹、杏樹間作五
百畝。花開時節，山環水抱，桃紅杏白，景色別緻。當地的民謠「三里
桃花店，五里杏花村，村裡有美酒，店中有美人」流傳至今。

除歧亭鎮杏花村外，黃陂區木蘭天池、丹江口習家店鎮等地也是觀賞
杏花的好去處。木蘭天池山林中擁有大面積的野生杏花資源，每到三月
下旬，粉中帶白的野生杏花蔓延在細長的十里峽谷和大小天池的兩岸，
並與紅的桃花、黃的蠟梅、紫白紅的丁香相間，成為天池重要一景。景

區每年舉辦杏花節，還提供養生專家調配的「杏花宴」。丹江口市習家店鎮杏花村（原崔家坪村和小柏村合併）於二十世紀九〇年代開始種植杏樹，目前面積達到三千多畝，有早黃杏、駱駝黃、金太陽、串子紅、大黃甜等多個品種。每年三月初，許多草木剛剛發出嫩芽，杏花村綿延數里的杏花已是一派雲蒸霞蔚的景象：粉紅的杏花與綠色的原野相間，真可謂「滿階芳草綠，一片杏花香」。該村依託杏花大力發展鄉村旅遊，形成了以「賞杏花、遊大柏河水庫、品農家菜餚」為主體的賞花遊線路。

茶花

茶花又名「山茶」，古名「海石榴」，自古以來就是中國傳統觀賞花卉。其植株形狀優美，枝葉繁茂又有光澤，花瓣形狀妖嬈多姿，有人曾用「玉臉含羞勻晚豔，翠裙高曳掩秋妍」的詩句來形容茶花。茶花原產中國東部，後廣泛分布於長江流域、珠江流域和雲南、四川等地。山茶花期主要在每年的十一月到第二年的五月，花期有將近半年之長。一般來說，一至三月是山茶的盛花期，「山花山開春未歸，春歸正值花盛時」描寫的就是這一時間段。十七世紀時，山茶外傳進入歐洲，在當地造成極大轟動，並因此而獲得了「世界名花」之盛譽。

茶花性喜溫暖濕潤的環境，在湖北山區多有栽培，形成了一些觀賞勝地，以麻城五腦山最為有名。麻城市種植山茶花已有一六〇〇餘年的歷史，可以說種植山茶花已成為麻城市的傳統，山茶花的種植面積有四十萬畝之多。自從麻城市在二〇一三年成功舉辦五腦山首屆茶花盆景展後，麻城一直將成為「中國茶花基地」當作其目標。五腦山國家森林公園位於麻城市市區西北部，現有著近萬畝（包括盆景園、200 畝茶花品種

麻城五腦山茶花

園、觀賞園）的茶花觀賞園，茶花品種有四百餘個，不僅製作了近一千餘盆的茶花盆景，同時還培育了二十餘萬株的茶花苗木，是華中地區規模最大、品種最多、觀賞價值最高的茶花觀賞園，該園新近發現了一個新品種茶花，因花型奇特而被命名為「麻姑仙子」。五腦山還有一株高五米，冠幅四米的山茶花樹，人稱其為「萬朵佛鼎茶」，又名「茶花王」，是茶花中較為稀少的品種——「花佛鼎」。

除麻城茶花外，京山茶花、武漢茶花也值得一提。在京山，若想得到最好的山茶花觀賞體驗，那麼毗鄰空山洞的茶花源風景區便是最佳去處。這裡茶花種植面積一一〇〇餘畝，擁有三百多個品種、近六萬株從歐美地區和亞洲其他國家引進的世界知名茶花，更有百餘類顏色各異的茶花。這是整個湖北地區單體面積最大的茶花精品園，擁有著最多的培

育品系、最長的盛花期、最豐富的花形、最絢麗多彩的花色。在武漢觀賞茶花，必去的地方一定是武漢植物園。這裡引進了近四百個栽培山茶科物種（含品種），而且還擁有著名的山茶花珍品——金茶花。在占地一萬多平方米的山茶園中，冬茶梅群和普通茶梅群為主的茶梅品種多達五十六個。另一個茶花勝地也不得不提，即位於武漢郊區的木蘭山風景區。木蘭山風景區內現存一株高達三十米、歷史悠久的山茶花，當地人稱它為「木蘭樹」，據傳是木蘭將軍當年親手栽植。

鬱金香

鬱金香屬於百合科鬱金香屬類型的草本植物，株高約三十釐米，葉形長圓，每棵有葉三到五片，色澤粉綠。鬱金香被普遍認為起源於中亞及其周邊地區，即土耳其至伊朗一帶。十六世紀被引入歐洲之後，鬱金香聲名鵲起。荷蘭人尤其鍾情於這種呈杯型的花朵，於是開始流行起一股培育、鑑賞新品種的風尚，這使得荷蘭成為歐洲鬱金香品種最多的國家。如今世界範圍內的鬱金香種植已經十分普遍，品種多達八一〇〇個，其中能夠規模生產的種類約一五〇種，荷蘭、新西蘭、伊朗等國已經將鬱金香當作國花。鬱金香引入中國則是在二十世紀，到一九八八年才在西安馴化成功。

近年來湖北也開始種植鬱金香了，單單在武漢就有東西湖鬱金香主題公園、武漢植物園鬱金香花田、關山荷蘭風情園等。武漢植物園主要參照了荷蘭最負盛名的鬱金香花海——庫肯霍夫公園的模式，建設混播花田，花田裡栽種了一一〇多種、近百萬株的鬱金香，既有名貴的黑色鬱金香、藍色鬱金香、綠色鬱金香，又有鸚鵡型鬱金香、「混合料」鬱金香

（開大紅、玫紅、粉紅、橙、白、黃 6 色）。其中，特大號鬱金香「橘色日出」是目前世界上花朵最大的單瓣鬱金香，花朵直徑達十餘釐米，比普通單瓣鬱金香大二到三倍。在東湖湖岸展區，則隨機栽種了紫黑色的「小黑人」、粉色的「王朝」、藍紫色的「藍鑽石」、大紅色的「阿巴」、白色花瓣鑲有紫色花邊的「雪莉」、紅黃色的「卡馬喬」、粉紅色的「西內德阿莫」七個品種，呈現五彩斑斕的花海。武漢植物園還搭配使用早中晚三個花期的球根花卉，延長了鬱金香的花期，使人們從三月一直到四月中旬都可以欣賞到美麗的鬱金香花海。武漢東西湖鬱金香主題公園位於柏泉農場西湖產業園內，占地六百畝，是華中地區最大的鬱金香主題公園。園內由京劇臉譜園、荷蘭風情園、江南水鄉園三個主展區共同組成，種植面積近二萬平方米，分為紅、黃、粉、紫、白、複色六個色系，二十七個不同花色的鬱金香種球共計一〇一萬株。花海中還以「織錦」方式，穿插種植杜鵑等花卉和海棠、晚櫻、迎春等花卉苗木。荷蘭

武漢植物園鬱金香

風情園除突出鬱金香主題外，還設計有大風車、小木屋、帆船等，體現濃郁的荷蘭風情。

孝感、十堰等地也是觀賞鬱金香的好去處。孝感市金卉莊園占地一六〇〇餘畝，有十一個花卉園區，共九十六個科屬五六〇餘個品種，其中鬱金香有七十六個品種四十六種不同花色，共六百萬株。在十堰市張灣區黃龍建設了占地三八六畝的現代生態農業示範園，花卉館種植了超過八〇個品種、近一五〇萬株的鬱金香，構成一片接近百畝的色彩絢爛的花海。

槐花

槐樹又稱中國槐、國槐、家槐，屬豆科落葉喬木，在中國各地普遍栽培，常植於屋前、路邊，有「黃昏獨立佛堂前，滿地槐花滿地蟬」之說。槐樹木材優良，槐葉可食用和入藥，槐花則可觀賞。王粲《槐賦》有云，「惟中堂之奇樹，稟天然之淑姿」。槐樹在中國傳統文化中有著美好的象徵意象，甚至富有神樹色彩，志怪小說裡就不乏槐樹成精的故事，《天仙配》促成七仙女與董永有情人終成眷屬的媒人就是一棵大槐樹。

蟬發一聲時，槐花帶兩枝。每年初夏，湖北千樹萬樹槐花開，荊楚大地一下都成了槐花的主場。城市的人行道兩側、街心公園，各高等院校的校園裡，高速公路和國道省道兩邊，居家的庭前屋後，隨處可見槐樹的身影。不過，湖北最知名的槐花賞花地點當屬黃石，只有在這座鋼鐵之城，才能讓人感受到剛柔並濟的槐花之美。

槐林四月漾瓊花，郁郁芬芳醉鐵城。每年初夏時節，便是黃石國家礦

黃石礦山公園槐花

山公園裡萬畝槐花怒放飄香之季。但是這片燦爛的花海在多年以前卻還是毫無生機的荒山。一九八九年起,黃石政府便開始對大冶鐵礦進行硬岩綠化與復墾,歷經多次實驗和多個植物品種的種植嘗試,只有根鬚發達、耐乾旱、耐貧瘠、固氮力強的刺槐在這片廢石場成活下來。廢墟上開闢出來的近三六〇萬平方米的槐樹林,是目前亞洲最大的硬岩綠化復墾生態林,創造了「在石頭上種樹」的奇蹟。每到花開時節,姹紫嫣紅的槐花香飄四溢,成為裝扮礦山的一道亮麗風景。白色的槐花聖潔,使人心生敬重之感;紫紅色的槐花浪漫,給人美好的想像;稀有的黃色槐花鮮豔,讓人熱情澎湃、情緒高昂。從二〇一二年起的每年四五月之交,黃石國家礦山公園都會舉行槐花旅遊節,黃石槐花遊如今已是湖北「歡樂鄉村游」的重要部分。

梨花

　　梨樹是一種在中國被廣泛種植的果樹，其種植面積和出產量僅次於蘋果，在各個省分均有分布，尤其以河北、山東和遼寧三省為梨樹的集中產區，約占全國總種植面積的百分之五十。大江南北顯著的氣候差異使得各地梨花的花期也不一樣，南方開花的時間是在二月，長江中游稍晚，為三、四月間，東北最遲，五月花才綻開。與桃花、杏花、李花這樣熱烈絢爛的花形不同，梨花花色十分素雅，「粉淡香清自一家，未容桃李占年華」，因而頗為中國文人偏愛。湖北現有梨樹種植面積六十萬畝，居全國第五位，是砂梨的重要產區。

　　枝江百里洲是湖北重要的梨花觀賞地，位於枝江城南部的江心，有「萬里長江第一洲」之美譽。百里洲以盛產砂梨聞名，種植的砂梨樹達到

枝江百里洲梨花

八萬畝，近五百萬株。百里洲砂梨「大若拳、脆若菱、色若金、甜如蜜」，年產可達十萬多噸。每年三、四月，花開如雪，美不勝收。此時也正是枝江安福寺鎮桃花盛開的時候，賞完冰肌玉膚的梨花，還可以順道去安福寺去看燦若雲霞的桃花。百里洲也是三國古戰場，三國魏吳浮橋戰爭遺址至今保存。

老河口漢江走廊是湖北另一個梨花觀賞地，因受到漢江堆積作用而形成，面積達二十萬畝，十分適宜砂梨生長，優質砂梨種植面積八萬畝，年產量二十五萬噸，被農業部列為全國四十四個梨優勢區域重點縣市之一。自一九九九年起，老河口已連續舉辦十六屆梨花節，也因此被譽為「梨花之都」。主要賞花點分布在洪山嘴鎮梨海誦雪風景區、紅河谷和百里生態丹渠等地。此外，老河口還擁有優質桃基地五萬畝。春暖花開時節，桃紅梨白花參差，是踏春的好去處。

薰衣草

對中國人來說，薰衣草是種遠道而來的植物，它代表著異域的神祕和浪漫。薰衣草進入中國，始於二十世紀五十年代。一九七八年起新疆伊犁河谷開始進行大面積種植，現如今已經成為繼日本北海道的富良野、法國南部的普羅旺斯之後形成的世界第三大薰衣草產地。湖北屬於亞熱帶季風性氣候，夏季炎熱多雨，冬季寒冷乾燥，雨熱同期，並非薰衣草生長的理想氣候類型，因此規模種植薰衣草並非易事。但經過多年的努力，現在湖北多地也可看到薰衣草的身影。

武漢江夏區當代薰衣草風情園是湖北重要的薰衣草觀賞地。風情園位於江夏梁湖大道童周嶺村，占地面積四三〇〇畝。其中二〇一四年首期

武漢江夏當代薰衣草風情園

開園的薰衣草花田園區占地八百畝，薰衣草占三百餘畝。因為氣候條件不同，武漢的薰衣草大多時間為淺灰色，只在每年六月和九月開花的時候，才呈現浪漫的紫色。

咸寧薰衣草莊園是另一個重要的觀賞點。它位於咸寧市咸安區雙溪橋鎮，地跨三省邊界。莊園薰衣草占地三百餘畝，種苗來自新疆，共有八個品種。盛開時節，紫色花海浪漫而迷人。

銀杏

在中生代侏儸紀時期，銀杏是一種廣泛分布於北半球的古老植物。但是由於五十萬年前第四紀冰川運動，地球突然變冷，絕大多數銀杏類植物幾乎滅絕。如今世界上僅有極少量的野生、半野生銀杏存在，素有「活

化石」之稱。我國是世界最大的銀杏出產國和出口國，尤其以湖北、浙江、江西、安徽、貴州等省最為集中。湖北最著名的銀杏觀賞地有隨州銀杏谷、安陸錢沖、巴東清太坪鎮等。

　　隨州千年銀杏谷作為電影《聶隱娘》的拍攝地聲名鵲起，是全世界分布最密集、保留最完整的一處千年古銀杏群落。二〇〇四年，隨州銀杏林入選全國自然保護區名錄，並以十七點一四萬平方公里的面積成為全國最大的銀杏自然保護區。金燦燦的古銀杏群落與白牆灰瓦的村落、綠黃相間的農田相互交錯，互相映襯，構成了一幅絕美的鄉村圖景。洛陽鎮分布的百歲以上銀杏達一七〇〇〇多棵，千歲銀杏三〇八棵，是世界六大古銀杏群落之一，也是全國分布最密集、保留最完好的一處古銀杏群落。隨州千年銀杏谷覆蓋了五個村，五個村一線貫穿，綿延十二公里。洛陽鎮中心位置猶如一座「大殿」，並排挺立著五棵近三千歲的巨大

隨州銀杏谷｜張璨龍攝

銀杏樹。樹身堅實如鐵，需數人連手方可合圍。每至秋天，葉黃如金，鋪天蓋地。

錢沖古銀杏生態旅遊區位於安陸市王義貞鎮，這裡參天的古銀杏樹綿延不絕，有「中華銀杏第一村」的美譽。在旅遊區六十平方公里的土地上，生長著四十八株千歲古銀杏、一四八六株五百歲銀杏、四三六八株百歲以上銀杏，當中有一棵「銀杏王」，已經走過了三千多年的風風雨雨，仍然枝繁葉茂，巨冠參天。錢沖古銀杏群落最大特點就是銀杏數量多、年代久遠，這在中國並不多見。此外，這裡的銀杏樹樹形形態各異，有夫妻樹、情侶樹、子孫樹、母子樹，觀賞性、研究性都很高。錢沖古銀杏生態旅遊區已新開發銀杏基地三八〇〇〇畝，種植銀杏二四〇萬株。除了銀杏群落之外，錢沖還擁有天女金桂、狀元古柏、桂竹園、蘭草路、桃花溪五處天然園林群，連片二十五株以上的千年古銀杏景點多達三十六處。

巴東是湖北省唯一一個以銀杏樹作為縣樹的地方，全縣現有銀杏一八〇〇餘萬株，其中百年以上古樹七四七株，千年以上古樹二四九株，因此巴東縣有「古銀杏群落之鄉」之稱，每年九月十六日是當地的銀杏節，境內銀杏集中生長區為野三關鎮、清太坪鎮、水布埡鎮。巴東縣銀杏以清太坪鎮居多，擁有三十年以上的銀杏樹三二四五株，百年以上古樹六〇一株。境內白沙坪村有一棵被命名為「清太1號」的古銀杏樹，相傳已經有五千多年的歷史，樹形高大粗闊，高近三十米，冠幅三五〇平方米，年產籽五百千克。該樹曾經受過雷擊因此中空，內部可容納三十多人。橋河村還有一株名為「清太5號」的巨大銀杏，人們又稱它為「狀元樹」，其胸圍二十餘米，高四十餘米，冠幅五八〇平方米，年產籽六百

千克。

烏桕

　　烏桕是一種生長在長江流域的秋景樹種，一般在春天發芽，樹葉生長緩慢；夏天開花，花呈淡黃色的束狀；到了深秋時節，尤其是進入冬季以後，樹不斷變幻著色彩。烏桕的紅不同於楓樹那樣單調，桕葉有紅、黃、橙、紫諸多色系，明麗柔潤。加上烏桕本身樹冠比較齊整，樹葉形狀清秀，經霜以後則如火如荼，於是有「烏桕赤於楓，園林二月中」的盛讚。

　　二〇一二年，湖北大約種植了七九六三公頃烏桕樹，占全國烏桕種植總面積的百分之四十三點四二；烏桕產量二點九六萬噸，占全國烏桕產量的百分之八十二點七八，而尤以大悟和羅田最多。

　　大悟一直被稱為「烏桕之鄉」，在十七個鄉鎮共一九八六平方公里的大地上，分布著四五〇萬株烏桕樹，尤其集中在陽平、新城、夏店等十

金秋好時節，大悟賞紅葉｜朱國祥攝

個鄉鎮；規模種植達十二萬畝，每年可生產五百萬千克的烏桕；無論是面積、品種，還是規模、產量都為全國之最。深秋時節，一團團烏桕樹葉由青轉黃，再逐漸染成一片紅色，好似緩緩燃燒的炭火，從山腳平地一直蔓延至山腰甚至山頂之上。「金秋好時節，大悟賞紅葉」，大悟最理想的觀賞烏桕時間是十月底至十一月下旬，每年此時都會舉行「紅葉文化旅遊節」，遊客可以前往大悟縣四姑鎮北山村的大悟紅葉景區，一睹漫山遍野萬畝烏桕紅葉園，同時還可以參觀革命洞、獅子山、韓錫寺等景點。

羅田縣九資河鎮也分布著相當多的烏桕樹，單單是散布在田間地頭的烏桕樹就有近二十萬株。而且，這裡的烏桕樹不是三三兩兩，而是成群結隊般站立在田坎上。每年的十月下旬至十一月初，羅田均會舉辦紅葉節，開展系列宣傳推介活動。其中最為著名的參觀點就是位於大別山主峰天堂寨山腳下的中國最美鄉村之一的聖人堂村。聖人堂村最美當屬秋景，此時來到這裡，只見悠悠白雲，滾滾稻浪，霜染烏桕，背後是綿綿百里青山，令人沉醉。

麻城在大別山居中面南，占據了大別山最好的風水。麻城紅杜鵑就是這塊風水寶地上孕育出的一枝奇葩。「人間四月天，麻城看杜鵑」。麻城紅杜鵑總是在「人間四月芳菲盡」的時候，成群結隊地來，浩浩蕩蕩地開，鋪天蓋地地紅，讓人目不暇接，心曠神怡，讚歎不已。生活在杜鵑花城中的我，內心深處對紅杜鵑有著熾熱的愛。

我愛麻城紅杜鵑的大氣、壯麗。麻城算得上是大別山中一座大氣、壯麗的城市。地域廣、人口多、區位好，交通四通八達，城市日新月異。麻城紅杜鵑則把這種大氣、壯麗抒發得淋漓盡致。「何須名苑看春風，一路山花不負儂」。每歲春至，麻城的山山嶺嶺，紅杜鵑次第開放，直把大別山的春天點燃。麻城杜鵑最經典的當屬龜峰山上的杜鵑花海。龜峰山因形似巨龜而得名，千仞之上，昂首凌空，氣沖霄漢。當年，董必武曾感歎：「多年未入麻城境，一望龜峰氣已雄。」龜峰山這咄咄逼人的陽剛之氣折服了無數人。為了與這陽剛之氣相映成趣，不知是哪位神仙，在這龜背上點綴了千嬌百媚的杜鵑花。翻過龜首，我每次都會為被這陽剛掩蔽著的陰柔之美而怦然心動。啊，火紅的杜鵑，一樹挨著一樹，一片牽著一片，一山連著一山，杜鵑花海大氣磅礴、震撼人心。登上杜鵑亭，放眼四望，映入眼簾的是萬頃花海，層層疊疊，團團簇簇，一片紅色的海洋。分不清哪是花，哪是霞，哪是

天光，哪是山色。徜徉在花海中，就像是在衝浪，一次又一次被推到喜悅的浪尖。「回看桃李都無色，映得芙蓉不是花」。在此之前，我看過很多一簇一簇或者一片一片的花，也見過山上山下星星點點的杜鵑，但沒見過像麻城這樣漫山遍野、鋪天蓋地的花。麻城杜鵑以其大氣、壯麗贏得了基尼斯紀錄：中國面積最大的古杜鵑群落。把花開成了海洋，把花開到了極致。這是冠絕天下的大氣，這是動人心魄的壯麗。

我愛麻城紅杜鵑的古樸、自然。麻城歷史悠久，人文厚重，生態優美，山水和諧，是古城，也是自然、清新之城。麻城紅杜鵑的古樸、自然與這座城市的風格不謀而合。杜鵑花海，那是生長週期上百萬年的古杜鵑群落，在海拔一三○○米的高寒山上，頑強不息地繁衍，如火如荼地綻放。麻城杜鵑出生山崖，沐雨櫛風，天生麗質，她開出了麻城歷史的芬芳、今日的風采和未來的期盼。在杜鵑花海，立而觀之，我興奮於那鮮紅的花朵；伏而察之，我則眷戀那歷經百年、千年的枝蔓。那蒼勁的虯枝，簡直就是潛海蛟龍。一枝枝、一樹樹、一簇簇，或是伏地的臥龍，或是躍起的騰龍，或是相互纏繞的盤龍。啊，這花海原來竟是千萬條蛟龍吐出的「火珠」。杜鵑花海中，最神奇的應當是「杜鵑花王」，但不是神奇在她那碩大、優美的華蓋，也不是神奇在她那悠悠五百年的滄桑，而是神奇在一樹不多不少的五十六個分枝，五十六個民

族五十六朵花啊，大自然將花魁造化成了「中華之花」。我曾杞人憂天，在烈日之下，在狂風之時，在冰雪之際，懷著憐惜之情來到杜鵑林。但我看到的卻是另一番景象：烈日炎炎，杜鵑鬱鬱蔥蔥；風掃霧罩，杜鵑發出陣陣歡笑；冰天雪地，杜鵑如同穿上聖潔的「婚紗」。這就是麻城的紅杜鵑，她無須溫室呵護，無須水肥照料，在這荒郊曠野中演奏生命的華章。正是歷練了夏日、秋霜、冬雪，才有了嬌豔無比的春花。是呀，賞花何須名苑，那些大家「閨秀」、堂前「佳麗」，哪裡比得上眼前紅杜鵑的堅韌、清新、自然。

我愛麻城紅杜鵑的熱烈、奔放。麻城是英雄的城市，是熱烈、奔放的城市。杜鵑花是當之無愧的麻城市花。她凝結了這座城市太多的人文情愫。火紅的杜鵑，常常讓我想起那獵獵紅旗，那閃閃紅星，那家家戶戶的紅軍，那鄉鄉村村的將軍。花兒為什麼這樣紅，那是英雄的鮮血把她澆灌。在我眼裡，最美莫過杜鵑花，最紅莫如杜鵑紅。老遠，我總會被這像朝霞、像烈火、像鮮血的杜鵑紅所感染。這紅，是一脈相承、永不褪色的紅，是驚天動地、熱烈奔放的紅。及至跟前，我更會為這花色之美而以心相許。這紅杜鵑美的，使人睜不開眼、喘不過氣啊。紅花灼灼，熱烈似火。有的含苞欲燃，有的恣意怒放；有的亭亭玉立，有的雄姿英發；有的如火龍起舞，有的似萬馬奔騰。啊，這花真如當今激昂豪邁的麻城和熱情奔放的

麻城人。花為城代言,人為花痴狂。如今的麻城人總會發出自豪、熱情的聲音:「來吧朋友,來麻城看杜鵑花!」若看麻城杜鵑,他日必定再來!「閒折兩枝持在手,細看不似人間有。花中此物是西施,芙蓉芍藥皆嫫母」。不知白居易當年是否來過麻城,見過杜鵑花海,若果真如此,那會是何等的癲狂!

麻城杜鵑有「五絕」:面積之大、年代之久、密度之高、保存之好、花色之美,中華一絕、世界罕見。世界級花迷、芬蘭官員西庫拉女士在杜鵑花海喜不自禁:「我到過世界很多地方,看過很多花,但沒見到過像中國麻城這麼大場面、這麼古老、這麼自然、這麼漂亮的花!」麻城人為彰顯杜鵑花城魅力,鑿石階、砌護欄,修棧道、鋪枕木,添設施、作詩賦,辦節會、上央視……使麻城杜鵑馨香萬里。境內外花迷、遊客來了,國內外植物專家來了。花開了,城市活了。不管是過去藏在深閨人未識,還是現在一朝出閣天下聞,麻城杜鵑依然日復一日,年復一年,默默無聞地為大地增添綠色,為人間輸送清新空氣,為世界奉獻美麗。我願麻城杜鵑之美,美在我們身上,美進我們心裡,讓這美傳承下去,讓這美傳播開來!

原載《湖北日報》2010 年 4 月 9 日、
《中國旅遊報》2010 年 5 月 24 日

1. 武漢市黃鶴樓公園

2. 宜昌市三峽大壩旅遊區

（含屈原故里文化旅遊區）

3. 十堰市武當山風景區

4. 宜昌市三峽人家風景區

5. 恩施州神農溪縴夫文化旅遊區

6. 神農架生態旅遊區

7. 宜昌市長陽清江畫廊旅遊度假區

8. 武漢市東湖景區

9. 武漢市黃陂木蘭文化生態旅遊區

10. 恩施州恩施大峽谷景區

已通過國家 5A 級旅遊景區景觀質量評審，待驗收
的有：

1. 咸寧市赤壁古戰場景區

2. 隨州炎帝故里文化旅遊區

3. 襄陽市古隆中景區

4. 黃岡市麻城龜峰山景區

5. 恩施州利川騰龍洞景區

6. 宜昌市三峽大瀑布景區

後記

　　山之南，水之北，有山水之美，有人文之妙，楚楚動人，湖北是個好地方！立足湖北上好的旅遊資源，打造湖北豐富的旅遊產品，開拓湖北廣闊的旅遊市場，是湖北旅遊人的孜孜追求。二〇一四年初，省旅遊委原主任錢遠坤提出了編寫湖北旅遊叢書的想法，並啟動了這項工作。晏蒲柳接任後，繼續對此給予重視和支持。歷時四年，終磨一劍。四年來，我們集合了省旅遊委機關有文字功底、有業務能力、有奉獻精神的十五位新銳來擔當這項湖北旅遊史上最浩大的文化工程。參加編寫的同仁克服了很多困難，他們是處室業務骨幹，崗位職責繁重，又要承擔有難度有挑戰的編寫任務。他們為此經常加班加點，耗費了大量業餘時間，犧牲了許多節假日，且不取酬勞。或許他們沒有深邃曠達的思想，沒有妙筆生花的技能，但他們對本行業的領悟思考、對湖北旅遊事業的熾熱情感、對本叢書的奉獻態度，是讓人敬佩和感動的！

　　我們既立足自身，又依靠專家；既要出精神，又要出精品。劉友凡、熊召政、劉醒龍等赫赫之名，應邀為叢書作賦。熊召政主席還欣然出任叢書顧問，審閱書稿並作序。省旅遊局原副局長陸令壽也為此作賦以示支持。還有一批散文家、攝影家為叢書提供了精美的作品。名流、專家的介入，使本叢書洋溢著文學、藝術的氣息，使之可讀、可深讀。

在此，向為本叢書作出貢獻的專家學者表示深深的敬意和謝意！

本叢書還得到了各市州縣、林區旅遊委（局）的鼎力支持，在此一併致謝！

本叢書共四冊，分別是：《風光湖北》，涵蓋了湖北的名水、名山、名花，意在湖北的風光好看；《風雲湖北》，涵蓋了湖北的歷史名事、名人、名址，意在湖北的故事好聽；《風味湖北》，涵蓋了湖北的民俗、名食、名品，意在湖北的味道好吃；《風尚湖北》，涵蓋了湖北的名城、名村、名園，意在湖北的城鄉好玩！

在編寫過程中，我們參考了大量的資料，借鑑了有用的成果，但難以一一標明出處，望能包容！叢書內容囊括各地，但有詳有略，不一定得當，望勿計較！我們在書中試探性地給每個市州的旅遊形象提出了一句話，若有不妥，也望海涵！權且當作一種探索。

書成之日，便是遺憾之時。編者才疏學淺，書中謬誤難免，盼望且讀且諒且指正！

編　者

2018 年 4 月 9 日於武昌中北路湖北旅遊大廈

昌明文庫・悅讀中國 A0607016

風光湖北

主　　編　李開壽、唐昌華

版權策畫　李煥芹

發 行 人　陳滿銘

總 經 理　梁錦興

總 編 輯　陳滿銘

副總編輯　張晏瑞

編 輯 所　萬卷樓圖書股份有限公司

排　　版　菩薩蠻數位文化有限公司

印　　刷　百通科技股份有限公司

封面設計　菩薩蠻數位文化有限公司

出　　版　昌明文化有限公司

桃園市龜山區中原街 32 號

電話 (02)23216565

發　　行　萬卷樓圖書股份有限公司

臺北市羅斯福路二段 41 號 6 樓之 3

電話 (02)23216565

傳真 (02)23218698

電郵 SERVICE@WANJUAN.COM.TW

大陸經銷

廈門外圖臺灣書店有限公司

　電郵 JKB188@188.COM

ISBN 978-986-496-500-7

2019 年 3 月初版

定價：新臺幣 460 元

如何購買本書：

1. 轉帳購書，請透過以下帳戶

　合作金庫銀行 古亭分行

　戶名：萬卷樓圖書股份有限公司

　帳號：0877717092596

2. 網路購書，請透過萬卷樓網站

　網址 WWW.WANJUAN.COM.TW

大量購書，請直接聯繫我們，將有專人為您

服務。客服：(02)23216565 分機 610

如有缺頁、破損或裝訂錯誤，請寄回更換

版權所有・翻印必究

國家圖書館出版品預行編目資料

風光湖北 / 李開壽, 唐昌華主編. -- 初版. --

桃園市：昌明文化出版；臺北市：萬卷樓

發行, 2019.03

　　冊；　公分

ISBN 978-986-496-500-7(平裝)

1.旅遊 2.湖北省

672.56　　　　　　　　　108003225